平 洋 墓 葬

黑龙江省文物考古研究所

杨志军　郝思德　李陈奇

文物出版社

北京·2011

再版编辑：蔡　敏

图书在版编目（CIP）数据

平洋墓葬/杨志军，郝思德，李陈奇编著 . —北京：
文物出版社，2011.9

ISBN 978－7－5010－3203－7

Ⅰ.①平…　Ⅱ.①杨…②郝…③李…　Ⅲ.①墓葬（考
古）—研究—黑龙江省　Ⅳ.①K878.84

中国版本图书馆 CIP 数据核字（2011）第 129779 号

平　洋　墓　葬

黑龙江省文物考古研究所　编

杨志军　郝思德　李陈奇

*

文 物 出 版 社 出 版 发 行

（北京市东直门内北小街2号楼）

http：//www.wenwu.com

E-mail：web@wenwu.com

北京鹏润伟业印刷有限公司印刷

新 华 书 店 经 销

787×1092　1/16　印张：21　插页：1

2011 年 9 月第 2 版　2011 年 9 月第 2 次印刷

ISBN 978－7－5010－3203－7　定价：210.00 元

Pingyang Cemetery

by

Yang Zhijun   Hao Side   Li Chenqi

Compiled by

The Archaeological Institute of Heilongjiang Province

Cultural Relics Press

Beijing • 2011

目　　录

1

插 图 目 录

图 版 目 录

前　言

　　泰来县平洋墓葬位于黑龙江省西南部，包括砖厂和战斗两个墓地。这是一处青铜—早期铁器时代文化遗存，也是目前我省考古发掘中最大的一处氏族—部落公共墓地。这处墓地不仅墓葬数量较多，出土遗物也很丰富。它的发现和发掘是近年来我省考古工作的重要收获之一。

　　平洋镇地处松嫩平原西南部，西南距泰来县城26公里，东临嫩江约20公里（图一）。

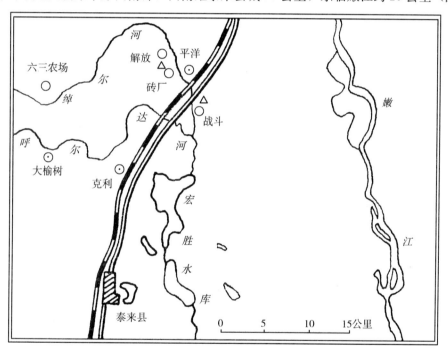

图一　泰来平洋墓葬位置示意图（图中"△"为墓地所在）

　　嫩江蒙语意为碧绿的江，源于黑龙江省西北部大兴安岭的伊勒呼里山，奔腾南流，穿越了险峭的山谷和起伏的丘岗，在讷河县布西一带，进入平坦辽阔的松嫩平原。江水流经泰来县北部江桥附近，沿县东境向东南流去，往东会合第二松花江，一起汇入松花江主流。这里江湖纵横，水阔鱼肥，土地肥沃，自然环境良好，适宜古代人们的劳动、生息。嫩江流域分布着较丰富的古代文化遗存。据近年调查，发现新石器时代和青铜时代的遗址或墓地约有百余处。较著名的昂昂溪新石器文化遗址就在齐齐哈尔市西南郊的嫩江左岸①，西南距平洋墓葬约 31 公里。

1980 年夏，齐齐哈尔市文物管理站、泰来县图书馆的专业人员到泰来县进行文物普查时，在平洋镇砖厂附近发现了几座已暴露的墓葬，采集到铜耳环、铜铃、珠饰和陶器等文物。1983 年，黑龙江省文物考古研究所杨志军、郝思德、李砚铁三人为准备翌年的发掘工作到松嫩地区进行考古调查时，会同市、县专业人员金铸、王锋庆等同志复查了平洋砖厂遗存，认为这是一处面积较大的青铜时代墓地。并同有关部门商定了相应的保护措施。

1984 年春，市、县文物部门报告省文物考古研究所，砖厂因扩建生产需增加用土，应对古墓地及时进行发掘。同年 6 月底，省文物考古研究所杨志军、郝思德、吕遵禄、李陈奇、乔梁和泰来县图书馆王峰庆等人，前往平洋砖厂墓地进行抢救性清理。田野发掘工作至 9 月初全部结束，历时 70 余天。共清理 97 座墓葬，出土包括陶器、铜器、铁器、金器、石器、骨器和蚌器等在内的各类文物达 2000 余件。这次发掘砖厂墓地所取得的考古资料，丰富了我们对黑龙江省松嫩地区青铜—早期铁器时代文化的认识。由于墓地已遭部分破坏，有些墓葬的形制、葬式等问题尚需进一步搞清。为了解决这个问题，我们又继续发掘了同砖厂墓地相距较近的战斗墓地，基本达到了预期的要求。

战斗墓地早在 1960 年泰来县第二苗圃挖沙时就已发现。当时，人们拾到一些铜器、陶片及人骨。由于那时文物政策法令宣传普及不够，墓葬的发现未能引起有关方面的重视。1984 年在发掘砖厂墓地的同时，杨志军、吕遵禄两人对周围地区进行考古调查，从苗圃工人中了解到战斗墓地的线索，并踏查了这处墓地。1985 年 7 月下旬，郝思德、李陈奇、乔梁三人又复查了战斗墓地，并试掘了一座单人葬墓（M201），初步了解到砖厂与战斗这两处墓地在文化面貌上存在着一致性。同年 9 月 13 日~10 月 14 日，郝思德、李陈奇二人发掘战斗墓地，沿西坡断面自北往南开 5×5 米探方 32 个，揭露面积 800 平方米，清理 21 座墓葬，出土随葬品 270 余件。这次发掘，丰富了对砖厂墓地文化内涵的认识，解决了某些存疑的问题，证实两处墓地应属同一种考古文化类型。

资料整理工作在砖厂墓地发掘后期就已开始，即边发掘边整理；战斗墓地田野工作结束后，也在工地对发掘资料作了初步整理。1985 年 10 月，杨志军、郝思德、李陈奇三人开始对两处墓地的发掘资料进行全面的整理和研究。

这两处墓地同在平洋镇境内，相距仅 3.5 公里；两者虽时间上有早晚之别，却同属一种文化类型。为系统介绍发掘资料，以便于研究松嫩地区青铜—早期铁器时代考古文

---

① 梁思永：《昂昂溪史前遗址》，《梁思永考古论文集》，科学出版社，1959 年；黑龙江省博物馆：《昂昂溪新石器时代遗址调查》，《考古》1974 年 2 期。

化的类型、分布和年代序列，现将这两处墓地的材料合编成本报告，取名为《平洋墓葬》。在报告编写体例上，为保持两处墓地资料的完整性和独立性，各自单独成篇。两地墓葬各自按发掘顺序分别编写，砖厂墓葬的编号为 M101～197，战斗墓葬编号则为 M201～221。出土遗物均按质料分类叙述。两处墓地的结语统一撰写。

本报告由杨志军、郝思德、李陈奇同志共同编写。由杨志军同志校阅全文。出土器物修复工作由王利同志负责。室内照相工作由齐博文同志负责。绘图工作由我所吴英才同志和吉林省文物考古研究所刘萱堂、马洪、王新胜同志承担。人骨鉴定工作由中国社会科学院考古研究所潘其风同志负责。动物骨骼鉴定工作由中国社会科学院考古研究所周本雄同志负责。玉、石类标本鉴定由黑龙江省地质研究所方大赫、张亚彬同志负责。铜器化学成分分析由中国社会科学院考古研究所李敏生同志负责。^{14}C 测定年代由中国社会科学院考古研究所实验室承担。英文提要由中国历史博物馆黄其煦同志翻译。

在平洋墓葬发掘过程中，得到了齐齐哈尔市文物管理站、泰来县文化局、泰来县图书馆和平洋镇政府等单位的大力支持和帮助。本书初稿完成后曾经北京大学宿白、严文明、李伯谦，中国社会科学院考古研究所刘观民、谢端琚、乌恩、杨虎，故宫博物院张忠培，中国历史博物馆宋兆麟、黎家芳，吉林大学林沄、陈雍等诸位先生的审阅与指正。宿白先生为本书封面题签。谨此致以热忱的谢意。

壹　砖厂墓地

一 地理环境及墓地范围、布局

（一）地理环境

泰来县现属齐齐哈尔市，南临吉林省镇赉县，西与内蒙古自治区扎赉特旗接壤，北同龙江县、齐齐哈尔市区毗连，东至嫩江与杜尔伯特蒙古族自治县隔江相望。这里古为东胡地；汉魏时为鲜卑活动地；唐属室韦都督府；辽置泰州，属上京道；金沿用其名，即旧泰州，属北京路；元仍为泰州，后改为泰宁府，又升为泰宁路，属辽阳行省；明为兀良哈三卫之地，设有福余卫，初属大宁都司，后改隶奴儿干都司；清属扎赉特旗，为蒙古游牧之地；1913 年置泰来设治局，放荒开垦；1916 年改为泰来县，沿用至今未变。

泰来县境内地势西北略高，中部平坦宽阔，东南部低洼，平均海拔高度约 150 米。除县东境的嫩江外，呼尔达河自西往东横贯中部。这里土地肥沃，日照很长，十分有利于农作物的生长；而辽阔的草原，又宜于牧业发展。平洋镇就位于县中部稍北，属嫩江右岸起伏的低丘岗地。墓地坐落在镇西北 2 公里镇砖厂近旁的岗地上，东临温得泡子（现为镇养鱼池），再往东 20 余公里即嫩江，南有呼尔达河流过，西北连解放村，东南接战斗村（图一）。岗地约呈长条形，南北走向，西北较高，东南低缓，岗顶较为平坦。岗丘南北长约 600 米，东西宽近 250 米，相对高度约 10 米。墓葬就分布在岗地北部偏南的高坡上，地表因砖厂取土早已荒芜。岗地周围是一片较为开阔的庄稼地，往北 2 公里为解放新石器时代遗址，东南 3.5 公里与战斗墓地相望，西有一条通往平洋镇的村道。

（二）墓地范围与布局

发掘的 97 座墓葬，大都集中在岗地的高坡上（图二）。为清理现存的所有墓葬，将砖厂墓地较完整地揭露出来，发掘中除对遭到破坏而明显暴露的墓葬即行清理外，还采用了开掘探方、探沟和钻探相结合的方法，以搞清墓地四至情况。

墓地中间现有一条约 20 米宽的断沟，是砖厂取土时形成的。据群众反映，挖土时曾发现陶器和人骨，说明这里原先有墓葬。我们在断沟东、西两端又发现 M135、

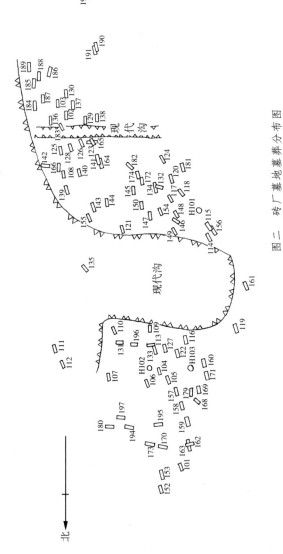

图二 砖厂墓地墓葬分布图

北

现代沟

现代沟

现代

代

沟

20米

0

8

M161 两座墓，表明墓地原来是连成一片的，因人为的扰乱方造成现在这种状况。

砖场墓地东部边界，可分两部分来说明。一是北半部，在 M111、112 之东开掘了 6 个 5×5 米的探方，在 M135 往东进行钻探，均未发现墓葬。二是南半部，M142、184、185、189 等 4 座的东侧，表土已被推至墓葬开口层位，未见有墓葬暴露，且这里往东地势逐渐低下，是不会有墓葬分布的。从上述情况可知，M111、112 和 135 当为墓地北部的东界，而 M142、184、185 和 189 则应是其南部的东界。

墓地北部 M101、152、173 等墓以北地区遭到很大破坏，是否有墓葬难以确定。我们在这些墓葬的东北近 600 平方米的范围进行钻探，仅发现 M151 一座墓。因此，将已清理出的北部诸座墓葬视为砖厂墓地的北界大约不会为过。

发掘区西面紧邻一条南北向的村道，我们了解到以下的情况：一是墓地西北的 M160、168、169、171 和 179 五座墓均叠压在村道之下，M161、119、162、163 诸墓的一部分在村道下，经钻探村道下再未见其他墓葬。二是在 M119、161 所临村道之西由北往南平行开掘 2×10 米探沟 6 条，均无墓葬；探沟往北钻探近 400 平方米的面积，也没有墓葬；由此往西，地势渐低下，不会有墓葬分布。三是在南半部的 M115、118、181、124 等墓邻近村道，村道以西为一断崖，通过观察其剖面和钻探，这里为黄沙堆积，不可能存在墓葬。由此可知，村道以西不属墓地范围，已揭示出的 M160 等墓应为墓地北部的西界，M115 几座墓则是其南部的西界。

1980 年考古调查时发现的墓葬坐落在墓地南部一带。为搞清南部范围，在这些墓葬附近开掘 8 个 5×5 米探方，发现 M102、103、129、130、136、137、138、183 等 8 座墓，但是否已到边界还不能确定。为此，在探方以南又继续钻探，发掘了 M186、190～193 等 5 座墓。而由此往南地区已被破坏，仅在距 M193 约 30 米的地方见到 M167 和 175～178 等 5 座墓，其中有 3 座空墓。这里往南地势渐低，虽不能断言这里已到墓地南部边界，但离其边缘也不会太远了。

综上所述，砖厂墓地除局部遭到一些破坏外，基本上已被揭露出来。墓葬是沿岗坡南北走向分布，呈狭长形，所占面积约 5000 平方米。

墓地的地层堆积较为简单。以 T101 地层情况为例：

第一层：表土层，为黑褐色腐殖土。内含现代砖块及少量细砂黄褐陶片，厚约 0.25 米。

第二层：黄褐色，土质较硬，含细砂，厚约 0.20 米。出有陶片和残碎人骨。M102 打破此层。

第三层：原生黄砂土。

在其他探方中，除墓葬外并未发现其他遗物，故知 T101 第二层内出土的陶片和人骨亦应为早经破坏的墓葬遗物。

砖厂墓地的表土已遭到不同程度的扰乱或破坏，许多墓葬的墓圹范围清晰可辨。没有暴露的，挖去表土或残存表土后，即见墓葬开口。这说明，墓葬的层位关系是明确的，即都被叠压在第一层表土之下，或打破黄褐土层，或打破生黄砂土层，有的至生黄砂土而止。

墓穴除部分外，一般都排列得较为整齐，尤以南半部明显，且多为东北—西南向排列。每排墓葬多少不等，多者6～7座，少者仅2座。各排之间显得较为密集，而每排墓葬间的排列则稀疏有别，多半还是相距较近的。如南半部的M121、147、154、117和118这排共5座，M155、143、144、145、174、172和124这排多达7座，而M103、130一排仅2座。墓葬方位大多数是西北—东南向，在一次葬墓中，即头西北脚东南。而少量空墓又多呈东西向。当时的人们遵循着定穴安葬的规则。

在墓地北半部，以二次葬的墓多见，且几乎全为多人合葬墓，少数单人一次葬墓仅分布在西面和北面，东面不见一次葬的墓。南半部则以一次葬墓为主，其中多为单人墓，较集中地排列在一起；二次葬也有一定的数量，仍以多人合葬墓居多，较偏于东面分布，有的同一次葬墓错置在一起。几座一、二次葬并用的合葬墓也分布在南部一带。而一些空墓却多在墓地南、北两端，墓葬集中的地区则少见。

墓葬排列有序和墓地布局的特点表明，砖厂墓地是一处遵循一定规律和丧仪的聚族而葬的茔地，也是一处保存较好的氏族—部落的公共墓地。

二 埋葬习俗

（一）形 制

因砖厂取土制砖坯和兴修公路，墓地表土被挖去约 0.5 米至 1 米深，在此之前的表土层深度，已经无法弄清。

所有的墓葬都是土坑竖穴墓。方向在 275°～358° 之间的有 85 座，其中又以 320°～350° 的最多，共 68 座。方向正北或北偏东的 7 座，如：M158 是 0°，M147、169、193 为 5°，M159 是 10°，M181 是 15°，M179 是 16°；西偏南的 4 座，如：M113、196 是 255°，M175 和 176 同为 265°；M165 是 273°，西略偏北。墓穴形状大小视葬人多少而有所区别。大凡葬一人或合葬人数少的，墓穴略小，合葬人数多的规模亦大。

长方形土坑竖穴墓是砖厂墓葬的主要形制，墓坑四角多呈圆弧形。还有凸字形墓。一定数量的筑有二层台和带斜坡墓道的墓，使这里的墓葬形制稍趋复杂。墓穴大体随缓坡的地势，自南向北，由高而低，按层次布列。各种类型的墓相互交叉，错落不齐。

下面分类予以介绍。

1. 长方形土坑竖穴墓

共 90 座。墓壁比较规整，从墓口到墓底逐渐内收，口大于底。多为圆角长方形。一般约长 1.80～2.30、宽 0.50～1.10、深 0.30～0.90 米左右。另有个别墓，小者如 M105，长 1.02、宽 0.43、深 0.23 米；大者如 M140，长 3.50、宽 2.56、深 1.76 米。有的不规则，形状几近椭圆，如 M152、153、158。

在长方形土坑竖穴墓中有 14 座有二层台。修筑方法是在长方形竖穴中再往下挖一四边略微收缩的土坑，其边缘部分形成所谓生土二层台。台面一收比较平整，但是宽窄不一（0.10～1.08 米），高低有别（0.17～1.54 米）。依形制不同，分如下四种情况。

第一种，一面有二层台，6 座。如 M137、138、184，二层台偏在墓室北面，M110 和 172 设在南面，M103 的在东面。

第二种，两面有二层台，2 座。如 M104 和 183，均在墓室南北两端。

第三种，三面有二层台，1 座。M160 在东、西、北三面。

第四种，四面有二层台，5座。如 M101、126、136、140、141。

二层台的功用不外乎陈放随葬品和殉牲，如 M126 二层台的西北角放一块天然砾石，M140 东、西、南三面二层台放置陶器、骨器和兽骨等。也有摆放二次葬人骨的，如 M137、138 二层台上均有成年男子的骸骨。

2. 凸字形土坑竖穴墓

共 7 座。此种结构的墓由墓道和墓室两部分组成。墓道呈斜坡状，一律位于墓室的南端。墓道和墓室直接连在一起，通过狭短甬道相连的仅有一例。墓道的长度一般不大于墓室，而宽度往往大于墓室，斜坡较陡。墓室皆为长方形，墓道则有方形和圆铲形之分。

第一种，铲形墓道，4 座。如 M107、135、143、144。

M107（图二四、二五），墓室长 2.27、宽 1.84～2.04 米，墓道长 2.17、宽 2.00 米，甬道长 0.40、宽 0.80、深 1.44 米。墓道前圆后方带两平肩，斜坡从墓道口一直伸延到甬道底部的生土层。甬道底高出墓底 0.32 米，从而把墓室和墓道分隔成两部分。

第二种，方形墓道，3 座。如 M106、182、187。

墓道内除放置殉牲外，间或也用来安放二次葬的人骨。

（二）葬　具

绝大多数墓都没有葬具，使用葬具或可能使用葬具的极为个别，总共 6 座（M110、118、135、140、141、164）。

曾在 3 座墓的底部发现桦树皮残块，如：M118 北部（1）头骨下有少许桦树皮，M164 中部靠近西壁下的一块算是最大的，实测面积也只有 0.30×0.40 米。这两座墓死者葬式都是仰身直肢一次葬。M118 为 2 名成年妇女，M164 是一个成年男子。M110 的桦树皮经火烧过，个别人骨也有火烧的迹象。此墓属于二次葬，埋葬的 10 个个体，有成年男女，也有小孩。根据上述现象，桦树皮是葬具的可能性颇大。

发现木质葬具的有 M140、141 和 135。M135 墓室南部东壁下有一块纵长 0.25、宽 0.07 米的残木。M140 和 141 显然是木构葬具，二者形制相同，前者比后者保存得较为完整。现以 M140 为例说明其结构：

M140（图二一；图版一〇，1），长 3.50、宽 2.56 米。四周有二层台。二层台内置长方形木质葬具。葬具四壁由厚约 0.08 米的木板卧叠构成，两侧壁顶住两端壁，端壁两头略探出侧壁，四角交接方式不清，周边紧贴二层台内壁，高度亦与之平齐。长 2.48、宽 1.44、高 0.80 米。无顶无底。

（三）葬　式

在 97 座墓中，能够辨明入葬人数的计 77 座，不明者 20 座（19 座遭严重破坏，其中 11 座属于"空墓"）。

"空墓"包括四种情形：其一，只在填土中出少量破碎人骨和零星遗物，墓底一无所有，如 M131、176、180、195、196、197；其二，墓底有少量遗物而无人骨，如 M175；其三，墓底人骨和遗物数量极少，如 M177、186、194；其四，墓内空无一物，如 M178。

一次葬者的人骨骼，绝大多数保存完好，均仰身直肢。二次葬者的骨骼，大部分亦可进行性别年龄鉴定。在一些墓穴内发现头骨和部分骨骼错位，故略显凌乱。上述现象，除了人为的因素外，亦存在自然扰乱的可能性，如 M107 墓底就发现有啮齿类动物的洞穴痕迹。

墓制以合葬墓为主，有 45 座（M143、173 入葬确切人数不详，但至少二人以上无疑），单人墓次之，共 34 座。未成年人的葬法同于成年人。下面分单人墓和合葬墓两类举例介绍。

1. 单人墓

34 座。有一次葬和二次葬两种。M132、139 两座葬式不明。

（1）一次葬 22 座（M105、114、116、117、119、120、125、126、127、134、147、149、150、161、163、164、166、167、170、188、191、193）。皆仰身直肢，这是单人墓的主要葬式。人骨架仰卧伸直，两臂贴放身旁，双腿并拢。头骨大都朝向西北，面部向上或略偏左右。采用此种葬法的墓与墓主的年龄、性别无关。

M188（图三；图版二，1），长方形土坑竖穴墓，长 2.30、宽 0.70、深 0.12 米。方向 330°。墓内葬一位 50~55 岁的女性。仰身直肢，头向西北，面向上。头骨稍位移。随葬品丰富，计有陶壶、陶盆、铜牌饰、铜耳环、铜泡、骨纺轮、珠饰、蚌匕等 32 件。虎衔兽头纹牌饰位于两股骨之间，似为成套串饰中的重要物件。

M170（图四；图版一），长方形土坑竖穴墓，长 2.10、宽 0.80、深 0.48 米。方向 305°。墓内葬一位 40 岁左右的女性。仰身直肢，头向西北，面向东。随葬品有鸭形壶、串珠和蚌匕等 5 件。鸭形壶头西尾东端端正正地陈放在头骨左侧，所占空间几与人骨架相等，可见其非寻常器物。两枚石珠分别落在眼眶之内，另有一枚在头骨顶端，应是覆面上的饰件。

M116，长方形土坑竖穴墓，长 2.10、宽 0.52、深 0.21 米。方向 315°。北部被破坏，

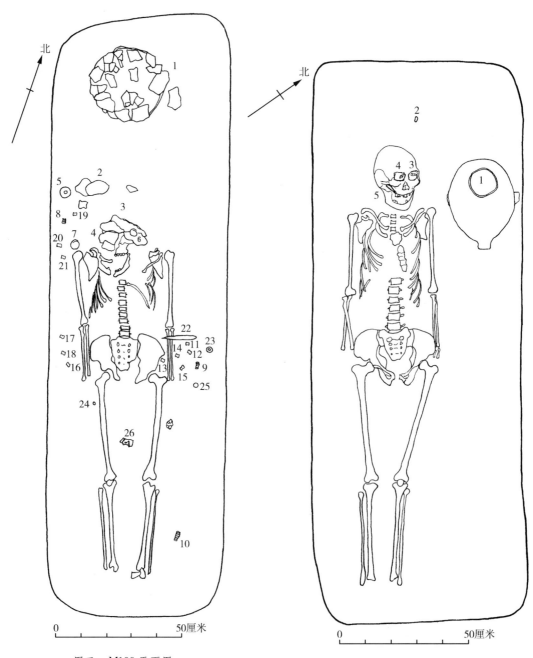

图三　M188 平面图

1. 陶壶　2. 陶盆　3. 石块　4. 石珠　5. 骨
纺轮　6、7. 铜耳环　8～21. 铜箍　22、29
(在髋骨下). 蚌匕　23. 蚌环　24、25. 铜泡
26. 铜牌饰　27、28. 铜齿状饰 (在陶壶下)
30～32. 铜双联泡 (在陶壶下)

图四　M170 平面图

1. 陶鸭形壶　2～4. 石珠　5. 蚌匕

14

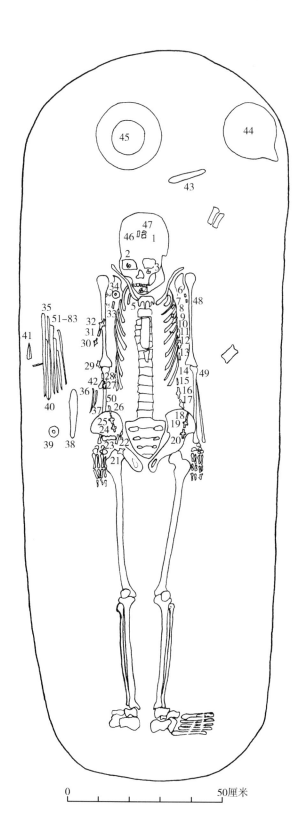

图五　M150 平面图

1、6、8、46、48. 绿松石珠　2～4. 涡纹铜泡　5. 铜牌饰 7、33. 金片饰　9～22、24～32、49、50. 铜管饰　23. 铜齿状饰 34、39. 骨环　35、41、51～83. 骨镞 36. 骨针　37. 铜锥　38. 铜刀　40. 铜镞 42. 骨鸣镝　43. 蚌匕　44. 陶匝　45. 陶壶　47. 铜管形饰

北

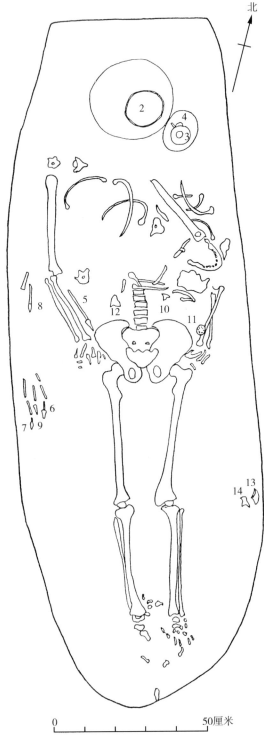

北

图六　M149平面图

1. 铜锥（出填土中）　2. 陶壶　3. 陶碗　4. 陶钵
5～9. 骨镞　10、12～14. 牛趾骨　11. 铜圆牌饰

头骨和右肱骨无存。墓内葬一位40岁左右的女性。仰身直肢，头向西北，面向上，双腿内弧，略呈"O"形。死者这种形象系生前骨骼变形所致，大概和长期马背生活有关。随葬品仅存3件，即陶钵、圈足碗和铜耳环。

M150（图五；彩版一），长方形土坑竖穴墓，长2.30、宽0.85、深0.80米。方向358°。墓内葬一位40岁左右的男性。仰身直肢，头向西北，面向上。其随葬品在单人墓中最丰富，计有陶壶、陶匜、金片饰、铜刀、铜镞、铜锥、铜牌饰、铜管饰、铜泡饰、骨镞、珠饰、楔形蚌匕等83件。从出土情况判断，贴附在面部和头骨顶端的铜泡饰及绿松石珠，当为装饰覆面之用。胸部至下腹部的一组由铜牌饰、铜管饰和金片等串成的环形佩饰完整无缺，弥足珍贵。虎形铜牌饰亦为不可多得之物。

M149（图六；图版二，2），长方形土坑竖穴墓，长2.15、宽0.78、深0.50米。方向345°。墓内葬一位22～24岁的男性，头骨无存。仰身直肢，头向应为西北。随葬品有陶壶、陶钵（碗）、铜锥、铜泡、骨镞等10件。两件陶钵（碗）上下套迭，铜泡饰位于左臂尺骨之上，其下骨骼被铜锈染成绿色。有2枚牛的趾骨分置人架腰椎两旁，另外2枚则放在墓室南部东壁下方。

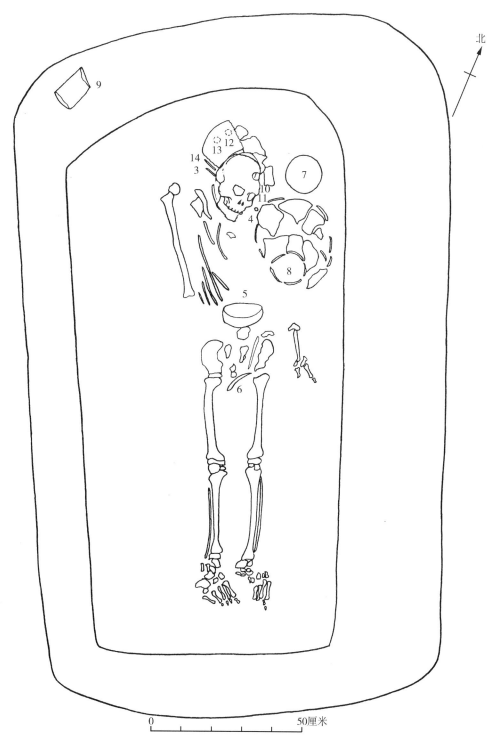

北

图七 M126 平面图

1. 铜铃（出填土中）　2（出填土中）、4、12、13. 铜泡　3、10、11、14. 铜耳环

5、9. 砾石　6. 蚌匕　7. 陶碗　8. 陶壶

0　　　　　　　　　50厘米

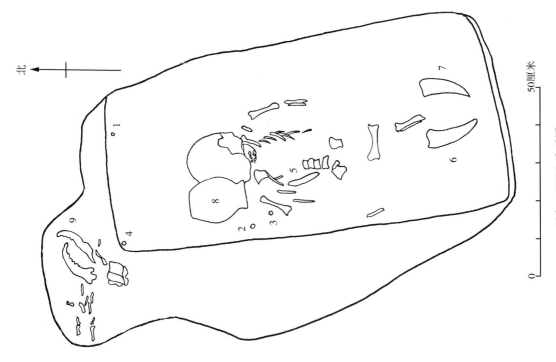

北

图九　M125 平面图

0　　　　　　　　　　50厘米

1～3. 铜泡　4. 石珠　5. 蚌匕　6,7. 牛角　8. 陶壶　9. 狗头

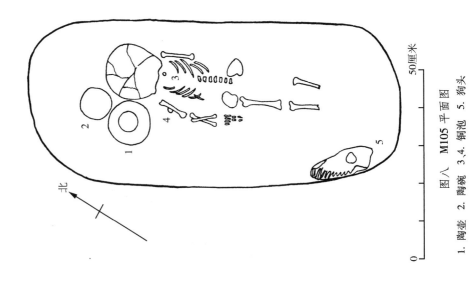

北

图八　M105 平面图

0　　　　　　　　　50厘米

1. 陶壶　2. 陶碗　3、4. 铜泡　5. 狗头

北

图一〇　M167 平面图

1. 铜铃　2、3. 铜泡　4、6、7、9. 绿松石珠　5. 陶罐　8. 蚌匕
10、11. 螺饰　12. 兔下颌骨　13. 鼩鼠下颌骨　14. 飞禽肢骨

0　　　　　　30厘米

19

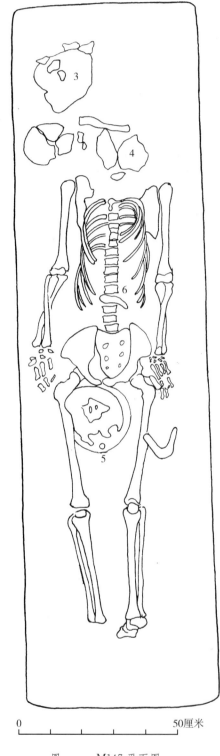

图一一　M147 平面图

1.铜泡（出填土中）　2.铜齿状饰（出填土中）
3.陶壶　4.陶瓮　5.铜双联泡　6.蚌壳

M126（图七；图版三，1），长方形土坑竖穴墓，长 2.26、宽 1.45、深 1.82 米。四面有二层台。方向 338°。墓室南部上方被现代壕沟打破。墓内葬一位 14 岁左右的女孩。仰身直肢，头向西北，面向上。随葬品有陶壶、陶碗、铜铃、铜耳环、小铜泡等 14 件。三枚小铜泡分别位于头骨底部和下颌骨左侧，疑为覆面上饰件。4 件耳环按两个一组紧贴左耳和右耳侧旁。一块石头和一枚楔形蚌壳摆放在下腹部，另一块石头置于西北角的二层台上。

M105（图八；图版四，1），长方形土坑竖穴墓，长 1.02、宽 0.43、深 0.23 米。方向 345°。墓内葬一位 2 岁婴儿。仰身直肢，头向西北，面向上。随葬品有陶壶、陶碗、铜泡等 4 件。足骨下端近墓室西南角殉葬一个完整的狗头。

M125（图九；图版四，2），长方形土坑竖穴墓，长 1.32、宽 0.76、深 0.93 米。方向 336°。墓内葬一位 6 个月的婴儿。仰身直肢，头向西北，面向上。随葬品有陶壶、铜泡、石环、蚌匕等 6 件。足下并排放置两只牛角，形如"八"字。墓圹西北壁开口处外侧发现一具狗头和部分肢骨，狗头朝向墓穴。

M167（图一○；图版五，1），长方形土坑竖穴墓，长 1.50、宽

0.87、深 0.69 米。方向 345°。墓内葬一位 3 岁左右的小孩。仰身直肢，头向西北，面向上。随葬品有陶罐、铜铃、铜泡、珠饰、楔形蚌匕等 11 件。兔和鼢鼠的下颌骨及飞禽肢骨堆放在墓室西北角。

M147（图一一；图版五，2），长方形土坑竖穴墓，长 2.10、宽 0.60、深 0.43 米。方向 5°。墓内葬一位 50 岁左右的男性。仰身直肢，两臂伸直贴放身旁，双腿并拢。头骨端放在两股间的一个土台上，高出墓底约 0.1 米。随葬品有陶壶、陶瓮、铜泡饰等 6 件。

（2）二次葬　10 座（M103、120、130、145、148、151、154、162、184、192）。墓主人都是成年，男性墓 6 座，女性墓 3 座，性别不明墓 1 座。人骨堆积没有统一规范。

M103，长方形土坑竖穴墓，长 1.70、宽 1.00、深 1.10 米。三面有二层台。方向 341°。墓内葬一成年男性。不见头骨，骨骼堆放无序，填土及墓底均散布零星碎骨。随葬品有陶壶、陶支座、骨镞、骨弭、骨匕和珠饰等 11 件。

M184（图一二），长方形土坑竖穴墓，长 2.31、宽 0.82、深 0.40 米。一面有二层台。方向 340°。墓内葬一位 30 岁左右的男性。人骨和随葬品毫无规律地堆放在二层台上。随葬品有陶壶、陶盆、陶三足罐、铜泡、珠饰、蚌壳等 7 件。

M192，长方形土坑竖穴墓，长 1.80、宽 0.71、深 0.85 米。方向 342°。墓口部分受到破坏。墓内葬一成年女性?，没有头骨，肢骨分二层堆放在墓室南部。随葬品仅发现一件陶瓮。

M148（图一三），长方形土坑竖穴墓，长 1.24、宽 0.53、深 0.10 米。方向 350°。墓内葬一位 30～35 岁的女性。上体完整，系仰卧姿态，两臂伸直贴身旁，股骨和胫骨并列叠压放在左臂外侧。头向西北，面向东。没有随葬品。

2. 合葬墓

45 座。砖厂墓地盛行合葬墓，细分之，又有一次葬，二次葬和一、二次葬并用之别。埋葬人数各墓不等，分别有 2～10 人、12～15 人、17 人，最多达 45 人。两人合葬墓有 15 座，其他 30 座是三人以上合葬墓。

（1）一次葬　7 座。尸体入葬姿势皆仰身直肢。除 M174 性别、年龄不明外，按同穴内入葬者性别年龄构成可分三种情形：

① 成年女性及其与小孩合葬　3 座（M118、128、146）。

M128（图一四；图版六），长方形土坑竖穴墓，长 2.26、宽 1.44、深 1.25 米。方向 343°。在填土中发现两处红烧土。墓内由东而西排列 3 具骨架，均为仰身直肢葬。其性别年龄为：(1) 40～45♀、(2) 40±♀、(3) 16～17♀（♂代表男性、♀代表女性，下同）。(1) 人骨架保存完整，头向西北，面向上。(2) 头骨经扰动后腐烂无存。(3) 上体经严重扰乱，不见头骨，据现场观察，这些扰动可能为啮齿类动物破坏所致。随葬品

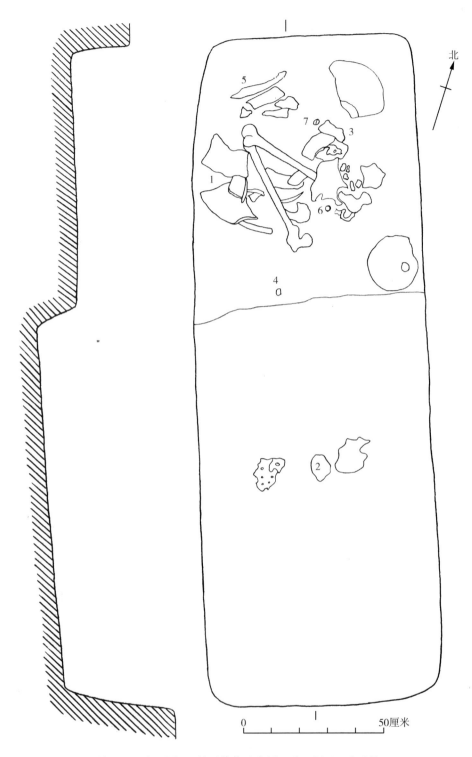

北

0   50厘米

图一二　左：M184 剖面结构示意图　　右：M184 平面图

1. 陶壶　2. 陶盆　3. 陶三足罐　4. 玛瑙珠　5. 蚌壳　6. 铜泡　7. 骨饰

有陶壶、陶瓮、陶钵、铜牌饰、铜耳环、铜泡、骨纺轮、骨针、骨管、珠饰、楔形蚌匕等 76 件。鹿纹铜牌饰出在墓室东北角。(2)人骨架胸部排列一组由 19 枚齿状铜饰件串联成的半月形佩饰。(1)人架的右尺骨、右髋骨、左右胫骨和(2)人架的左尺骨、腰椎、左右髋骨上各有一件楔形蚌壳,有的蚌壳已成粉末状。骨管和骨针是一套,同骨纺轮一起散布在(3)人骨周围。两个狗头,一个放在墓室西北部,另一个发现于距墓底 1 米深的填土中,靠近东壁。

M146,长方形土坑竖穴墓,长 2.20、宽 1.00、深 0.59 米。方向 323°。墓底由北向南略微倾斜。墓内葬 4 人,仰身直肢葬,头向西北。性别年龄为(1)35±♀、(2)12±♀?、(3)20~22♀、(4)8~9 岁小孩。骨架均未放在墓底,其下有厚约 0.10~0.25 米的填土。(1)、(2)人骨架髋骨以下部分不存。(2)人架压在(1)人架的左侧。

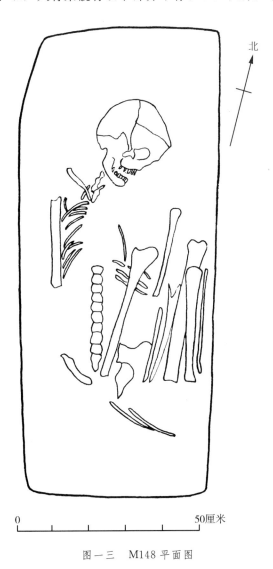

0   50厘米

图一三　M148 平面图

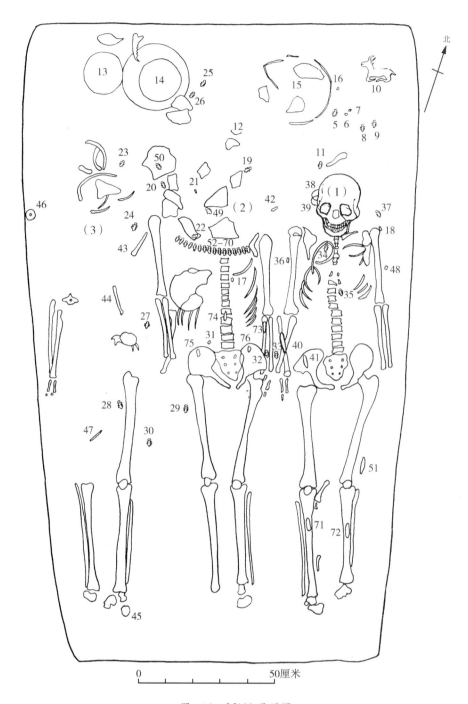

图一四 M128 平面图

1（出填土中）、40. 蚌匕　2（出填土中）、4（出填土中）、5、8、9、11、19、20、22～30、32～35、37、49、50、52～70. 铜齿状饰　3（出填土中）、12、38、39、45. 铜耳环　6. 铜泡　7. 铜双联泡　10. 铜牌饰　13. 陶钵　14. 陶壶　15. 陶瓮　16、21、31、42、48. 铜管饰　17. 铜片饰　18、36. 石珠　41、51、71～76. 蚌壳　43. 骨匕　44. 骨管　46. 骨纺轮　47. 骨针

24

（3）人骨架仅存下颌骨，（4）人架的头骨移至墓室中部偏西处。墓室南部摆放分上下两层的胫骨，属于两个个体，当为（3）、（4）的下肢，因此二者也是相互叠压。随葬品有陶壶、陶碗、陶瓮、陶罐、铜耳环、铜泡、铁管饰、珠饰、海贝等28件。3件陶壶和1件罐集中放置在墓室东北角。铁管饰和7枚小铜泡散布在胫骨两侧，铜泡的排列位置似乎有一定顺序，疑为靴鞋饰件。

② 成年男性合葬 2座（M101、124）。

M101（图一五；图版七），长方形土坑竖穴墓，长2.48、宽1.63、深1.60米。方向330°。四面有二层台，南面较窄，宽仅0.18米，其余三面宽度为0.30～0.40米，台高0.50米。墓内葬2人，均仰身直肢。性别年龄为（1）45±♂、（2）56♂。二者并排放置，头向西北，（1）面向上，（2）面向东。随葬品有陶壶、陶碗、铜泡、铜管饰、骨镞、骨弭、珠饰、楔形蚌壳等27件。陶壶放在（1）人架胸部。

③ 男女合葬 1座。

M108（图一六；图版八），长方形土坑竖穴墓，长2.09、宽1.00、深0.40米。方向336°。墓内并排葬2人，男左女右，均仰身直肢，头向西北，面向上。性别年龄为：（1）40±♂、（2）13～14♀?。随葬品有陶瓮、陶钵、铜泡、铜节约、骨镞、珠饰和楔形蚌匕等17件。（1）人骨架右臂外侧有2只狗的前肢骨。

（2）二次葬 34座。入葬人数和性别年龄明确的有27座。尸骨的摆放情况，就整个墓地而言，尚探寻不出明显的普遍规律。有的墓葬是头骨置于肋骨和肢骨等之上，但是头向和面向无统一方位。更多的是各类骨骼毫无秩序地混杂在一起，或者错落叠压难以区分层次，或者分散于整个墓底，或者集中于某一部位。个别墓葬尸骨和殉牲基本上分层放置，一般尸骨放在墓底，殉牲置于填土上层。依同穴入葬者性别年龄构成又能分三种情形：

① 成年男女与小孩合葬共15座（M104、107、109、110、111、113、115、133、135、140、144、153、155、158、160）。各墓入葬者性别组合不均衡，大都是男性多于女性。男女人数相等的是M153和133，男性少于女性的只有M104一座。

M155，长方形土坑竖穴墓，残长1.80、宽1.05、深0.35米。方向346°。南壁稍有破坏。墓内葬6人，均二次葬。尸骨分布在墓室东南角和西北角，头骨放在肢骨等上面。性别年龄为（1）成年♂、（2）成年♂、（3）成年♂、（4）成年♀、（5）13±?、（6）2岁婴儿。随葬品有陶支座、陶三足器、珠饰等5件。

M160（图一七），长方形土坑竖穴墓，长2.30、宽1.81、深1.00米。方向330°。南面无二层台，北面和西面的二层台很窄，宽仅0.10～0.21米；东面二层台向外突出，平面呈梯形，最宽处0.59米，台高0.50米。墓内葬6人（据髋骨、长骨等鉴定），皆二次葬。性别年龄是：（1）22～24♂、（2）22～24♂、（3）25～30♀、（4）1岁内婴儿、（5）成年?（6）成年?。人骨和遗物等放置在墓底和东面二层台上。随葬品有陶壶、

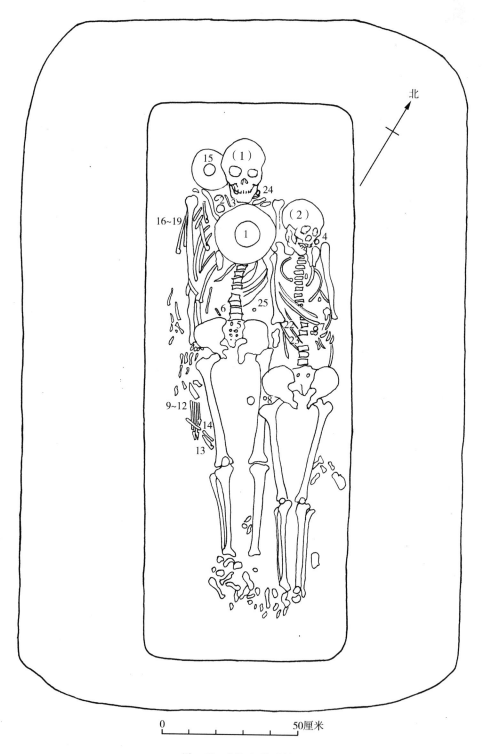

图一五　M101 平面图

1.陶壶　2、4、5、7、8、24、25.铜泡　3、13、14、16～19.骨弭　6、20（在陶壶下）、21（在陶壶下）.铜管饰　9～12.骨镞　15.陶碗　22（在②人架右肋下）、23、26（出填土中）.石珠　27.蚌壳

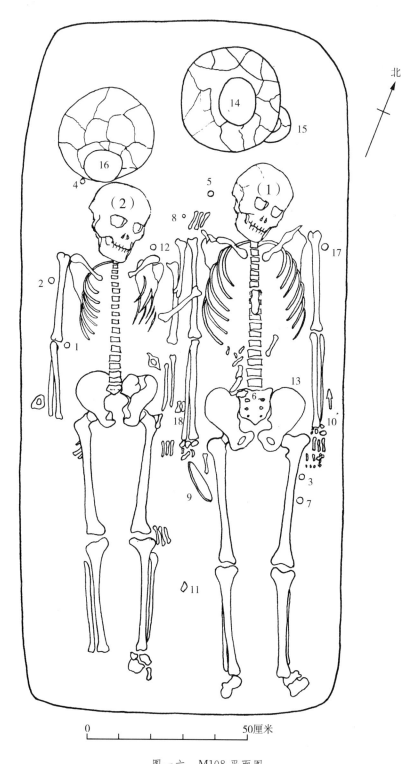

北

图一六 M108平面图

1～5、7、17. 铜泡 6. 铜节约 8. 玛瑙珠 9. 蚌匕 10. 骨镞 11、13. 石料
12. 石环饰 14、16. 陶瓮 15. 陶钵 18. 狗骨

0   50厘米

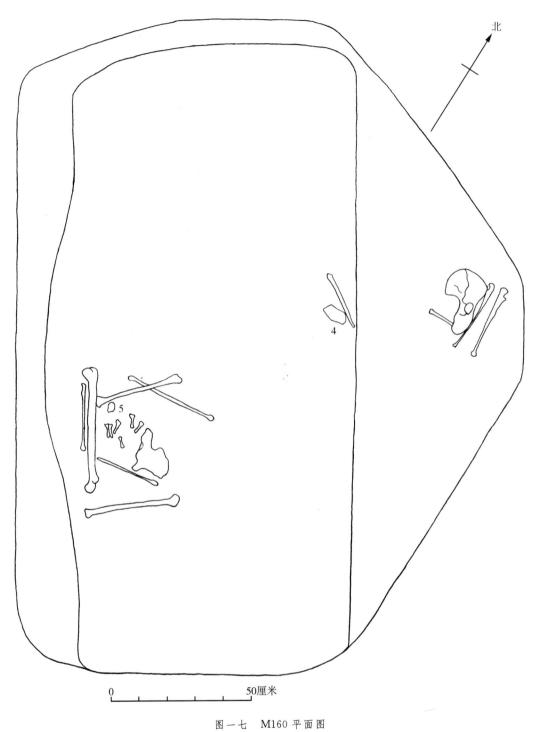

北

图一七　M160 平面图

1. 海贝（出填土中）　　2. 陶壶（出填土中）　　3（出填土中）、4. 陶碗　　5. 陶片

0　　　　　　　　　50厘米

陶碗和海贝等 5 件。

M153（图一八；图版三，2），土坑竖穴墓，形近椭圆，长 2.20、宽 1.40、深 1.10 米。方向 320°。南壁底部微内收，北壁从墓口下 0.20 米处至墓底为一斜长的漫坡。墓内葬 7 人，均为二次葬。人骨集中在墓室东壁下方的墓底和斜坡上，头骨摆在肢骨、肋骨和髋骨之上，似有意识的安置。其年龄性别是：（1）40～45♂、（2）40±♀、（3）20～22♀、（4）12±♀?、（5）56+♂、（6）2 岁婴儿、（7）2 岁婴儿。随葬品有陶壶、陶碗、陶杯、铜泡、铜管饰、骨弭、珠饰等 14 件。随葬品同人骨混杂在一起，（1）头骨旁有 1 件陶壶，（6）头骨附近放陶壶、陶杯各 1 件，还有骨弭，（7）头骨侧旁有一件陶杯。墓室西北部的斜坡上放一狗下颌骨。

M158（图一九、二〇），长方形土坑竖穴墓，略近椭圆，长 1.90、宽 1.40、深 1.10 米。方向 0°。墓内葬 8 人，皆二次葬。墓口下 0.20 米处直到墓底不断发现人骨。肢骨和髋骨仿佛按个体放置，头骨位置相对偏高。头向和面向均不一致。性别年龄是：（1）30～35♂、（2）45～50♂、（3）50±♂、（4）25～30♀、（5）25～30♀、（6）22～24♂、（7）未成年?、（8）成年♀。随葬品有陶壶残片、铜泡、骨镞、骨弭等 12 件。随葬品同人骨混在一起。两只狗和一只牛的下颌骨位于墓底北部。

M140（图二一；图版一〇，1），长方形土坑竖穴墓，长 3.50、宽 2.56、深 1.76 米。方向 337°。四面有二层台，西、北两面二层台较窄，宽 0.37～0.45 米，其他两面宽度为 0.64～0.70 米，台高 0.80 米。台面平坦，四壁齐整。二层台内有长方形木质葬具。墓内葬 10 人（据头骨、髋骨、长骨等鉴定），均二次葬。人骨多半集中堆放在墓底南部，部分放在北部，中部反倒比较空荡。骨骼放置凌乱无序。死者的性别年龄为：（1）45～50♂、（2）45～50♂、（3）50±♂、（4）35±♂、（5）45±♀、（6）56+♀、（7）成年♀、（8）2～3 岁小孩、（9）6～7 岁小孩、（10）年龄不明小孩。随葬品有陶壶、陶碗、陶罐、支座、三足器、铜锛、铜镞、铜泡、铜管饰、铜耳环、石镞、骨镞、骨弭、铁削、珠饰、海贝、蚌饰等 402 件。其中，陶器 32 件、铜器 276 件、骨器 62 件，此三类占随葬品的 90% 以上。还有马下颌骨、牛头和狗下颌骨。部分随葬品和狗下颌骨等放在二层台上，其余皆置于葬具内。

M133（图二二），长方形土坑竖穴墓，长 2.05、宽 1.30、深 0.67 米。方向 340°。墓内葬 13 人，均为二次葬。人骨堆放在墓室中部的填土层中，而不在墓底。头骨的位置较其他骨骼略高。头向和面向均不一致，其性别年龄为（1）40～45♀?、（2）45±♀、（3）40～45♀、（4）40±♂、（5）成年♂、（6）15±♂、（7）40±♂、（8）35～40♂、（9）4～5 岁小孩、（10）成年♀?、（11）40～45♀?、（12）1 岁内婴儿、（13）1 岁内婴儿。随葬品有陶壶、陶碗、铜泡、铜耳环、石镞、珠饰等 62 件。另有鹿角和马下颌骨等。

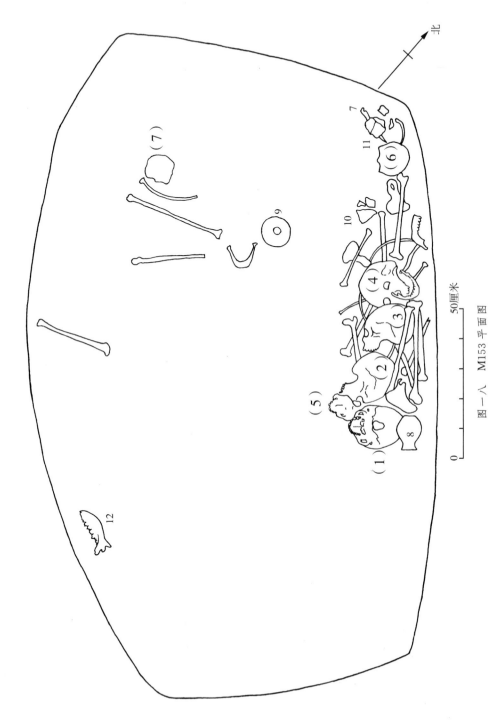

图一八　M153 平面图

1. 铜泡（出填土中）　2. 骨片饰（出填土中）　3. 石珠（出填土中）　4. 玛瑙珠（出填土中）　5. 铜管饰（出填土中）　6. 骨鸣镝（出填土中）　7. 骨珥　8. 陶壶　9. 陶壶　10. 陶碗　11. 陶壶　12. 陶壶　13. 陶壶（在人骨下）　14. 陶壶（在人骨下）

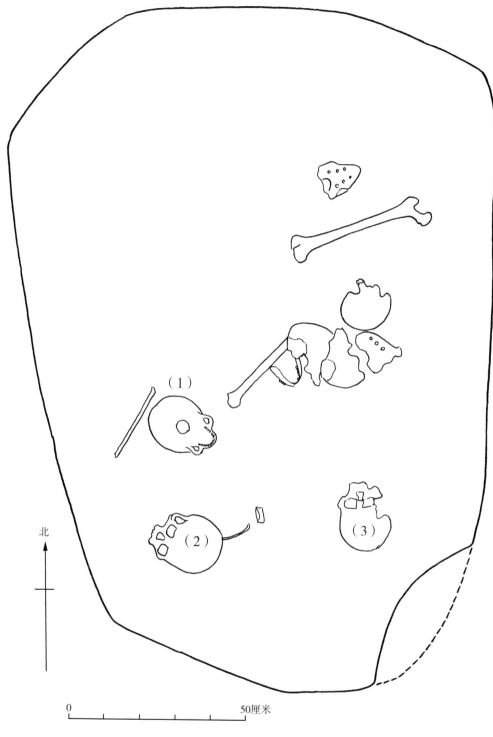

0　　　　　　　　　　50厘米

图一九　M158 平面图（第一层）

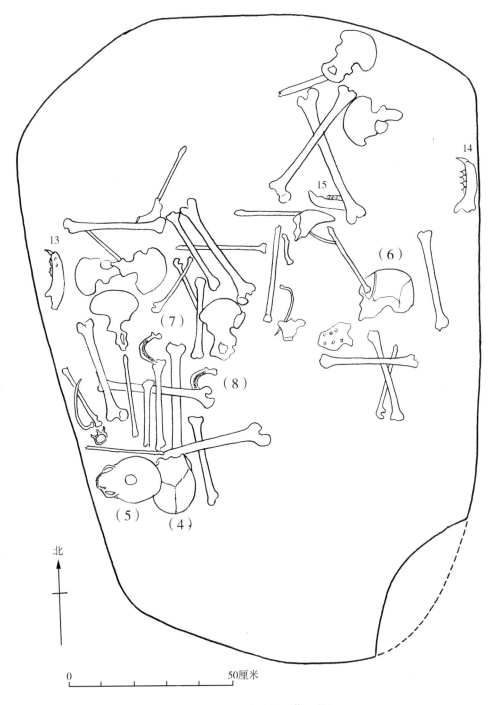

北

0　　　　　　　　　　　　　50厘米

图二〇　M158平面图（第二层）

1～5.铜泡（皆出填土中）　6～8.骨镞（皆出填土中）　9.骨弭（出填土中）

10～12.陶壶（皆在人骨下）13、14.狗下颌骨　15.牛下颌骨

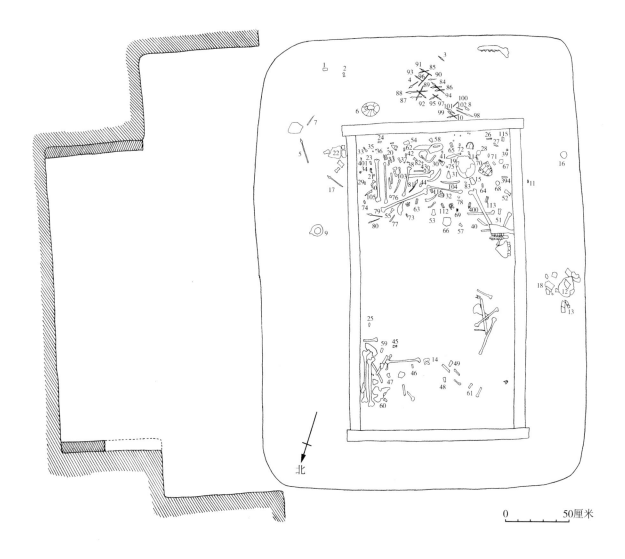

图二一　左：M140 剖面结构示意图　右：M140 平面图

1. 铜锛　2、23、24、44～55、56(在人骨下)、57～60. 陶支座　3～5、7、10、17、61(在人骨下)、79～82、84～
102、369～390(皆在人骨下). 骨镞　6、13、66. 陶碗　8. 骨鸣镝　9. 陶流壶　11. 海贝　12、18、22. 陶壶
14、16、68. 陶三足器　15. 陶罐　19. 铜矛　20、21、30～33. 铜铃　25. 石镞　26、69、71～74、391～
392(皆在人骨下). 铜管饰　27. 铜镞　28、44、70、75、78、83、393(在人骨下). 铜耳环　29、394. 牙饰
34～38. 玛瑙珠　39、41～43、62(在人骨下)、76、395～399(皆在人骨下)、401. 石珠　40. 铁削　63～65、
112～116、400. 铁管饰　67. 陶盅　103～105、106～111. 骨弭(皆在人骨下)　117～368. 铜泡(皆在人骨
下)　402. 蚌饰(在人骨下)

33

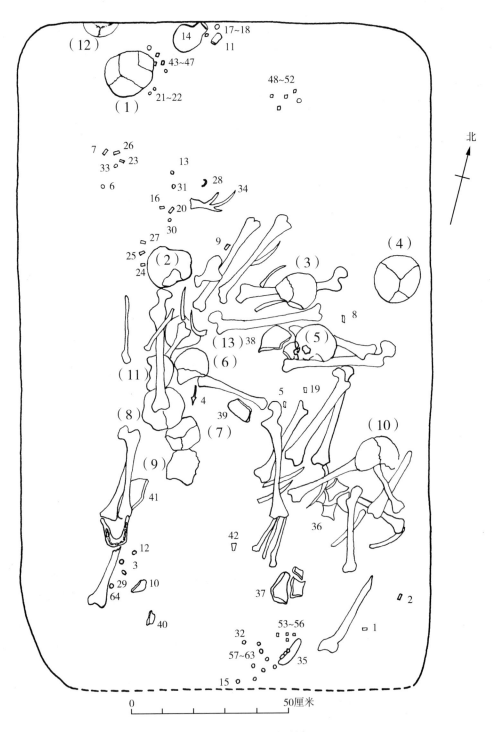

北

图二二 M133 平面图

1、2、6、7、9、17、18、23～27、43～56.石珠 3、12、13、15、16、21、22、29、30～33、
57～63.铜泡 4.石镞 5、8、19、20.玛瑙珠 10.篦点纹陶片 11、14、36～40.陶壶
28.铜耳环 34.鹿角 35.马下颌骨 41.陶碗 42.陶支座 64.蚌饰

M104（图二三；图版一一），长方形土坑竖穴墓，长 2.95、宽 0.90～1.45、深 1.20 米。方向 350°。两面有二层台，北端二层台台面平坦，宽 0.50、深 0.85 米，南端二层台为微内倾的斜面，宽 0.55、高 0.25～0.40 米。墓内葬 16 人，皆二次葬。墓口下填土中葬一成年男子的尸骨（16），其骨骼有的已烧成焦黑色，周围随葬品有陶壶（残）、骨镞、绿松石等遗物。近东壁处有部分殉牲。其余人骨全部堆积在墓室中部，厚达 0.50 米。大多数头骨摆在上层偏南一线，头向和面向无统一方位。其性别年龄为：（1）18～20♂、（2）18～20♂、（3）35±♂、（4）40～45♂、（5）35～45♂、（6）40～45♂、（7）20～22♀、（8）55＋♀、（9）18～20♀、（10）16±♀、（11）22～24♀、（12）18～20♀、（13）20±♀?、（14）4～5 岁小孩、（15）10±小孩、（16）成年♂。随葬品同人骨相互掺杂，计有陶壶、陶钵、陶盅、铜耳环、铜泡、铁管饰、骨镞、骨弭、串珠等 42 件。

M107（图二四、二五），凸字形墓，墓室长 2.27、宽 1.84～2.04 米，甬道长 0.40、宽 0.80 米，墓道长 2.17、宽 2.00、深 1.44 米。方向 320°。墓室南部有圆铲形斜坡墓道。墓内葬 17 人，皆二次葬。人骨少量出在墓道下部的填土中，大部分堆积在墓室之内。肢骨等相对集中在墓室南部，特别是甬道附近，完整的头骨则散布在墓室北部下层填土直到墓底。放置凌乱，层层堆放，交错叠压，厚达 1 米左右。性别年龄为：（1）35～40♂、（2）35～40♂、（3）45±♂、（4）15±♀?、（5）40±♂、（6）成年♂、（7）成年♂、（8）成年♂、（9）未成年?、（10）未成年?、（11）成年♂、（12）未成年?、（13）40±♂、（14）30～35♂、（15）45±♂、（16）成年♂、（17）55＋♀。随葬品数量最多，达 601 件，其中陶器 17 件、铜器 362 件、铁器 18 件、金器 3 件、石器 13 件、骨器 23 件、珠饰 144 件、蚌器 11 件、海贝 8 件、螺壳 2 件。此外，还有马头骨 2 具、牛头骨 2 具、羊下颌骨 1 个、猪下颌骨 1 个、狗犬齿 1 枚。16 件陶壶主要出在墓室北部东西两壁下层填土和墓底，小件物品在南部较为密集，兽骨多发现于墓道的东西两侧。马头方向朝南。

M111（图二六～二九；图版一二），长方形土坑竖穴墓，长 2.52、宽 2.00、深 0.96 米。方向 330°。墓内葬 45 人，皆二次葬。人骨摆放略有规律，各具骨骼集中堆置，头骨放在其他骨骼之上。人骨分布密集，遍于整个墓室，且层层堆积厚达 0.90 米。根据发掘程序，可粗略分为四层，第三层布列比较清楚。性别年龄为：（1）14±♀?、（2）50～55♂、（3）14±♀?、（4）25～30♂、（5）45～50♂、（6）20～24♂、（7）45±♂、（8）6～7 岁小孩、（9）2 岁婴儿、（10）2 岁婴儿、（11）3 岁小孩、（12）20±♂、（13）5～6 岁小孩、（14）50±♂、（15）40±♂、（16）15±♀、（17）18±♀、（18）40±♀、（19）20±♀、（20）12～13 岁小孩、（21）1 岁内婴儿、（22）45±♂、（23）未成年?、（24）35±♀?、（25）25～30♀、（26）30～35♂、（27）25～30♂、

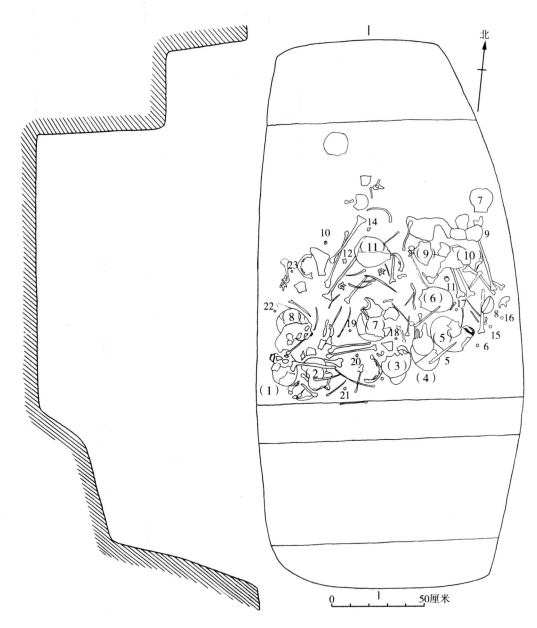

图二三　左：M104 剖面结构示意图　右：M104 平面图

1（出填土中）、10、13（在 12 号头骨内）. 石珠　2（出填土中）、4（出填土中）. 骨镞　3（出填土中）、7、
9、33～41（皆在人骨下）. 陶壶　5. 骨弭　6、15～23、24～32（皆在人骨下）. 铜泡　8. 陶钵　11. 铜耳环
12、14. 铁管饰　42（在人骨下）. 陶盅　〔（12）～（15）人骨压在图中人骨及遗物下面〕

36

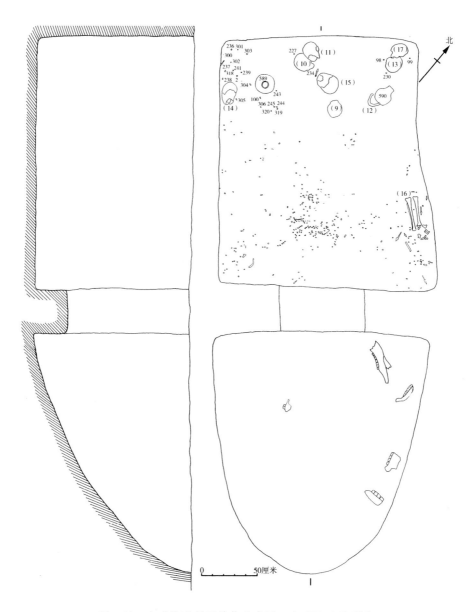

图二四　左：M107 剖面结构示意图　右：M107 平面图

1、7、18～20、22、31、33、54、55、69、73、75～78、80、81、83、88、93、98、99、101、111～113、116、119～128、130～177、
179、180、221～225、227、229、230、236、238、239、242～248、253、254、256、263～270、581～587、592～601. 石珠　2、
35、47、52. 石片　3、8、10、14、32、62、66、233. 海贝　4、12、17、26、27、34、49、67、107、231. 铁镞　5、9、16、37、46、
68、109、118、234、237、249～251、255. 骨镞　6、45. 蚌贝　11、13、48、65. 铁管饰　15、38、42、56、85、262. 铜贝
21、43、44、114、129、220. 铜管饰　23. 蚌匕　24、63、70、87、102、226、252、258. 玛瑙珠　25、74、86、110、117、235.
骨弭　28、29、40、104. 鸭形石饰　30、50、232. 铁削　36、84、103、178. 石镞　39. 蚌饰　41. 铁矛　51. 石刮削器
53、72、240、241、259. 蚌管　57～61、89～92、94～97、588～590. 陶壶　64. 铜铃　71、79、228. 金耳环　82、257.
绿松石珠　100、105. 蚌扣　106、271. 螺饰　108、181～219、272～580. 铜泡　115. 骨哨　260. 骨贝　261. 骨锥
591. 陶碗　（1、4～21、23～27、29～33、35、36、38～45、47～67、69～92、94～97、104～106、127、136、137、181、184、
188、195～198、204～216、249、252、271、273、275、278、279、281、285、290～293、296、298、311～313、316、331、346、
351、356、357、360～381、404、405、411、415、418～421、428～430、434～444、588～591、（1）～（8）人骨，以上皆出填土
中）

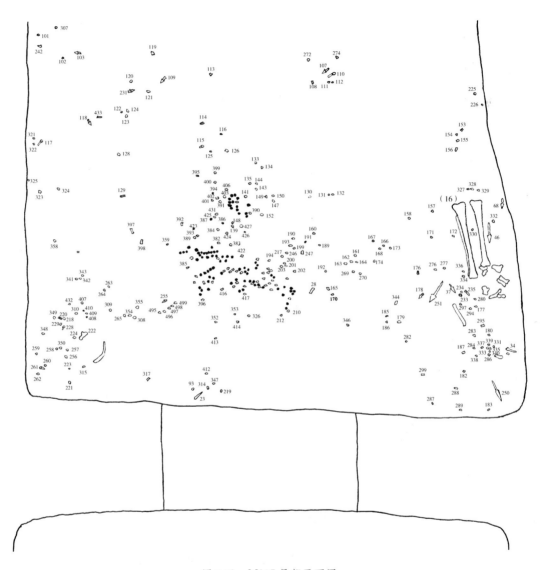

图二五 M107 局部平面图

23. 蚌匕 28. 鸭形石饰 34、107、231. 铁镞 37、46、68、109、118、234、250、251、255. 骨镞 93、101、111~113、116、119~126、128、130~135、139、141、143、144、147~150、152~158、160~168、170~174、176、177、179、180、218、221~225、227、229、242、246、247、256、263~265、269、270. 石珠 102、226、258. 玛瑙珠 103、178. 石镞 108、182、183、185~187、189~194、199~203、212、217、219、272、274、276、277、280、282~284、288~289、294、295、297、299、307~310、314、315、317、321~329、331~345、347~350、352~355、358、359、382~387、389~403、406~410、412~414、416、417、422~423、425~427、431~580. 铜泡 110、117、235. 骨弭 114、129、220. 铜管饰 115. 骨哨 228. 金耳环 233. 海贝 257. 绿松石珠 259. 蚌管 260. 骨贝 261. 骨锥 262. 铜贝（图中部分器物无号涂黑者为铜泡，未涂黑者为石珠）

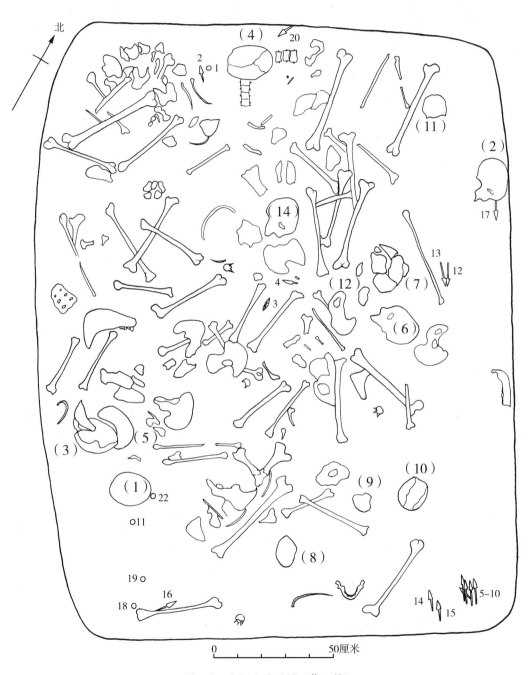

图二六　M111平面图（第一层）

1、11、18、19、22. 铜泡　2、5～10、12～17、20. 骨镞　3. 石镞　4. 铁削

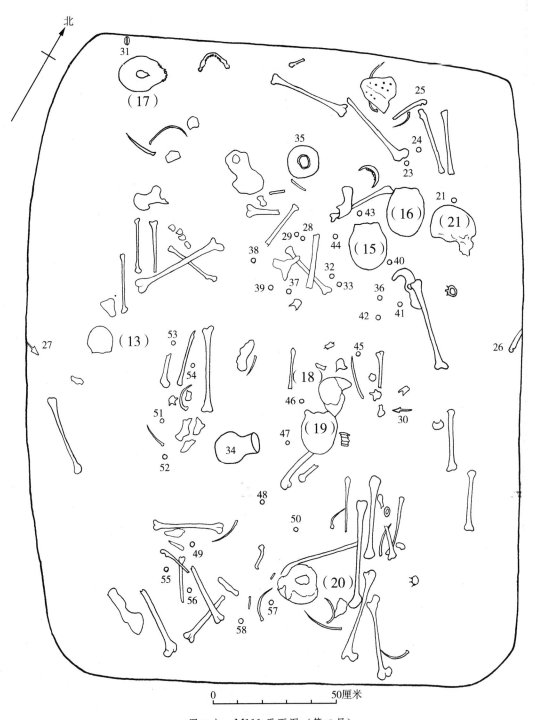

北

图二七　M111 平面图（第二层）

21、24.玛瑙珠　23.绿松石珠　25、26.骨弭　27、30.骨镞
28、29、32、33、36～58.铜泡　31.海贝　34、35.陶壶

40

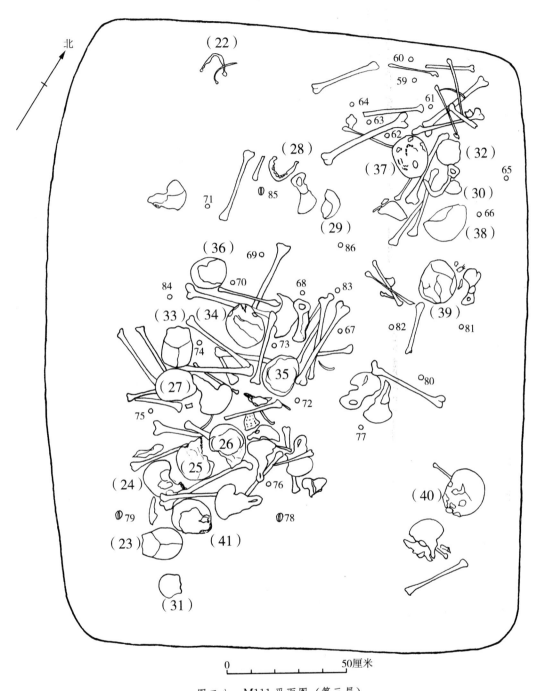

图二八　M111 平面图（第三层）

59～68、75～77　80～84. 石珠　69～74. 蚌扣　78、79. 海贝　85. 蚌贝　86. 铜泡

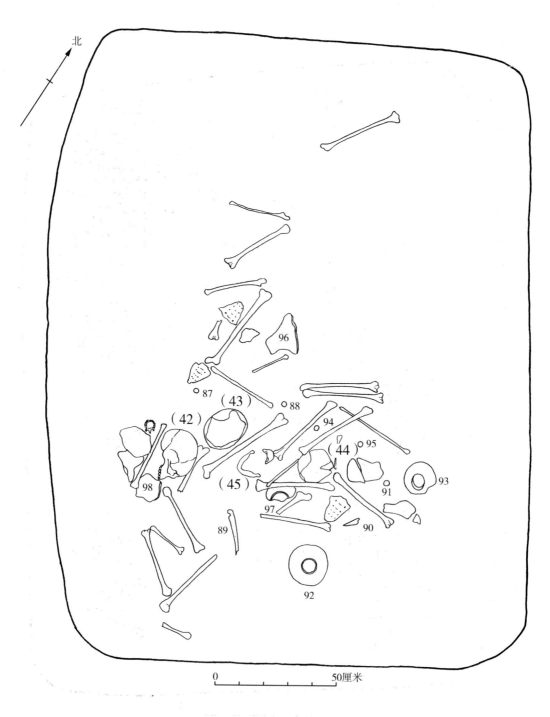

北

0　　　　　　　　　50厘米

图二九　M111平面图（第四层）

87、88、91.石珠　89.骨弭　90.铁削　92、93、96、97.陶壶　94、95.铜泡　98.陶钵

（28）40±♀、（29）25～30♂、（30）初生婴儿、（31）4～5月婴儿、（32）6个月内婴儿、（33）6个月内婴儿、（34）35±♀、（35）20～22♂、（36）40±♂、（37）35～40♂、（38）35±♀、（39）25～30♂、（40）30～35♂、（41）30～35♀、（42）20～24♂、（43）45～50♀、（44）50～55♀?、（45）未成年?。随葬品有陶壶、陶钵、铜泡、铁削、石镞、骨镞、骨弭、珠饰、海贝、蚌贝等98件。还有马头1件、马下颌骨2件。随葬品同人骨都分散在各层之中。

②成年女性及其与小孩合葬　3座（M157、182、159）。成年女性及小孩墓2座，即M157和182，M159为成年女性墓。

M157（图三〇），长方形土坑竖穴墓，长2.19、宽1.00、深0.90米。方向330°。墓内葬4人，皆二次葬。尸骨堆放在墓底南北两侧靠近西壁处，头骨置于髋骨和肢骨之上。性别年龄为：（1）成年♀、（2）成年♀、（3）1.5岁婴儿、（4）成年♀。随葬品有陶壶、陶碗、陶支座、陶三足器、铜管饰、海贝等13件。

M159，长方形土坑竖穴墓，长2.70、宽1.30、深0.95米。方向10°。墓内葬2人，均二次葬。仅存下颌骨和髋骨。性别年龄为：（1）18±♀、（2）20～22♀。随葬品只有1件陶壶残片。

③男女合葬　7座（M106、129、138、141、171、183、187）。M129、138、183、187是二人合葬，其余都是多人合葬。

M106（图三一；图版九），凸字形土坑竖穴墓。墓室长2.90、宽0.95、深0.75米；墓道长1.22、宽1.38、深0.75米。方向317°。墓道斜坡短而陡、底部和墓室同在一个平面上。墓内葬9人，皆二次葬。头骨集中摆放在墓室底部，大体呈纵向排列，肢骨、肋骨、髋骨等层层堆积在墓道之内。肢骨、肋骨和髋骨又分类聚合，前者位于墓道南面，后者偏北。性别年龄是（1）50±♂、（2）45±♂、（3）40～45♂、（4）45～50♂、（5）45±♀、（6）50～55♀、（7）40±♀?、（8）成年?、（9）成年?。随葬品有陶壶、铜饰针、铜泡、骨镞、珠饰、海贝等11件。还有一只牛角、一枚马的臼齿。遗物多和人骨掺杂，陶壶放在墓室北部近头骨处。

M138（图三二），长方形土坑竖穴墓，长2.20、宽1.28、深1.60米。方向347°。有二层台。墓内葬2人，均二次葬。性别年龄是：（1）成年♂、（2）17～18♀。头骨全无，（1）尸骨堆在二层台西北部，（2）尸骨放置在墓底东南角。随葬品有陶钵、骨镞、骨纺轮等3件。陶钵陈于墓底中部偏北处，纺轮和骨镞均见于填土之中。马下颌骨放在墓底（2）骨骼的北面。

M141（图版一三，2），长方形土坑竖穴墓，长3.33、宽2.63、深1.10米。方向335°。四面有二层台，台面宽0.06～0.90、高0.60米。二层台内有长方形木质葬具，长2.05、宽1.10、高0.48米。四壁用木板卧叠而成，板宽0.20～0.30、厚0.05米左

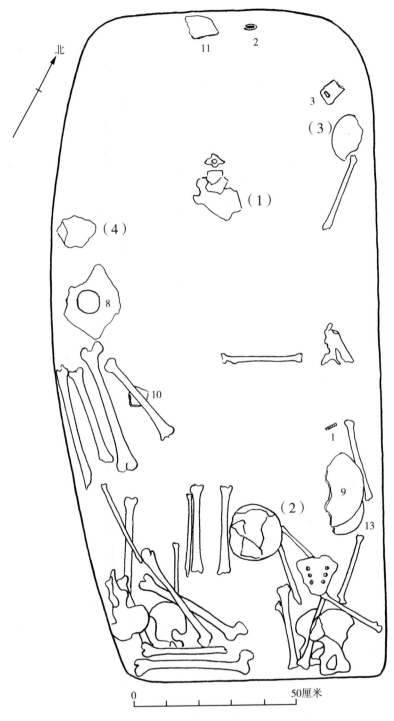

北

图三〇　M157 平面图

1. 铜管饰　2. 海贝　3. 骨板　4～7. 陶支座（皆在人骨下）
8～10、13. 陶壶　11. 陶碗　12. 陶三足器（在人骨下）

44

图三一　M106平面图

1（出填土中）、3（出填土中）. 石珠　2. 骨镞
（出填土中）　4（出填土中）、6～7（皆出填土
中）、9（出填土中）. 铜泡　5. 铜饰针（出填
土中）　8. 玛瑙珠（出填土中）　　10. 海贝
（出填土中）　11. 陶壶

北

0　　　　　　50厘米

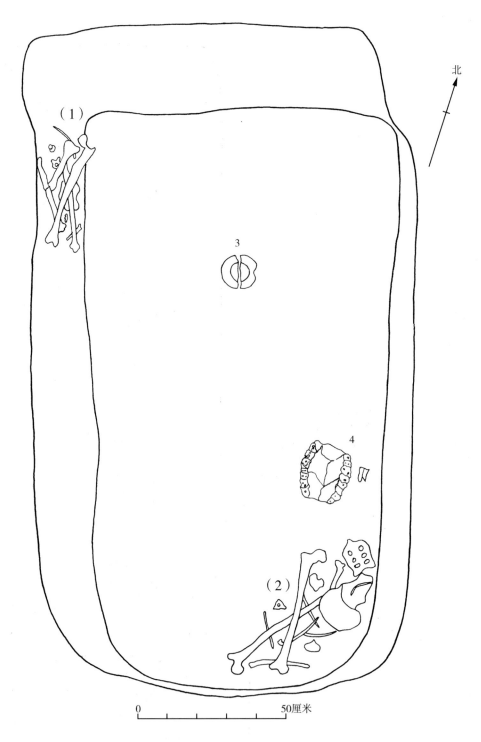

北

图三二　M138 平面图

1. 骨纺轮（出填土中）　2. 骨镞（出填土中）　3. 陶钵　4. 马下颌骨

右。没有盖板和底板。墓内曾燃火焚烧，葬具和部分人骨有火烧痕迹。墓内葬14人，皆二次葬。头骨一律放在肢骨等骨骼之上。性别年龄为：（1）40±♂、（2）40±♂、（3）45～50♂、（4）45～50♂、（5）45～50♂、（6）15～16♀、（7）30±♀、（8）20～22♀、（9）20～22♀、（10）成年♂、（11）22～24♂、（12）22～24♀、（13）成年?、（14）30±♂。随葬品有陶壶、陶钵、陶小三足器、支座、铜铃、铜泡、铜矛、铜镞、铜耳环、铁渣、石叶、骨镞、骨匕、贝饰、珠饰等70件。另有马头骨、马下颌骨、牛下颌骨、狗头骨、猪头骨、羊颌骨、鱼骨等10件。殉牲均置于西南角二层台上。

M183（图三三），长方形土坑竖穴墓，长2.05、宽1.10、深0.75米。方向340°。两面有二层台，北端台宽0.58、高0.15米，南端台面向内倾斜，宽0.48～0.64、高0.35米。墓内葬2人，皆二次葬。性别年龄为：（1）成年♂、（2）22～24♀。（2）头骨等骨骼放于墓底，（1）头骨和肢骨以及部分遗物置于南端二层台上，北端二层台上放1件陶碗、1件陶壶和1只马蹄。随葬品有陶壶、陶碗、陶支座、铜泡、海贝、蚌匕等12件。

M171（图三四、三五），长方形土坑竖穴墓，长2.10、宽0.80、深0.70米。方向330°。墓内葬5人，皆二次葬。人骨交错叠压，厚达0.50米，放置凌乱。性别年龄为：（1）成年♂、（2）40±♂、（3）15±♀?、（4）35～40♂、（5）45～50♀。随葬品有陶壶、陶碗、铜泡、铜管饰、骨镞、骨匕、石刮削器、珠饰等20件。

（3）一、二次葬并用　4座（M102、136、185、190）。M102系三人合葬，（1）人架为一次葬，（2）、（3）为二次葬。（1）是45±♀，（2）、（3）年龄性别不明。其余三座均为男女两人，一次葬者全为女性。

M136（图三六；图版一三，1），长方形土坑竖穴墓，长2.28、宽1.13、深1.75米。方向335°。四面有二层台，东南两侧台面较窄，西北两侧宽0.20～0.28、高1.04米。墓内葬2人，性别年龄为：（1）45±♂、（2）22～24♀?。（2）人骨被扰动，系一次葬，头向应西北。（1）骨骼堆在墓室西北角二层台上面，肢骨摆在肋骨和髋骨之上。随葬品有陶壶口沿、铜泡、骨镞、珠饰等14件。陶壶1件放墓底，1件在西侧二层台南端。

M185（图三七、三八；图版一〇，2），长方形土坑竖穴墓，长2.10、宽0.70、深0.55米。方向335°。墓内葬2人。距开口0.30米的填土中发现二次葬的人骨，其肢骨、髋骨等偏在墓室北部，南部有2个头骨。在其下0.25米的墓底清理出一次葬的人骨架，仰身直肢，头部不存，头向应西北。经鉴定，填土中的骨骼同（1）头骨实为一个个体，（2）头骨则属于墓底一次葬者。性别年龄是：（1）35±♂、（2）56+♀。随葬品有陶壶、陶碗、陶支座、陶三足器、铜泡、铜箍饰、骨觿、串珠等13件。陶壶、陶碗、三足器、支座位于一次葬者右肩上端，装饰品主要分布在颈间和左臂上部附近。

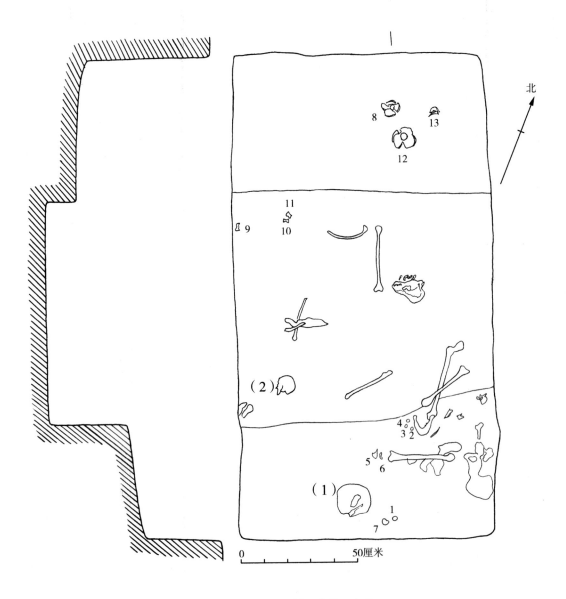

北

图三三　左：M183 剖面结构示意图

右：M183 平面图

1～4、7. 铜泡　5. 蚌匕　6. 海贝　8. 陶碗

9～11. 陶支座　12. 陶壶　13. 马蹄骨

图三四　M171 平面图（第一层）

图三五　M171 平面图（第二层）

1～3. 铜箍（皆出填土中）　4. 石珠（出填土中）　5～6.12～13. 铜
泡（皆出填土中）　7～8. 铜管饰（皆出填土中）　9～10. 骨鸣镝（皆
出填土中）　11. 骨镞（出填土中）　14. 石刮削器（出填土中）　15.
骨匕（出填土中）　16. 陶环（出填土中）　17、19 陶碗　18、20. 陶壶

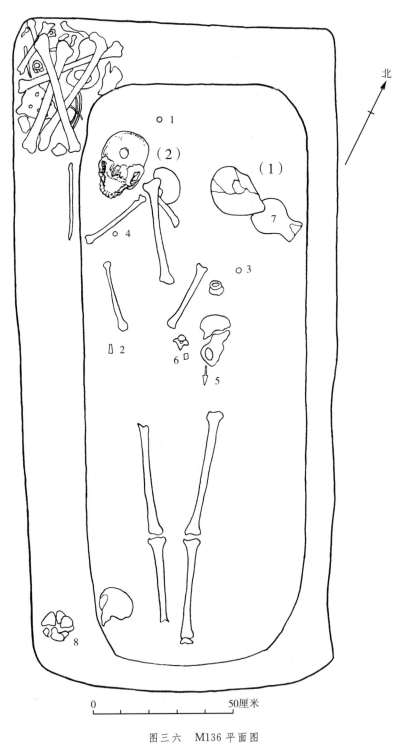

北

图三六　M136平面图

1. 石珠　2. 骨管饰　3、4. 铜泡　5. 骨镞　6. 绿松石珠　7、8、9（出填土中）、
11～14（皆出填土中）. 陶壶　10. 陶片（出填土中）

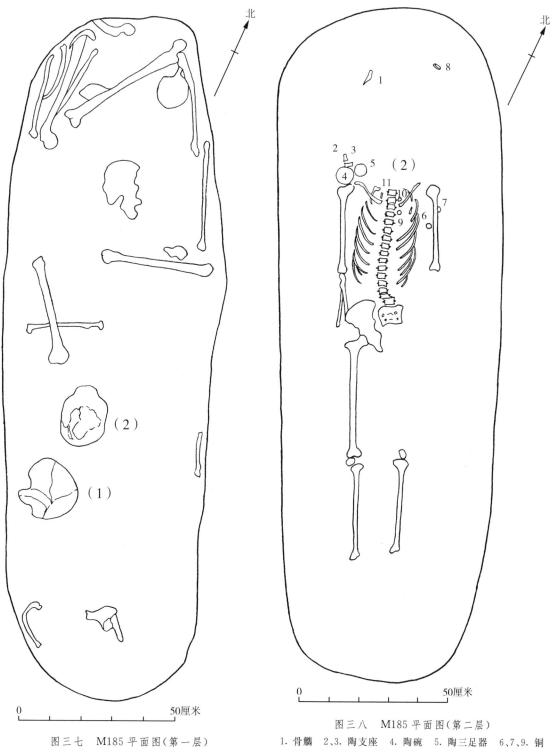

图三七　M185 平面图（第一层）

图三八　M185 平面图（第二层）

1. 骨觿　2、3. 陶支座　4. 陶碗　5. 陶三足器　6、7、9. 铜泡　8. 铜箍　10. 玛瑙珠　11. 石管饰　12. 陶壶（出填土中）　13. 陶片（出填土中）

M190，长方形土坑竖穴墓，长 1.90、宽 0.69、深 0.37 米。方向 340°。墓内葬 2
人，性别年龄为（1）20～22♀?、（2）35～40♂。（2）人骨堆放在墓室北部填土之中，
其下 0.20 米的墓底为一次葬者的胫骨和足骨。墓的北部被扰动，躯干部分所存无几，
但破碎的头骨和髋骨仍在相应位置或附近。随葬品仅 1 件陶壶，位于墓底中部。

（四）墓室焚火和人骨染朱

在 7 座墓内发现木炭、红烧土、烧黑的人骨以及用火焚烧的迹象。M122 填土内含
少量木炭，但该墓破坏严重，姑且不论。其他 6 座大致有下列四种情形：

第一，在靠近墓口的填土层中发现红烧土或木炭。M104 北部二层台上方的填土内
有一些二次葬的人骨，其部分骨骼烧成黑色，经鉴定是成年男子；而放于墓底的 15 个
人的二次葬尸骨无一例火烧痕迹。

第二，M128 墓口处填土有两处红烧土，靠东壁一块的范围约 0.40×0.40、厚
0.40 米。其南面不远处放 1 个狗头。近北壁的一块约 0.30×0.25、厚 0.17 米。

第三，在墓底有烧过的桦树皮残片和个别经火烧过的人骨，如 M110。

第四，葬具内外填土或墓壁均经火烧烤。M141 整个墓室火烧程度严重，范围较
广，许多人骨已成焦黑色，棺木局部炭化，部分墓壁变成砖红色，且质地坚硬。M164
南壁偏西段火烧迹象一目了然，填土中并伴有红烧土。M192 火烧现象集中在东壁的南
北两端，填土内混有炭灰，但人骨无火烧痕迹。

M141 的葬具和部分人骨均经火烧过，可能是火葬的一种方式。具体程序为：预先
安放好葬具并装纳二次葬人骨，然后在墓室内堆放几簇柴薪再用火点燃，待烧到一定程
度后即覆土掩埋。所以，墓壁某些段落和一些人骨或红、或黑，有的依然如故。相同的
例子见之于内蒙敖汉旗周家地[①]。当是东胡流行的一种葬俗。

M128 和 M141 火焚方式不同，性质自然应该有所区别。墓葬焚火大概与悼念死者
亡灵的祭奠仪式有关，也可能具有原始宗教意义。它或许是砖厂墓地埋葬习俗的又一
特点。

此外，经过对墓葬出土人骨的现场观察，发现 3 座墓内的部分人骨上有几处斑斑红
色。如 M119 在肋骨、股骨和胫骨上，M120 在腓骨和掌骨上，M161 在股骨和胫骨上。
3 座墓都是单人一次葬，除 M119 性别不明外，其他两座部是成年男子。着染方式不
清，用意亦不明。

---

① 中国社会科学院考古研究所东北工作队：《内蒙古敖汉旗周家地墓地发掘简报》，《考古》1984 年 5 期。

（五）随葬品种类和数量

在97座墓中，未发现遗物的有15座，其余随葬陶质生活用具和铜、铁、金、石、玛瑙、绿松石、骨、牙、蚌等不同质料的生产工具（兵器）及装饰品。铜器的数量最多，57座墓内出土的件数即占全部随葬品的1/2以上。其次是分布于45座墓中的骨器。

随葬陶器十分常见。有70座墓分别随葬盛容器、炊器、水器类的壶、钵（碗）、罐、鬲、瓮、三足器、匜、杯、盅和小三足器、支座等，其中以壶的数量为最，几乎每墓必备。

46座墓内随葬的生产工具（兵器），包括铜镞、铜刀、铜矛、铜锛、铜锥、铁镞、铁削、石镞、石刮削器、骨镞、骨弭、骨鱼镖、骨针、纺轮等。骨镞和骨弭在数量上占据大宗，近300件。石器很少。质地为金属者更少，仅在14座墓中发现30余件。

装饰品数量众多，品种繁杂，计有：铜牌饰、铜铃、铜耳环、铜泡、铜管饰、铁管饰、金耳环、骨环、蚌扣及由绿松石、玛瑙等加工成的形形色色的珠饰。成组出现的事例间或有之，有的整套佩饰完整无缺。M128（2）骨架人胸部的一组半月形饰件，由9枚齿状铜饰并联而成；M150从墓主项下沿两肋外侧至腹部出土一组由铜牌饰、金片、骨环、铜管和绿松石穿成的椭圆形环饰。

男女随葬品大体有所区别。有10座墓的男性随葬铜刀、铜镞、石镞、骨镞和骨弭，2座随葬骨针、骨管、纺轮。2座墓的女性随葬骨针、骨管及纺轮。

男、女及儿童之间的随葬品差别不很悬殊。这一点在随葬的陶器和装饰品的数量和质量方面体现得相当突出。以实行一次葬的单人墓而论，随葬品总数多半在10件以下。在查明性别的10座男性墓葬中，超过10件的有4座（M120、149、150、166），5座女性墓葬中，超过10件的有2座（M126、188）。4座小孩墓葬中，超过10件的有1座（M167）。

一次葬单人墓中有两座墓的随葬品非常丰富。M150随葬的陶器、生产工具（兵器）、生活用具及装饰品，种类齐全，总数达83件，其中的虎纹铜牌是一件精美的艺术品，其墓主人是40岁左右的男性；M188的墓主人是50～55岁的老年妇女，随葬品质高量多，共32件，也随葬1枚铜牌，为虎衔兽头形。

M128是一次葬的3人合葬墓，墓主都是女性，随葬品种类齐全，共70件。该墓出土的伏鹿纹（?）铜牌，采用写实手法，形象生动逼真。

二次葬墓的随葬品无法确定其归属，故以墓葬为单位进行比较。M107埋葬17个成年男女和小孩，各类遗物计601件。M140葬有10个成年男女和小孩，各类遗物达402件。

以上 M128、150、188、107、140 五座墓内 32 个个体随葬品的数量超过全部随葬品的一半还多，而且质量也是其他墓葬所无法比拟的。

不难看出，社会成员之间出现了男女分工的迹象，氏族内部的个别成员和家族的社会或经济地位已经与众有所不同，聚敛财富的进程开始了。

殉牲习俗相当普遍。有 40 座墓殉葬狗、马、牛、猪、羊的头、牙齿、角和蹄等，还殉有鹿、兔、鼢鼠、飞禽和鱼等。狗和马的数量最多，其次是猪、牛。猪是家猪抑或野猪，尚不清楚。26 座墓殉狗，25 座墓殉马，殉猪和羊的分别是 5 座及 2 座。狗、马并殉的 8 座（M104、121、129、136、137、139、169、183），狗、马、牛并殉的 7 座（M107、110、113、115、140、141、143），马和牛并殉的 3 座（M106、112、150）。

在 6 座墓（M126、169、180、188、195、197）内发现天然砾石和河卵石等，数量不一。M169 是一块大石板，M180 是 20 余块河卵石。从陈放位置观察，这些石头当为人们有意识安排。

（六）随葬品陈放位置

一次葬墓随葬品的陈放位置大体有规律可寻。陶器几乎毫无例外都放置在墓主头部的顶端或两侧，放在胸部、腹部和下肢侧旁的极其少见。

属于生产工具（兵器）的镞、刀、弭、针等，一般均摆放在股骨或尺骨的外侧。纺轮或陈于头骨的一侧，或置于髋骨附近。

装饰品出于应佩带的部位，如头、颈、胸部等。有的头部顶骨、眼眶内和面部见有绿松石珠和铜泡等，推测可能是覆面上的饰件。有的胫骨周围遍布铜泡和珠饰，可能是装饰靴鞋之用。

二次葬墓的随葬品多同人骨相混杂，陈放位置似无定制。

殉牲的陈放部位极不统一。既有放在墓室底部和二层台上的，也有置于墓道和填土之中的。放在填土和二次葬墓中的，多半同人骨掺杂。在出土位置可辨的 25 座墓中，放于墓底的占多数，然而分布极不一致，在墓室南部、北部、中部、西南角、西北角的都有。在一次葬墓中的情况多种多样，如 M128 的一具狗头放在（3）头骨的顶端，M125 的两只牛角摆在人架的足端，M150 的一只马蹄和一只牛蹄陈于上体左侧，M149 中的两只牛蹄分置腰部两侧，另有一只则摆在右腿外侧。

在填土中发现的殉牲数量仅次于墓室，陈放位置以 M104 较为清楚：在靠近东壁的上层填土内，自北而南似按一定间距布列着 4 个狗头、5 个狗下颌骨、1 个鼢鼠头和 9 枚马的臼齿。

殉牲置放在墓道内的有 3 座，如 M107 的两个马头贴近东壁，M135 的狗头则放在中部。殉牲陈放在二层台上的有 2 座（M140、141）。

看来，是否殉牲和墓主的年龄性别似乎无关，与葬式联系倒较为密切。有 16 座二次葬墓埋殉牺牲，而且都是合葬墓。一次葬墓的则有 8 座。

在殉牲种类方面，妇女儿童和男子略有差异。一次葬的儿童墓（M105、125、167）和 2 座女性合葬墓（M128、146）以殉狗为主，2 座男性墓（M149、150）主要殉马和牛。还有 1 座男女合葬墓（M108）殉狗。

瘗石的陈放位置亦不相同。M126 的两块天然石块，紫红色的一块放在北侧二层台的西北角，青绿色的一块放在墓主的下腹部。M169（1）号头骨是成年男子，菱形砾石板放在其南面。M180、195、197 的天然石块和河卵石全都放在填土中，此 3 墓都是"空墓"。

三 随 葬 器 物

砖厂墓地出土随葬品甚为丰富，多达2214件，其中包括采集品22件。除去M117、131、142、148、156、165、176～178、181、189和194～197等15座墓葬未见随葬品外，2192件器物分别出自82座墓中。各墓出土数量不一，出1～20件的有65座，21～50件的10座，62～98件的5座，最多的M140和107两座墓各出土402件和601件，约占总数的一半。

随葬品有陶器、铜器、铁器、金器、骨器、石器、蚌器、牙器和海贝等种。其中铜器数量居大宗，占49.46%，石器、骨器和陶器次之，所占百分比分别为15.40、14.63和13.32。其余的数量很少（见表一）。如按金属和非金属区分，包括铜、铁、金在内的金属制品达1164件，占随葬品总数的一半略多。可见，墓地的主人不仅在日常生活和生产中较普遍地使用金属用具，而且流行死后将其随葬的习俗。

表一　　　　　　　　　　　　随葬品质料分类统计表

质　料	陶	铜	铁	金	骨	石	蚌	海贝	牙	螺
数　量	295	1095	64	5	324	341	53	25	2	4
百分比	13.32	49.46	2.9	0.23	14.63	15.40	2.66	1.13	0.09	0.18
出土墓数	70	57	15	2	45	48	29	12	1	2

随葬器物中，生产工具只占一小部分。铜、铁工具已少量出现，仅为镞、刀、矛形器和锛等小型器物，不见大型工具。骨制生产工具较多，常见的有镞、弭，骨镞形制多变且很复杂，当与射击目标不同和使用方法有关。石镞和刮削器少见。用于纺织缝纫的有纺轮、针和锥等。镞在狩猎生产中是一种很重要的工具，但不排除其作为武器使用的可能性。生产工具出土虽不多，但可使我们在一定程度上了解当时的社会生产活动内容以及社会分工情况。

随葬品中，最主要的生活用具是陶器，且多属容器。陶质以细砂黄褐陶为主，泥质黄褐陶和夹砂黑褐陶少见。皆为手制。泥片盘塑法是制陶工艺上的一个特点。明器都直接用手捏制而成。容器大都是日常使用的生活器皿。器形较多，有炊器鬲，盛器壶、罐、瓮，食器碗、钵，水器匜，另见盆、杯等。专为随葬制作的陶质明器有小三足器、盘、支座等。生活用具中还有一种取食用的蚌匕。

装饰品出土数量很多，分别由铜、金、石、骨、蚌等原料制成。有面饰、耳饰、胸饰、牌饰和串饰之分。从出土情况看，有的单独出现，少量成组放置。不仅男性和女性都佩戴装饰品，小孩也随葬这类东西。铜饰中以圆泡为主，耳环、管饰也有出土，动物纹牌饰造型生动，具有浓厚的地方特色。金饰甚少，仅见扭丝耳环和叶片。石饰质料有玛瑙、绿松石、辉石、钾长石和天河石等，常见形制有珠、管、环，方形、菱形数种。众多装饰品的发现，反映出墓地主人盛行装饰习俗。

出土的少量海贝，均非产自本地，应是从外地交换而来的，因此，它是当时物品交换的媒介物，起着货币的作用。另见一些仿海贝制作的铜贝、蚌贝和骨贝。

下面依质地分别叙述。

（一）陶　器

共出土 295 件。对其中残破严重者只计算个数，不分型编式；较特殊的则单独介绍，余均在墓葬统计表中注明型式。

随葬陶器中除 1 件纺轮和 1 件圆环外，其余皆为生活用具，且大多数是容器。生活用具中一小部分较小的器物，如小罐、小三足器、小盘和支座等，显然是专为随葬而制作的，其余则是实用器，如有的三足器的外表有烟熏火燎的痕迹，有的壶破裂后经钻孔缀补而又继续使用等等。

陶容器在墓穴中陈放的位置有下述几种情况：

一次葬的墓似遵循一定的规则，几乎均置于墓底人头部的上方或左右两侧；只有 M101 略异，该墓为二人一次合葬，随葬的陶器有壶、碗各 1 件。其中壶压在（正置）右侧一人的胸上，碗则置于其头部右侧。

多数二次葬的墓，陶容器的陈放似无固定的位置，往往错杂于人骨之间，少数墓与人头骨一起放在墓穴的一端，如 M107、135 等；个别墓则置于生土二层台上，如 M140。

这批陶器有如下特点：

第一，就其质地和颜色来说，可区分为细砂黄褐陶、泥质黄褐陶和夹砂黑褐陶三种。其中以细砂黄褐陶占绝大多数；夹砂黑褐陶和泥质黄褐陶则比较少见或仅见，且无完整器皿，只在个别墓中出土了口沿等若干碎片。细砂黄褐陶中的相当一部分器物，因烧制时氧化不充分，故表皮颜色不太纯正，往往灰、黄相间。

第二，全部陶器都是手制的，其中小三足器、小罐、盘、支座以及部分小碗、钵等小型器皿系以手一次捏制而成。较大的器物采用泥片盘塑与套接法，如壶的制作程序是：先分别预制其口沿和器底，然后用长条泥片自底依次向上盘塑，至近口处平收并与口沿套接成整器。结合时是将上段的下缘接茬口镶入下段的上缘接茬口的里面。陶鬲是分别盘塑足和腹部，先将三足捏合，制成鬲的下部，然后与腹部套接成整器。

第三，陶器器形有壶、碗、钵、罐、瓮、小三足器、鬲、盆、匜、杯、盅以及支座、纺轮、圆环等类别。其中以壶的数量最多，碗、钵、罐、瓮、小三足器和支座次之，其他则较少见。根据各墓随葬陶器的共存关系，可知壶、碗或壶、钵是其组合的基本形式。

陶器的造型特点是，平底器最多，其次是三足器，圈足器则较少见。平底器多为小平底，包括壶、碗、钵、罐、瓮、杯和盅。三足器有鬲、罐、小三足器、杯、匜和鸭形壶。圈足器仅有碗一种。另外，部分器物装有把手、穿鼻和流嘴等。把手有半环状和弯柱状两种，装于杯和小罐的口沿旁边和腹的中部。穿鼻均为半环状，装于壶的肩部或口沿下。带流嘴的有一红衣小壶和陶匜。

第四，陶器纹饰有红色彩绘、篦点纹、指甲纹、锯齿纹、划纹、绳纹、戳印纹、锥刺纹、捏塑纹及乳突等。素面陶器约占 1/5 左右。

红色彩绘的数量最多（约占半数以上），可分为红衣彩绘和几何纹彩绘两种。前者主要施于器身的上半部，亦有通体者，一般称其为"红衣"。这种红衣陶器的外表往往比较光滑，推测当时陶器涂红后还要用圆滑器进行压磨。出土时不少器物的红衣已有不同程度的剥落，以致表面斑驳，失去原有的光彩。个别严重者红衣已脱落殆尽，须经仔细观察辨识，才能弄清其本来面目。后者均为几何形图案，有宽带纹、三角纹、波折纹和长条纹。宽带纹饰于碗、钵的口沿。三角纹均倒置，有连续的和间接的两种，前者饰于壶的肩部，后者则饰于圈足碗口沿内宽带纹的下方。波折纹饰于壶的肩部。长条纹多为竖条，饰于壶、钵、匜的红衣或宽带纹下，呈交叉或放射状，布局匀称、协调。亦有由横、竖条构成的方格，饰于瓮的肩及领部。

上述两种红色彩绘都是原地绘饰，其颜色呈暗红。

篦点纹，其图案均为几何形，饰于壶的肩及颈部。可分为两种：其一，篦点细密，图案由横线和斜线构成，比较复杂；其二，篦点粗疏，图案由横线和斜线构成，相对简单。

指甲纹，较少见，饰于壶的腹部。

锯齿纹，饰于壶、瓮、小三足器的口沿上及圈足碗的足下。

划纹，饰于壶的肩部，图案是由斜线或弧线组成的网格倒三角或长条，其线条勾勒随意、草率，但不失于流畅。如 M121：13（图三九，4；图版三六，3）。

绳纹，较少见，施于壶的中腹及下部，系拍印而成。

戳印纹，有圈、点、条三种，见于器物的唇、肩部、颈下或足上。如 M118：4（图四七，4；图版三六，4）。

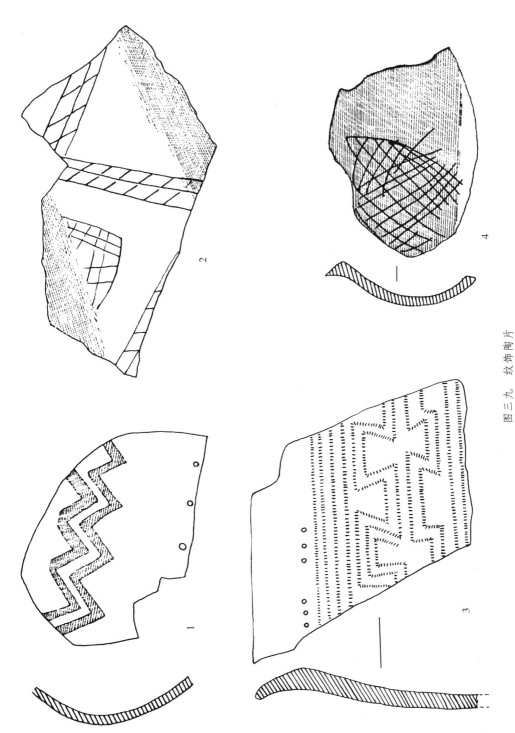

图三九　纹饰陶片

1. 波折条纹彩绘（151：8）　2. 网格三角及波折网格斜条划纹（110：25）　3. 篦点纹（103：5）　4. 网格三角划纹（121：13）（皆原大）

59

锥刺纹，仅 1 例，饰于三足罐口沿的上方。

捏塑纹，亦仅 1 例，饰于瓮的肩部。

乳突，有圆形和椭圆形两种，前者见于鬲和三足罐等器物的口沿下，系以棒状工具由内向外戳捅而成；后者见于罐、碗、钵的腹部及瓮的肩下，系以手捏制而成。

绝大多数器物，只用单一的纹饰。少数器物有两种或几种纹饰兼用的，如绳纹、划纹、篦点纹、戳印纹、锯齿纹分别配以红衣彩绘；戳印纹和锥刺纹一起配以红衣彩绘；划纹配以指甲纹；绳纹配以几何纹彩绘等等。

关于各类陶器器形和陶器的纹饰比例，请参见下面陶器器形统计表和陶器纹饰统计表（表二、表三）。

表二 陶器器形统计表

陶系	细砂黄褐陶															泥质黄褐陶	夹砂黑褐陶
数量	288															1	6
百分比	97.62															0.34	2.04
器形	壶	碗	钵	小三足器	瓮	罐	鬲	盆	杯	匜	盘	支座	纺轮	圆环	残片	壶	口沿残片
数量	153	26	11	14	8	11	3	2	4	2	2	47	1	1	3	1	6
百分比	51.74	8.8	3.74	4.8	2.72	3.74	1	0.68	1.36	0.68	0.68	16	0.34	0.34	1	0.34	2.04

表三 陶器纹饰统计表

陶系	细砂黄褐陶												泥质黄褐陶	夹砂黑褐陶			
纹饰	红衣彩绘	几何彩绘	素面	篦点纹	指甲纹	锯齿纹	划纹	绳纹	锥刺纹	戳印纹	捏塑纹	乳突	篦点纹	指甲纹	乳突	戳印纹	素面
数量	151	16	60	5	2	7	3	3	1	2	1	7	1	1	2	1	4
百分比	56.55	6	22.47	1.88	0.75	2.62	1.1	1.1	0.37	0.75	0.37	0.62	0.37	0.37	0.75	0.37	1.5

下面按陶器类型分别进行介绍。

1. 陶　壶

154 件，出于 52 座墓葬中。分为直颈壶、束颈壶、曲颈壶、矮颈壶、高颈壶、绳纹壶、敞口壶、带流壶和鸭形壶九种，以直颈壶为最多。

（1）直颈壶　87 件。分为三型。

A 型　37 件。圆腹，分为四式。

Ⅰ式：8 件。溜肩，腹较扁，中部略圆折，最大径偏下。M159：1（图四〇，1；

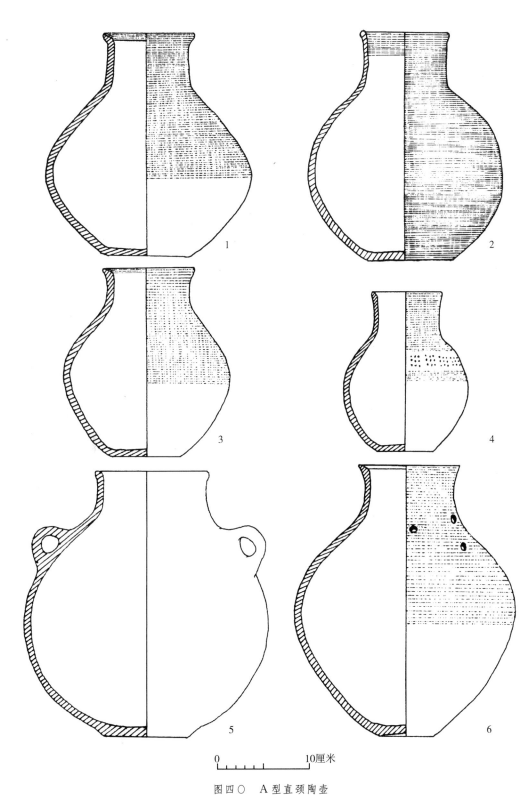

图四〇　A型直颈陶壶

1. Ⅰ式（159∶1）　2、4、5.Ⅲ式（141∶50、107∶589、149∶2）　3.Ⅱ式（104∶9）　6.Ⅳ式（126∶8）

图版二〇，1），通高 23.6、口径 9.8、腹径 22.4、底径 8.8 厘米。尖唇外侈，外表及口沿内缘施红衣彩绘。

Ⅱ式：15 件。溜肩，腹增高，渐圆，最大径居中。M104：9（图四〇，3；图版二〇，2），通高 20、口径 10、腹径 18、底径 7.2 厘米。尖唇外侈，外表及口沿内缘施红衣彩绘。

Ⅲ式：10 件。肩渐鼓，腹加深且较圆鼓，最大径偏上。M141：50（图四〇，2；图版二〇，3），通高 24.5、口径 9.8、腹径 21.2、底径 9.4 厘米。圆唇微侈，外表及颈内壁上部施红衣彩绘。M149：2（图四〇，5；图版二〇，4），通高 28、口径 12.2、腹径 26.6、底径 9.2 厘米。尖圆唇微侈，肩部装有对称半环状双系，素面。M107：589（图四〇，4；图版二一，1），通高 16.8、口径 7.8、腹径 13.6、底径 6.2 厘米。尖唇微侈，外表施红衣彩绘，肩部留一素面宽带，内饰成组戳印小圆圈一周，每组三竖排，每排三至五个小圆圈不等。

Ⅳ式：4 件。鼓肩，深腹，最大径偏上。M126：8（图四〇，6；图版一二一，2），通高 28.8、口径 11.2、腹径 24.2、底径 6 厘米。尖唇外侈，颈肩部有 3 个钻透的圆孔，孔径外大内小，底略内凹，外表施红衣彩绘。

B 型　4 件。折腹，腹最大径居中。M107：590（图四一，6；图版二一，4），通高 21、口径 9.6、腹径 17.2、底径 7.2 厘米。尖圆唇外侈，底略内凹，外表施红衣彩绘。M107：97（图四一，5；图版二一，3），通高 16、口径 7.4、腹径 12.8、底径 6 厘米。直口，方唇，底略内凹，外表及颈内壁施红衣彩绘。

C 型　3 件。棱腹，最大径居中。M146：15（图四一，8；图版二二，1），通高 16、口径 8、腹径 15.8、底径 7.6 厘米。圆唇外侈，底略内凹，腹中部有对称的六个棱角，素面。M146：1（图四一，9），下部残缺。口径 8.4、腹径 14.4 厘米。直口圆唇，腹中部有对称的十六个棱角，外表及颈内壁上部施红衣彩绘。

另有 2 件未分型式：

小壶 1 件，M111：34（图四二，3；图版二二，2），通高 12.4、口径 7.4、腹径 10、底径 5.2 厘米。侈口，尖唇微侈，颈较粗，外表及径内壁上部施红衣彩绘。

彩绘壶 1 件，M127：1（图四二，6；图版三七，1），通高 18.8、口径 9.6、腹径 19.6、底径 6.4 厘米。直口，尖唇，扁圆腹，肩部饰彩绘，彩绘纹饰系以一周横带为底线，上接对称之四竖条。

（2）束颈壶　13 件。可分三式。

Ⅰ式：3 件。垂腹，最大径偏下。M190：1（图四一，1；图版二二，4），通高 22、口径 8.4、腹径 18.2、底径 7.2 厘米。尖圆唇外侈，底略内凹，素面。

Ⅱ式：3 件。鼓腹，最大径居中。M104：33（图四一，3；图版二三，1），通高 17.4、口径 6.4、腹径 13.4、底径 5.2 厘米。圆唇外侈，外表及口沿内缘施红衣彩绘。

Ⅲ式：2 件。肩部明显，最大径偏上，下部急收。M136：7（图四一，2；图版二

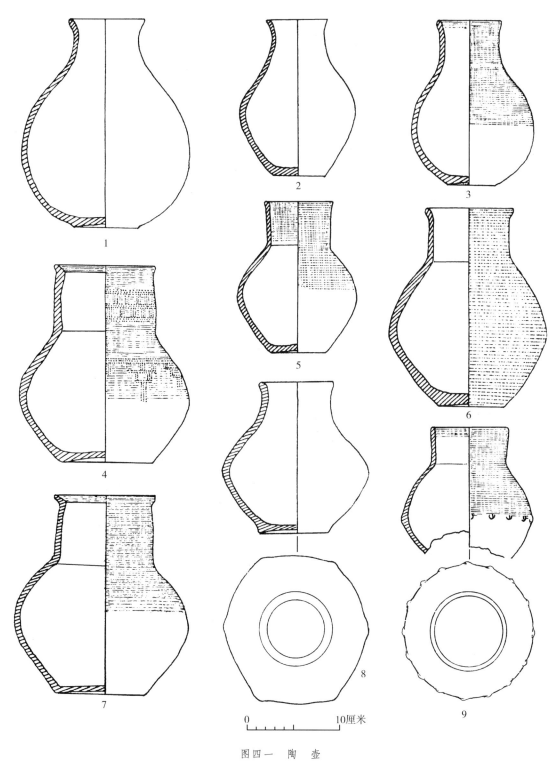

图四一 陶 壶

1. I式束颈壶（190：1） 2. III式束颈壶（136：7） 3. II式束颈壶（104：33） 4. I式曲颈壶（111：92）
5、6. B型直颈壶（107：97、107：590） 7. II式曲颈壶（107：90） 8、9. C型直颈壶（146：15、146：1）

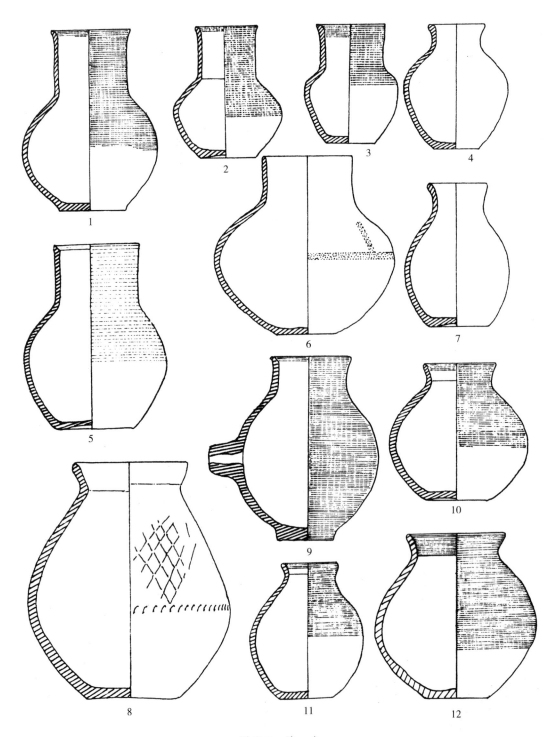

图四二　陶　壶

1、5.A 型高颈壶（133：14、107：58）2.B 型高颈壶（133：36）3.直颈小壶（111：34）4.BⅢ式矮颈壶（105：1）6.几何彩绘壶（127：1）　7.AⅡ式矮颈壶（104：3）8.AⅠ式矮颈壶（153：8）　9.带流壶（140：9）10.BⅠ式矮颈壶（145：5）11.AⅢ式矮颈壶（125：8）12.BⅡ式矮颈壶（135：38）（8、9、12 为 1/2，余皆 1/4）

三，2)，通高 16.4、口径 6.4、腹径 12.4、底径 5.6 厘米。尖圆唇外侈，素面。

（3）曲颈壶　15 件。可分二式。

Ⅰ式：1 件。溜肩，腹较扁，最大径居中。M111：92（图四一，4），通高 20.8、口径 11、腹径 18.4、底径 9.8 厘米。尖唇外侈，底略内凹，外表及口沿内缘施红衣彩绘。颈及肩部饰篦点纹，颈部的图案有三周平行的横条，其间填以竖条，形成上下两周平行交错之方格，颇类后代叠砌之砖墙；肩部的图案是以一周三道平行横条为顶线，下接对称之八组倒"品"字形方格，其下分别缀三道平行竖线。

Ⅱ式：5 件。鼓肩，腹较高，最大径靠上。M107：90（图四一，7；图版二三，3），通高 21、口径 11、腹径 19、底径 9.8 厘米。尖唇外侈，底略内凹，外表及口沿内缘施红衣彩绘。

篦点纹口沿一件，M103：5（图三九，3；图版三六，1），篦点细密，其图案由横线和斜线构成，较为复杂。

（4）矮颈壶　21 件。分为两型。

A 型　4 件。瘦长。可分三式。

Ⅰ式：2 件。垂腹，最大径靠下。M153：8（图四二，8；图版二二，3），通高 12.4、口径 6.3、腹径 11.1、底径 4.8 厘米。折口，圆唇，底略内凹。腹上部饰划纹和指甲纹，前者在上，为四组菱形网格纹，其线条断续、潦草；后者居下，横排一周。

Ⅱ式：1 件。鼓腹，最大径居中。M104：3（图四二，7；图版二四，1），通高 15.2、口径 6.4、腹径 11.4、底径 6.4 厘米。圆唇，颈部圆折，底略内凹，素面。

Ⅲ式：1 件。肩部明显，最大径偏上。M125：8（图四二，11；图版三七，3），通高 14.4、口径 6.2、腹径 12.2、底径 5.8 厘米。圆唇，颈部圆折，外表及口沿内缘施红衣彩绘。

B 型　7 件。矮胖。可分三式。

Ⅰ式：1 件。垂腹，最大径偏下。M145：5（图四二，10），通高 14.4、口径 7.8、腹径 15、底径 6.6 厘米。尖唇，颈部圆折，底略内凹，外表及口沿内缘施红衣彩绘。

Ⅱ式：4 件。鼓腹，最大径居中。M135：38（图四二，12；图版三七，4），通高 8.8、口径 5.4、腹径 8.8、底径 3.4 厘米。尖唇，颈部圆折，底略内凹，外表及口沿内缘施红衣彩绘。M141：52（图九二），通高 20.8、口径 8、腹径 24.8、底径 7.4 厘米。尖唇，外表及口沿内缘施红衣彩绘。

Ⅲ式：2 件。肩部明显，腹最大径偏上，下部急收。M105：1（图四二，4；图版三七，2），通高 13.2、口径 6.2、腹径 11.4、底径 5 厘米。圆唇，颈部圆折，素面。

（5）高颈壶　7 件。分为两型。

A 型　4 件。腹圆鼓。M133：14（图四二，1；图版二四，2），通高 19.2、口径

8.6、腹径 14.8、底径 7.2 厘米。尖唇微侈,颈略曲,外表及口沿内缘施红衣彩绘。M107：58(图四二,5),通高 19.6、口径 9.2、腹径 15.6、底径 8.6 厘米。直口,尖唇,颈竖直,底略内凹,外表施红衣彩绘。

B 型　3 件。腹扁折。M133：36(图四二,2;图版二四,3),通高 14、口径 6.8、腹径 12、底径 6 厘米。尖唇微侈,颈竖直,底略内凹,外表及口沿内缘施红衣彩绘。

(6) 绳纹壶　2 件。上部均已残缺。M188：1(图四三,3),残高 20.4,底径 8.8 厘米。腹上半部施红衣彩绘,下半部拍印斜绳纹。M184：1(图四三,2),残高 24.4、底径 7.2 厘米。圆腹。肩部饰几何纹彩绘,上面为连续倒三角,下边有一宽带。彩绘下一直及底均拍印绳纹,大致可分三段,上段为竖绳纹,中间为斜绳纹,下段为平行和交叉绳纹。

(7) 敞口壶　1 件。M128：14(图四三,1;图版二四,4),通高 23.8、口径 15.6、腹径 20.8、底径 7.2 厘米。敞口似喇叭状,折颈,腹中部圆折,肩部有一半环状穿鼻,近底部有对称的两组四个钻透的圆孔,孔径外大内小,外表及颈内壁施红衣彩绘。下腹饰竖条几何形彩绘,共八条四组,每组两条或三条,相间对称。

(8) 带流壶　1 件。M140：9(图四二,9;图版二八,1),通高 9.8、口径 4.4、腹径 7.6、底径 3 厘米。尖圆唇微侈,颈下粗上细,鼓腹,假圈足。在腹中部有一圆柱状流嘴向外伸出,中有一穿孔,内外相通,流嘴已残断,残端略上翘。器表及口沿内缘施红衣彩绘。

(9) 鸭形壶　1 件。M170：1(图四三,4;彩版二),通高 28.8、口径 11、腹长 30.4、宽 24.4、足高 2.8 厘米。整体形状颇似一鸭子,特别是下半部更为形象。长颈竖直,直口,尖唇,近口沿处有四个对称之小穿鼻。腹较扁,略呈椭圆形。腹两侧及后部各有一扁耳,略上翘,以此象征鸭子的翅膀和尾巴。扁耳外侧各有四个圆孔,推测为插羽毛之用。圜底,下有圆锥状足三个,前二后一,较矮。颈的中部及腹的上部饰粗疏之篦点纹,其图案相同,即分别以四周和六周平行线为规线,内填复道竖线,形成上下交错之长方格。鸭形壶在内蒙东部、辽宁、吉林和黑龙江省西部均有发现,但数量极少。这次出土的鸭形壶是唯一的带篦点纹者,也是最精致的一件。

壶腹片 3 件,其中两件纹饰较为特殊。

其一,M151：8(图三九,1),几何形彩绘,其图案是复道波折条纹。

其二,M110：25(图三九,2),红衣彩绘,间饰划纹,其图案是波折网格斜条夹以网格倒三角。

2. 陶　碗

26 件,出于 22 座墓葬中。分为圈足碗和平底碗两种。

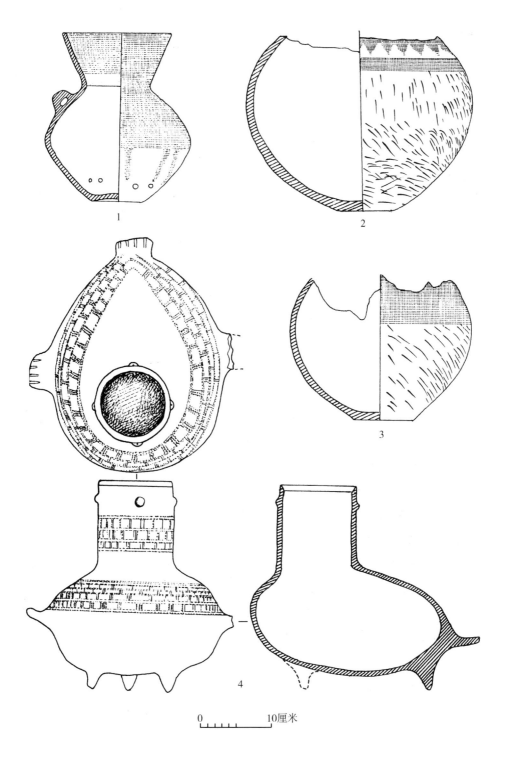

图四三　陶　壶

1. 敞口壶（128∶14）　2、3. 绳纹壶（184∶1、188∶1）　4. 鸭形壶（170∶1）

（1）圈足碗　3件。M116：3（图四四，2；图版二五，3），通高10.8、口径9.2、足高1.2厘米。敞口，尖圆唇，外表施红衣彩绘。口沿内饰几何纹彩绘，上为窄条横带，下接十二个间隔对称之倒三角。圈足下部外缘有锯齿纹一周。M174：2（图四四，6；图版二五，4），通高7.6、口径11.2、足高1厘米。敞口，尖唇，腹外中部有六个对称之椭圆乳突。圈足下部外缘有锯齿纹一周。M153：10（图四四，3；图版二五，1），通高8.4、口径10.4、足高1.2厘米。敞口，尖唇，外表及口沿内壁施红衣彩绘。

（2）平底碗　23件。分为两型。

A型　14件。浅腹。M171：17（图四四，5；图版二六，3），高5.6、口径13.2、底径5厘米。敞口，圆唇，内外均施红衣彩绘。M101：15（图四四，4；图版二六，4），高7.6、口径14.2、底径5.8厘米。敞口，圆唇，底略内凹，素面。

B型　9件。深腹。M185：4（图四四，1；图版二六，2），高5、口径6.8、底径3.2厘米。直口，圆唇，素面。M135：39（图四四，9），高5.3、口径8.6、底径4.4厘米。直口，圆唇，口沿内外均饰彩绘横带。

3. 陶　钵

11件，出于10座墓葬中。分为两型。

A型　5件。腹下收较急。可分两式。

Ⅰ式：1件。M191：2（图四四，10；图版二七，1），高6.8、口径12.4、底径6厘米。敛口，圆唇，凹底，口沿内外均饰彩绘横带，外表横带下缀四组对称之竖条（每组两条）彩绘。

Ⅱ式：4件。M138：3（图四四，8；图版二六，1），高6、口径11.2、底径5.4厘米。口微敛，尖唇，外表及口沿内壁施红衣彩绘。M104：8（图四四，12），高5.4、口径10.4、底径3.2厘米。口微敛，尖唇，外表施红衣彩绘。口沿内饰几何纹彩绘，上为宽带，下有两条带呈十字交叉。

B型　6件。腹下收较缓。M149：4（图四四，11；图版二七，4），高7.6、口径14、底径6厘米。口微敛，尖唇，外表及口沿内壁施红衣彩绘，下部有对称之椭圆乳突六个。M128：13（图四四，7；图版二七，2），高8.8、口径15、底径5.6厘米。口微敛，尖唇，外表施红衣彩绘，口沿内饰几何纹彩绘，上为宽带，下缀对称之竖带十条，呈放射状。M151：10（图九二），高7.6、口径14.4、底径6.6厘米。外表及口沿内侧饰带状彩绘。

4. 小三足器

14件，出于9座墓葬中。分为两型。

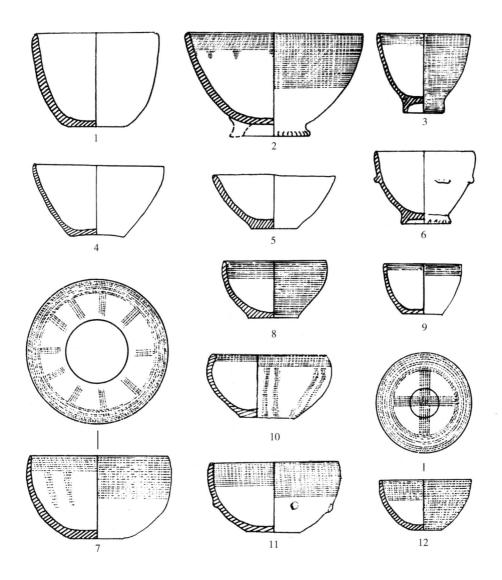

图四四 陶 器

1、9.B 型碗 (185：4、135：39)　　2、3、6.圈足碗 (116：3、153：10、174：2)　　4、5.A 型碗
(101：15、171：17)　　7、11.B 型钵 (128：13、149：4)　　8、12.A Ⅱ 式钵 (138：3、104：8)
10.A Ⅰ 式钵 (191：2)　　（1 为 1/2，余皆 1/4）

A 型　4 件。碗形。M141：10（图四五，1），通高 2.8、口径 3.4、足高 0.6 厘米。敞口，尖圆唇，圆锥状足，素面。M155：4（图四五，4），通高 3.6、口径 4.1、足高 0.7 厘米。敞口，圆唇，圆锥状足，素面。

B 型　6 件。罐形。

Ba 型　3 件。腹圆鼓，圆唇。M140：16（图四五，5；图版二八，3），通高 5、口径 5.6、足高 0.6 厘米。圆锥状足，外表及口沿内壁施红衣彩绘。M169：2（图四五，2；图版二八，4），通高 4.1、口径 4.1、足高 0.6 厘米。口沿外缘有锯齿纹一周，圆锥状足，素面。

Bb 型　3 件。腹微鼓，尖唇。M185：5（图四五，3；图版二八，2），通高 6.3、口径 6.4、足高 0.6 厘米。圆锥状足，素面。

5. 陶　瓮

8 件，出于 7 座墓葬中。分为二式。

Ⅰ式：2 件。溜肩，腹最大径居中。M108：16（图四六，1），通高 30.2、口径 12.8、腹径 28.2、底径 8.4 厘米。直口，尖唇，底略内凹，口沿外有锯齿纹一周。

Ⅱ式：2 件。鼓肩，最大径偏上。M128：15（图四六，2；图版二三，4），通高 32、口径 14.8、底径 7.2 厘米。直口，圆唇，外表及口沿内壁施红衣彩绘，其下有对称之圆乳突 20 个。M192：1（图四六，3；图版二九，4），通高 32.8、口径 11.2、腹径 26.6、底径 8.4 厘米。直颈，圆唇微侈，肩下有对称之捏塑窝纹八组，每组两对。

几何纹彩绘口沿 1 件，M147：4（图四七，1），口沿至肩上部饰几何形彩绘，其图案是以横竖条带组成之梯形方格。

6. 陶　罐

11 件，出于 10 座墓葬中。分为带把罐、深腹罐、折腹罐和三足罐四种。

（1）带把罐　1 件。M127：2（图四六，5），高 11.2、口径 9、腹径 10.8、底径 5.2 厘米。尖唇微侈，鼓腹，上部装有一上翘之扁圆状把手，外表及口沿内缘施红衣彩绘。

（2）深腹罐　2 件。M146：13（图四六，7；图版二九，1），高 18.2、口径 8.8、腹径 14、底径 6.8 厘米。圆唇外侈，鼓腹，素面。

（3）折腹罐　2 件。M167：5（图四七，3；图版二九，2），通高 24、口径 11.6、腹径 21.2、底径 6 厘米。束颈，敞口，圆唇，溜肩，下腹急收。口沿外缘有锯齿纹一周，腹弯折处有对称之椭圆乳突六组，每组两个，外表及口沿内壁施红衣彩绘。M174：9（图四六，4；图版二九，3），通高 15.2、口径 8、腹径 15、底径 6.2 厘米。直口，方唇，腹壁斜直，弯折处有对称之椭圆乳突十组，每组二个。

70

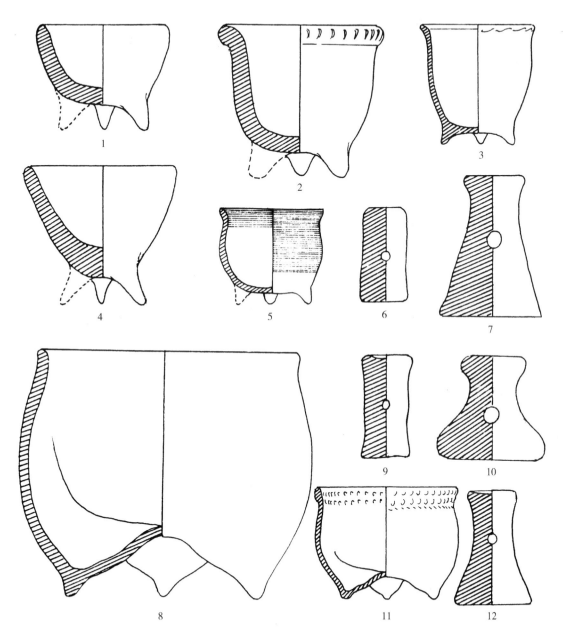

图四五 陶 器

1、4.A型小三足器（141：10、155：4） 2、5.Ba型小三足器（169：2、140：16） 3.Bb型小三足器（185：5）
6.Ab型支座（141：11） 7、12.Bb型陶支座（103：1、157：4） 8.A型鬲（134：2） 9.Aa型支座（155：1）
10.Ba型支座（141：13） 11.B型鬲（124：6） （1、2、4、6、7、9、10、12为原大，3、5、8为1/2，11为
1/4）

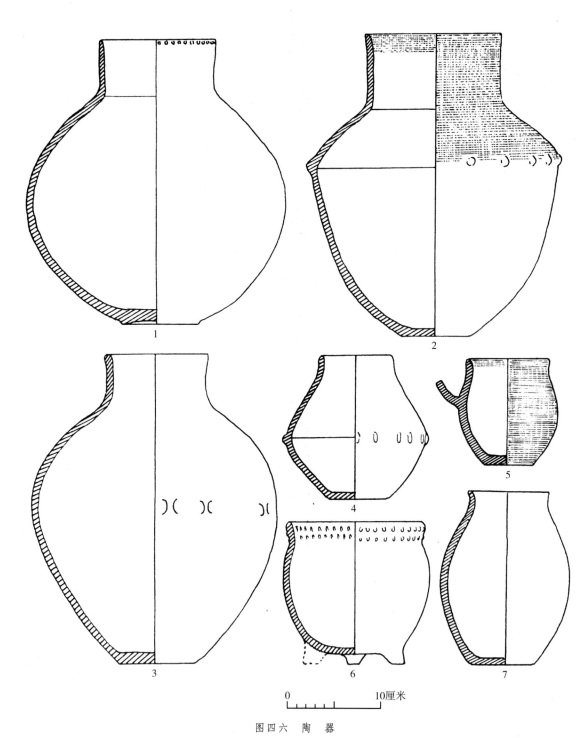

图四六　陶　器

1. I式瓮(108：16)　2、3. II式瓮(128：15、192：1)　4. 折腹罐(174：9)　5. 带把罐(127：2)　6. 三足罐(174：1)
7. 深腹罐(146：13)

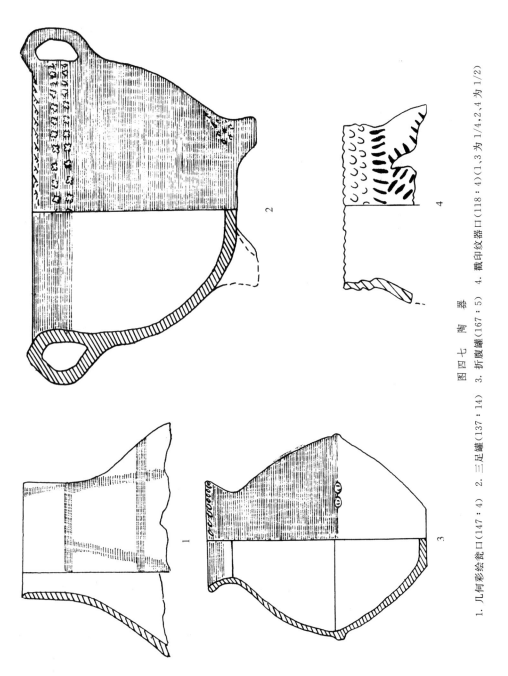

图四七 陶 器

1. 几何彩绘瓮口（147：4） 2. 三足罐（137：14） 3. 折腹罐（167：5） 4. 戳印纹器口（118：4）（1、3 为 1/4、2、4 为 1/2）

（4）三足罐　6件。M174：1（图四六，6；图版三〇，4），通高15.2、口径14.8、足高1.2厘米。口沿略外折，内壁较直，外表圆隆，腹略外鼓，圜底，下有圆柱状足四个，略外撇。口沿下有圆乳突两周，系以棒状工具由内壁向外戳捅而成。M137：14（图四七，2；图版三〇，1），通高12.3、口径14.4、足高1.2厘米。侈口，尖唇，腹略鼓，下收较急，圆柱状足略外撇。口沿上缘饰锯齿纹，两旁有对称之半环耳各一个，耳上饰锥刺纹四排。口沿下和三个足的上部均饰戳印纹，前者为横排两周；后者则构成正三角形，外表及口沿内壁施红衣彩绘。

7. 陶 鬲

3件，出于3座墓葬中。分为两型。

A型　2件。腹径大于口径，裆相对较高，裆线较陡直。M134：2（图四五，8；图版三〇，2），通高13、口径14、裆高3.2厘米。口略外折，方唇，鼓腹，袋足，圆锥状实足跟。

B型　1件。腹径同于口径，裆较矮，裆线较平缓。M124：6（图四五，11；图版三〇，3），通高12、口径15.6、裆高2.4厘米。束颈，圆唇，鼓腹，袋足。口沿外有圆乳突两周，系以棒形工具由内壁向外戳捅而成，其下饰有戳印斜条纹一周。

8. 陶 盆

2件，出于两座墓葬中。M188：2（图四八，4；图版二五，2），高8.6、口径12.6、底径5.8厘米。尖唇微侈，鼓腹，最大径偏上，外表及内壁上部施红衣彩绘。

9. 陶 杯

4件，出于4座墓中。分为带把杯、三足杯和大底杯三种。

（1）带把杯　2件。M153：9（图四八，3；图版二七，3），高6.6、口径11.1、底径4厘米。口微敛，尖圆唇，把残缺，外表施红衣彩绘。

（2）三足杯　1件。M162：1（图四八，2；图版三一，2），通高10、口径8、足高1厘米。直口，圆唇，腹壁较直，下部内收，足呈扁圆锥状，略外撇，其上分别有一斜透圆孔，外表及内壁上部施红衣彩绘。

（3）大底杯　1件。M118：5（图四八，7），上部已残缺，残高8、腹径6.2、底径8厘米。曲腹，素面。

10. 陶 匜

2件，出于两座墓葬中。分为两型。

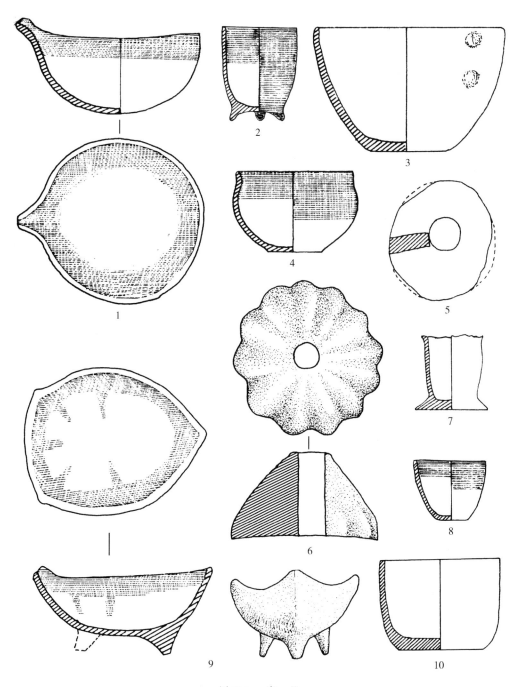

图四八 陶 器

1. A 型匜 (150：44)   2. 三足杯 (162：1)   3. 带把杯 (153：9)   4. 盆 (188：2)   5. 环 (171：16)
6. 纺轮 (173：1)   7. 大底杯 (118：5)   8、10. 盅 (140：67、104：42)   9. B 型匜 (191：3)
(1、2、4、7、9 为 1/4，3、8、10 为 1/2，5、6 为原大)

A 型　1件。平面呈圆形。M150：44（图四八，1；图版三一，3），高8、口径17.6、底径3.2厘米。直口，圆唇。口沿旁有一流嘴，上翘，尖唇。内外壁上部均施红衣彩绘。

B 型　1件。平面呈桃形。M191：3（图四八，9；图版三一，4），通高9.6、口长19.6、宽15.6、足高1.6厘米。敞口，方唇，下有三个扁圆柱状足，略外撇。口部两端向上翘起，其中一端较尖，为流嘴，另端略平缓，便于端拿把握。内外均饰几何形彩绘，其图案上为横带，下缀竖条。

11. 陶　盅

2件，出于两座墓葬中。M104：42（图四八，10），通高4.8、口径6.6、底径4.6厘米。直口，方唇，腹壁较直，素面。M140：67（图四八，8），通高3.2、口径4、底径1.6厘米。敞口，尖唇，外表及口沿内壁施红衣彩绘。

12. 陶支座

47件，出于14座墓葬中。分为两型。

A 型　10件。圆柱形。

Aa 型　6件。曲壁。M155：1（图四五，9），高2.7、上圆径1.3、底径1.3厘米。

Ab 型　4件。直壁。M141：11（图四五，6），高2.5、上圆径1.2、底径1.3厘米。

B 型　33件。亚腰形。

Ba 型　1件。矮胖。M141：13（图四五，10），高2.8、上圆径1.8、底径3厘米。

Bb 型　32件。瘦高。M157：4（图四五，12），高3、上圆径1.4、底径2.1厘米。M103：1（图四五，7），高3.7、上圆径1.7、底径2.8厘米。

13. 陶纺轮

1件。M173：1（图四八，6），通高2.3、直径4、孔径0.7厘米。平面为圆形，剖面为梯形，中间有一穿孔，下部边缘有锯齿纹一周。

14. 陶　环

1件。M171：16（图四八，5），已残，圆形，外径3.2、内径0.9、厚0.4厘米。

（二）铜　器

随葬品中铜器数量最多，共计1095件。除少量锈蚀残缺外，大都器形完整。只有

7件为采集品，其余1088件皆出自57座墓中。各墓出土数量不等，1～17件的有46座墓，20～57件的9座墓，M140和M107分别多达276件和362件。当时的人们较流行把铜器作为随葬品。

通过对几件铜器标本所作的光谱和化学分析鉴定表明，多数铜器的成分主要含铜、锡、铅三种元素（见表四），即三元合金，属高铜低锡类。所含的铁、锌元素，皆为杂质。这种成分比例，并不是考虑器物的不同用途而组成，而是与当地出产矿石的自然属性有关，除少量器物采用双合范和填范铸造外，多数铜器使用两扇单合范铸造，不少铜器外表残留合范的铸痕。从铜器出土数量之多和一些器形具有的地方文化特点来看，砖厂墓地的主人当能自行铸造青铜器。

表四   铜器元素成分分析表

器物名称	标本编号	铜	锡	铅	锌	铁
刀	M137：5	85.05	8.59	5.47	0.13	0.06
泡	M108：5	82.84	11.93	2.68	0.13	0.06
镞	M219：85	78.80	14.83	4.59	0.20	
铃	M207：13	75.04	19.32	5.62	0.13	0.06
管	M201：4	76.54	17.35	4.33	0.13	0.06

注：包括砖厂、战斗两处墓地的铜器标本。

铜器中，不见较大型的器物，更无容器，都是一些小型的生产工具、生活用具和装饰品。其中生产工具也很少。这说明当时的铸造规模是有限的，冶炼技术水平还不太高。用于生产和生活的有镞、刀、矛、锛、锥、饰针和节约等，饰件则有耳环、牌饰、圆泡、圆牌、管饰、齿状饰及其他装饰品。铜贝也有零星发现。现把铜器器形统计成表五。

表五   铜器器形统计表

器形	镞	刀	矛	锛	锥	铃	饰针	节约	牌饰	泡	耳环	管饰	齿形饰	箍	贝	其他饰件
数量	8	2	2	1	2	11	2	1	5	876	31	63	56	21	5	9
百分比	0.73	0.18	0.18	0.09	0.18	1.0	0.18	0.09	0.46	80	2.83	5.75	5.11	1.91	0.46	0.82
出土墓数	6	2	2	1	2	6	1	1	5	52	13	13	5	6	2	7

1. 镞

8件。除1件采集外，分别出自6座墓中。分双翼和三翼两类。

双翼镞 4件。分两型。

A型 1件。M150：40（图四九，1；图版三八，1），短镞身近呈叶形，双翼略

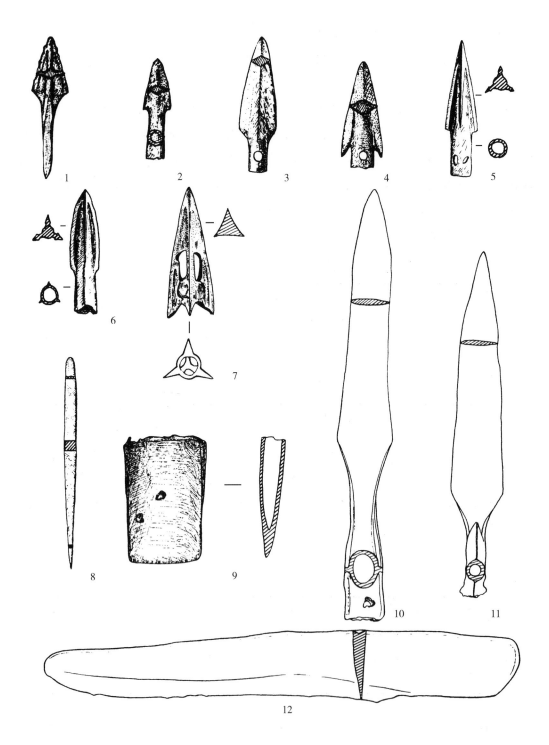

图四九 铜器

1. A型双翼镞（150：40） 2. BⅠ式双翼镞（144：5） 3、4. BⅡ式双翼镞（141：30、31） 5、6. A型三翼镞（140：27、186：1） 7. B型三翼镞（采：101） 8. 锥（149：1） 9. 锛（140：1） 10. A型矛（140：19） 11. B型矛（141：29） 12. A型刀（150：38）（皆原大）

弧，后锋短且斜收，圆脊，脊两侧各有一条浅沟槽，扁锥铤同脊相连。长 3.8 厘米。

B 型　3 件。带銎，分两式。

Ⅰ式：1 件。M144：5（图四九，2；图版三八，2），镞身短小，双翼较窄，后锋稍内收，长銎铤。长 2.7、銎径 0.5 厘米。

Ⅱ式：2 件。镞身较长，双翼平直，短铤，内有残木。M141：30（图四九，3；图版三八，3），身近叶形，前锋锐利，后锋弧收，剖面菱形，銎铤上有两小孔，长 3.6、銎径 0.5 厘米。M141：31（图四九，4；图版三八，4），前锋圆钝，后锋锐长，空脊，同銎铤相通，长 2.8、銎径 0.6 厘米。

三翼镞　4 件。分两型。

A 型　3 件。带銎铤。M140：27（图四九，5；图版三八，6），镞身近三角形，翼边平直，后锋齐平，銎铤上有三个小孔，内存残木，长 3.6、銎径 0.5 厘米。M186：1（图四九，6；图版三八，5），三翼略弧，短后锋斜收，侧边有一孔，銎尾斜平，长 3.3、銎径 0.6 厘米。

B 型　1 件。无铤。采：101（图四九，7；图版三八，7），镞体较大，三翼平直，锋锐利，脊身中空，三面各有一小长孔，后锋尖长，长 3.4、底宽 1.3 厘米。

2. 刀

2 件。出自 M150 和 M137 两座墓中。分两型。

A 型　1 件。M150：38（图四九，12；图版三八，9），弧背，刃微凹，首略翘，直柄，柄端圆弧，刀身同柄分界较明显。出土时，刀柄上留有残桦树皮。通长 12.9 厘米。铜刀发现于单人葬 40 岁左右男性墓主右手旁，附近还有 20 多件骨镞和铜镞。

B 型　1 件。M137：5，柄已残，直背，弧刃，翘首，残长 9 厘米。

3. 矛形器

2 件。见于两座墓葬。矛身扁薄，近叶形，锋尖利，带銎铤，内有残木。分作两型。

A 型　1 件。M140：19（图四九，10；图版三八，8），两侧边刃内弧，长骹，上有两小孔，便于钉固在柄上。通长 11.4、矛身长 7、銎径 1.1 厘米。

B 型　1 件。M141：29（图四九，11），矛身同骹可分离开，两侧刃平直，矛身下端有一短铤，可插入骹的短銎内，骹上有两小孔。发现时，矛身已插进銎内，通长 9.1、矛身长 8.1、銎径 0.7 厘米。

4. 锛

1 件。M140：1（图四九，9；图版三八，12），出在墓内二层台上。平面近梯形，方銎，直刃，側边平齐，剖面呈长三角形，器身有铸造时的气孔。长3.2、刃宽1.9、銎宽0.5厘米。

5. 锥

2件。器身较细长，上段呈扁长方形，下段为四棱锥形，锥尖锋利。M149：1（图四九，8；图版三八，11），锥顶圆弧状且呈短楔形，利于插入木柄，长5.6厘米。M150：37（图版三八，10），宽锥顶略残，长5.3厘米。

6. 铜饰针

2件。仅两座墓出土，稍残。M141：1（图五〇，5；图版三九，13），垂针形，上部近似球状铃，镂孔，内含一小石子，铃下部有饰凸弦纹的短圆柱，其上附一环状钮，铃下连饰针，残长4.1、铃径1.8～2.3厘米。

7. 铃

11件。出自6座墓内，M140出6件，其余各墓仅出1件。可分两型。

A型　8件。近帽盔形，铃口呈椭圆形，有镂孔，无铃舌。分三式。

Ⅰ式：1件。M167：1（图五〇，2；图版三九，3），铃身近半圆球状，饰4个三角形镂孔，椭圆形环钮，通高4、口径2.3厘米。

Ⅱ式：1件。M140：33（图五〇，1；图版三九，1），形体较小，环钮，铃身下部饰两个对称的镂孔，通高2.9、口径1.4厘米。

Ⅲ式：6件。铃身较高，圆锥体状，饰对称的镂孔，环钮，近铃口处饰凸弦纹。M140：20（图五〇，4；图版三九，5），饰三角形镂孔，通高3.9、口径2.4厘米。M107：64（图版三九，2），出土时已被压扁，环钮，铃身饰两组对称的三角形镂孔，通高3.6厘米。M140：30（图五〇，3；图版三九，6），饰两个不规则形镂孔，且同环钮相通，通高3.7厘米。M113：1（图版三九，4），饰三角形镂孔，通高3.7、口径2厘米。

B型　3件。球形，周身镂孔。分三式。

Ⅰ式：1件。M115：1（图五〇，6；图版三九，11），环钮残缺，无铃舌，残高2、直径1.5厘米。

Ⅱ式：1件。M140：21（图五〇，7；图版三九，12），铃身带一弯管形短柄，内存残木，铃径1.3、柄长2厘米。

Ⅲ式：1件。M126：1（图五〇，9；图版三九，14），铃身近椭圆球形，环钮，带一圆柱状长柄，上饰多道短线纹，铃内含一石子为铃舌。通长6.9、柄长4.3、径1.6～2.6厘米。

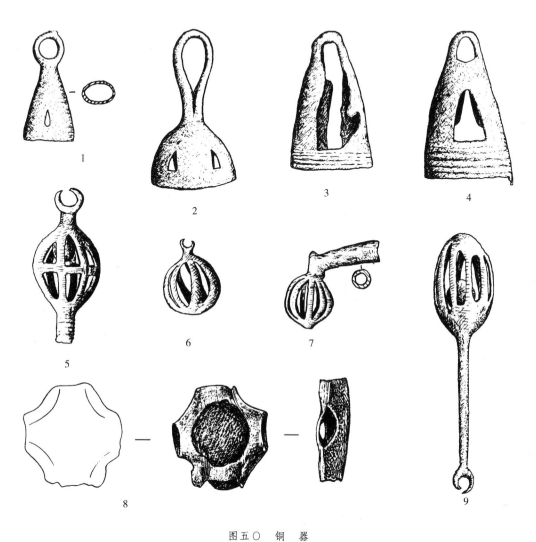

图五〇　铜　器

1.AⅡ式铃（140:33）　2.AⅠ式铃（167:1）　3、4.AⅢ式铃（140:30、20）　5.饰针（141:1）　6.B Ⅰ式铃（115:1）　7.BⅡ式铃（140:21）　8.节约（108:6）　9.BⅢ式铃（126:1）　（皆原大）

8. 节 约

1件。M108：6（图五〇，8；图版三九，8），平面近十字形，正面稍鼓，背较平，中间为一大圆孔，周边有四个等距离的椭圆孔而成四通。长2.8、宽2.6、厚0.6~0.9厘米。

9. 动物纹牌饰

3件。分别出自M128、150、188三座墓中。牌饰没有边框，以动物躯体为边，采用透雕技法，具有浓郁的地方文化特色。按所饰图案不同，分两型。

A型 2件。虎纹牌饰，又分两式。

Ⅰ式：1件。M150：5（图五一，1；图版四〇，1），近长方形，正面铸有虎纹，作垂首伫立状，虎口张开，利牙竖立，虎爪清晰，形象凶猛。背面中间有一宽直钮。长4.5厘米。出在单人葬墓主颈下胸部上，位于一套佩饰的主体位置。

Ⅱ式：1件。M188：26（图五一，2；图版四〇，2），近长方形，铸一伏卧状虎，虎口衔一兽，四肢向前屈伸，尾巴下垂贴身，背有一对桥状钮。长5.3厘米。

两件虎纹牌饰，利用流畅的线条刻画出猛兽极为凶残的威风，造型生动形象，颇有夸张之意。反映了古代手工匠人较高的工艺水平。

B型 1件。鹿（？）纹牌饰。M128：10（图五一，3；图版四〇，3），正面饰一蹲踞状鹿（？），昂首仰脖，目视前方，一对犄角伸向后方，细长的四肢弯蹄内曲，鹿尾稍翘起。鹿身正面隆起，背内凹，在颈和尾部各有一桥状钮。长7.3、高6.1厘米。这件牌饰运用写实的技法，刻画出草原动物的活泼、温顺情态。

10. 圆形铜牌

2件。出自两座墓内。器体较厚重，正面圆形，中部凸起呈锥体状，边沿较宽，上面饰有一周三角齿纹，背内凹，带一桥状钮。M118：3（图五一，5；图版四三，8），饰连续三角形齿纹，边缘有缺口，直径5.3、厚1厘米。M149：11（图五一，4；图版四三，9），饰连续三角形齿纹，边沿一侧稍不规整，直径5.4、厚1厘米。

11. 泡 饰

计876件。出土数量最多，占铜器总数的3/4以上；共有52座墓葬出土，占有随葬品墓葬的2/3左右。可见，铜泡饰是当时较普遍的随葬品。各墓出土数量不等，一般为2~8件，有34座墓；出1件的11座，19~45件的5座；M140和M107各多达252件和351件。分圆泡、双联泡、单贝泡三类。

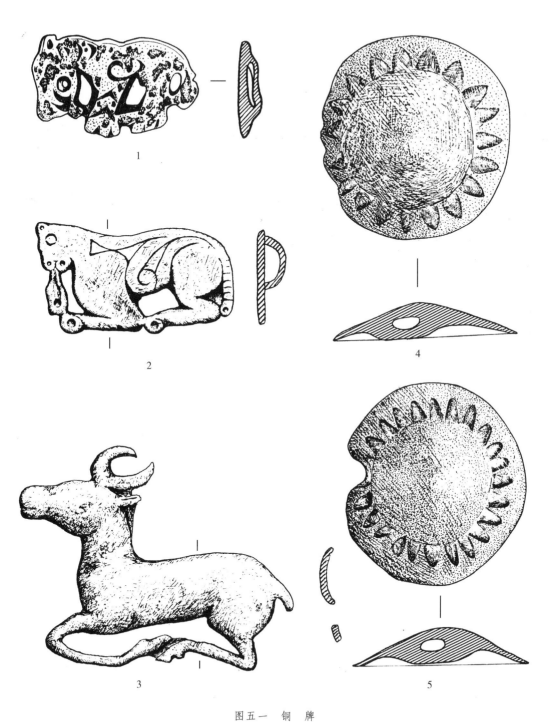

图五一 铜 牌

1.AⅠ式虎纹牌饰（150：5） 2.AⅡ式虎纹牌饰（188：26） 3.B型鹿纹牌饰（128：10） 4、5.圆形铜牌
（149：11、118：3） （皆原大）

圆泡饰 861 件。占铜泡饰的绝大多数。正面呈圆形，一般较小，背多为直钮，少量饰轿状钮。可分素面圆泡和花纹圆泡两种型式，以前者居多。

A 型　836 件。素面圆泡，分三式。

Ⅰ式：590 件。泡面呈圆锥状凸起，背内凹，饰一铜条为直钮，直钮有的伸出泡沿外，个别的偏居圆泡一侧。少量器体较大，背有桥状钮，且偏在泡缘之内，不在同一平面上。直径 0.5～2.9 厘米。M111：22（图版四一，20），形甚小，直径 0.5 厘米。M140：169（图五二，2；图版四一，21），背有直钮，直径 0.8 厘米。M140：130（图版四一，22），直钮，径 1.1 厘米。M137：3（图五二，8；图版四一，26），二铜条相搭成桥状钮，直径 2.6 厘米。M125：1（图五二，4；图版四一，23），泡面凸起明显，直钮伸出泡沿外，直径 1.3 厘米。M111：86（图版四一，25），边沿不规整，桥状钮偏一侧，直径 1.6 厘米。M107：108（图五二，9，图版四一，27），形较大，泡面尖凸，饰小桥状钮，直径 2.9 厘米。

Ⅱ式：230 件。正面隆起，略呈球状面，背内凹。形小的居多，一般有直钮，有的饰桥状钮。个别的形体较大，背附一桥状钮。直径 1.1～2.9 厘米。M140：117（图五二，3；图版四一，10），直钮，直径 1.1 厘米。M108：7（图五二，7；图版四一，15），近半圆球状，壁较厚，侧边有一小孔，宽直钮残，直径 1.5 厘米。M167：2（图五二，6；图版四一，11），桥状钮伸出泡缘之外，直径 1.3 厘米。M147：1（图版四一，12），直钮，径 1.3 厘米。M188：25（图五二，10；图版四一，17），泡形大，边缘有几条短线纹，桥状钮偏在边缘之内，直径 2.9 厘米。M108：5（图版四一，16），直钮，径 2 厘米。

Ⅲ式：16 件。泡面近平，微鼓。器小的饰桥状钮，伸出泡缘之外，形大的饰小桥状钮。直径 0.7～3.6 厘米。M101：2（图五二，12；图版四一，7），形大，直径 3.6 厘米。M108：1（图五二，5；图版四一，3），形状不太规整，直径 1.4 厘米。M128：6（图五二，1；图版四一，1），背有宽桥状钮，直径 0.7 厘米。M134：5（图版四一，2），直状钮，径 1.1 厘米。采：104（图五二，11；图版四一，6），近椭圆形，中部有一小孔，桥状钮已残，直径 2.7～2.9 厘米。

B 型　25 件。花纹圆泡，分三式。

Ⅰ式：21 件。出自 7 座墓内，M107 出土 15 件，其余墓葬各有 1 件。泡面隆起，背内凹，有直钮，多饰菊花瓣纹，个别为梅花瓣纹。直径 0.9～1.6 厘米。M133：3（图五三，3；图版四一，18），正面稍鼓，饰梅花瓣纹，桥状钮，直径 1.6 厘米。M107：191（图版四一，9），直钮，径 1.1 厘米。M135：1（图五三，5；图版四一，4），梅花瓣纹，背有直钮，直径 1.1 厘米。M107：181、193（图五三，1、4；图版四一，5、8），饰菊花瓣纹，背为直钮，前者直径 1.1、后者直径 0.9 厘米。M107：185（图版四一，13），直钮，直径 1 厘米。M107：186（图版四一，14），直钮，直径 1.2 厘米。

Ⅱ式：3 件。仅 M150 一座墓出土。正面平，饰涡纹，背略内凹，有一桥状钮。

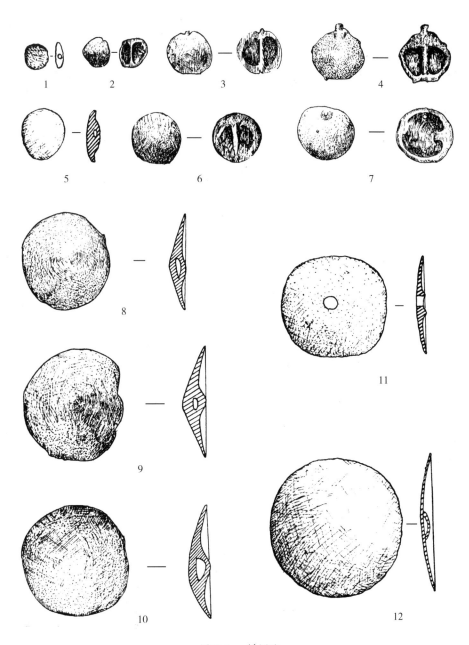

图五二 铜圆泡

1、5、11、12.AⅢ式（128：6、108：1、采：104、101：2）　2、4、8、9.AⅠ式（140：169、
125：1、137：3、107：108）　3、6、7、10.AⅡ式（140：117、167：2、108：7、188：25）
（皆原大）

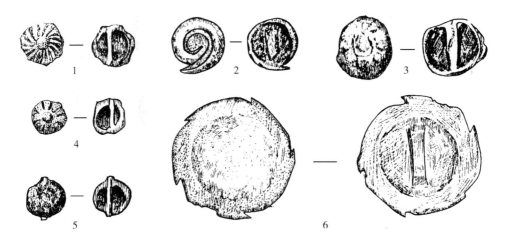

图五三　铜圆泡

1、3、4、5.BⅠ式（107∶181、133∶3、107∶193、135∶1）

2.BⅡ式（150∶2）　6.BⅢ式（124∶1）　（原皆大）

M150∶2（图五三，2；图版四一，19），直径1.4厘米。3件涡纹泡饰分别发现于单人葬墓主40岁左右男性的右眼内、左眼下和颏上，当为覆面上的装饰品。

Ⅲ式：1件。M124∶1（图五三，6；图版三九，9），形较大，泡面中部隆起，边沿较宽平，饰5个间距相等的尖齿纹，背后中央凹下，有宽桥状钮，直径3.3厘米。

双联泡　12件。出于6座墓中。个体均很小，形似两个小圆泡相联，泡面或稍鼓起，或扁平，多数背后带直钮，个别的有双桥状钮。通长0.8～1.3厘米、直径0.45～0.7厘米。M147∶5（图五四，3），泡面平，带直钮，长1.3、直径0.6厘米。M128∶7（图五四，1），形甚小，直钮，长0.7、直径0.35厘米。M139∶22（图五四，2），泡面略鼓，双桥状钮，长1.3、直径0.5厘米。M120∶8（图五四，5），残半，圆泡扁平，上饰圆圈纹，有一桥状钮，残长1.65、直径1.45厘米。

单贝形泡　3件。平面呈椭圆形，泡面鼓起，作单贝状，背内凹，饰两条直钮，素面。M107∶56（图五四，4；图版四一，24）和M107∶85（图版四一，28），大小相同，均长2.1、宽1.1、厚0.4厘米，

12. 耳　环

31件。出自13座墓中。不少耳环是成对发现于人头部耳旁。大小不一，系用铜丝

86

作螺形或环形，分两型。

A型 24件。螺形，较大，多成双出土。一端略粗，另一端较细尖，便于穿缀。M188：6（图五五，5；图版四二，11）、7（图版四二，4），大小相同，环径4.4、丝径0.2厘米。M126：2、3和10、11，各成组出于单人葬墓主14岁左右女性的两耳旁，其中标本2和10号两件大小相同，环径4.5、丝径0.25厘米，3和11号也相同，环径3.2、丝径0.2厘米。看来，是一大一小组合佩戴在耳上的。M104：11（图五五，1；图版四二，10），一端扁平，一端细尖，环径2.7、丝径0.2厘米。M140：28（图五五，4；图版四二，12），环径3.6、丝径0.2厘米。

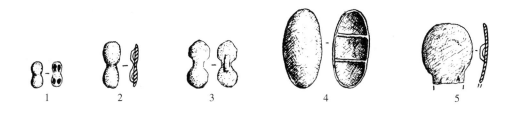

图五四　铜　泡
1、2、3、5. 双联泡（128：7、139：22、147：5、120：8）
4. 单贝泡（107：66）　　（皆原大）

B型 7件。单环形，开口式，形小。M140：44（图五五，3；图版四二，9），一端扁平，一端细尖，环径1.5、丝径0.1厘米。M141：19（图五五，2；图版四二，8），一端较尖，一端稍粗，环径1.6、丝径0.15厘米。M140：70（图版四二，7），形小且粗，环径1.4、丝径0.25厘米。

13. 铜管饰

63件。出自13座墓中。可分四型。

A型 5件。联珠形，分二式。

Ⅰ式：1件。M140：26（图五六，6；图版四三，7），联珠长管饰，形较大，由5个圆珠相联而成，珠间有细铜条连接，两端稍内凹，两侧边有合范痕形成的长脊。长4.6、直径0.8厘米。

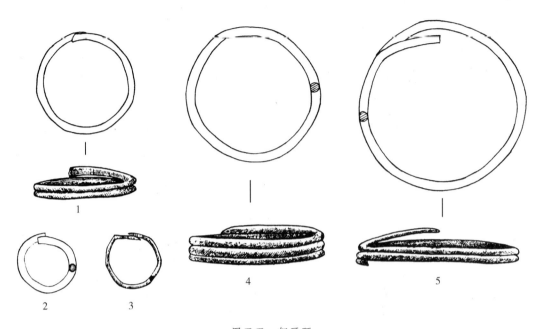

图五五　铜耳环

1、4、5.A型（104：11、140：28、188：6）　　2、3.B型（141：19、140：44）（皆原大）

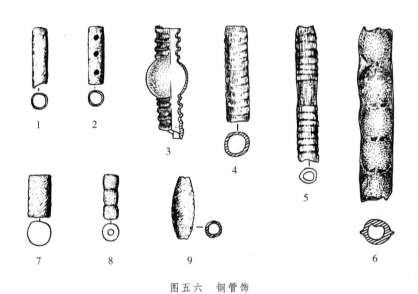

图五六　铜管饰

1、4、5.BⅠ式（107：43、150：26、157：1）　　2、7.BⅡ式（128：42、139：26）　　3.D型
（150：27）　6.AⅠ式（140：26）　　8.AⅡ式（140：74）　　9.C型（171：7）　　（皆原大）

Ⅱ式：4件。联珠短管饰，由几个小珠直接相联形成。M140：74（图五六，8；图版四四，3），由3个扁珠组成，两端平齐，长1.2、直径0.4厘米。M135：32（图版四四，4），残缺，内有残木，长1.1、直径0.5厘米。

B型　33件。圆管形，分两式。

Ⅰ式：16件。管身较长，除两件素面外，皆饰有凸弦纹。M150：26（图五六，4；图版四三，4），饰弦纹，两头平齐，长2.5、直径0.65厘米。M157：1（图五六，5；图版四三，5），有弦纹，两端内凹，内含残木，长3.6、直径0.4厘米。M107：43（图五六，1；图版四四，5），素面，两头内凹，长1.6、直径0.5厘米。M140：72（图版四四，1），长0.9、径0.4厘米。

Ⅱ式：17件。用薄铜片弯卷成短管形，素面。M139：26（图五六，7；图版四四，2），长1.1、直径0.6、厚0.05厘米。M128：42（图五六，2；图版四四，6），管侧有一排3个小孔，内有残木，长1.5、直径0.5厘米。M107：129（图版四四，16），近椭圆管形，长1.8厘米。

C型　7件。近枣核形，中间略鼓，两头稍凹，素面。M171：7（图五六，9；图版四四，8），长1.6、径0.2～0.6厘米。

D型　18件。除M124有1件外，其余均出自M150一座墓，中部圆鼓，两头为短管形，并饰有弦纹。M150：27（图五六，3，图版四三，6），长3、直径0.7～1.2厘米。出土时，同BⅠ式弦纹管（M150：26）有一定组合关系，即2件D型管饰与1件BⅠ式弦纹管为一组，计八组穿缀在一起，并同铜虎纹牌饰、金片、骨环、珠饰等组成一套完整的佩饰，放于墓主40岁左右男性的上半身，这些铜管饰大多在人体的上肢和腹部一带（彩版一）。清理时，不少管饰内还留有绳索状残皮条。

14. 齿状铜饰

56件。仅5座墓葬出土。M147和150各出1件，M188和139分别出2件和9件，M128多达43件。形扁平，中身呈齿状，两端各连1个小圆泡，素面，泡背面各有1直钮。除1件器形较大外，其余大小几乎相等。M150：23（图五七，8；图版三九，10），形较大，正面鼓起，中间饰有"W"形纹，背面平，有两个桥形钮，长5.2、宽1.7、厚0.25厘米。M128：2（图五七，11），长2.3厘米。该墓出土的43件，小部分散置在一个40～45岁女性头部上方，多数位于一个40岁左右女性的胸部，且呈竖向围成间距大致相等的弧形胸饰（图版六）。

15. 蚌形饰

1件。M135：23（图五七，15；图版三九，7），仿楔形蚌壳制作而成，正面隆起，

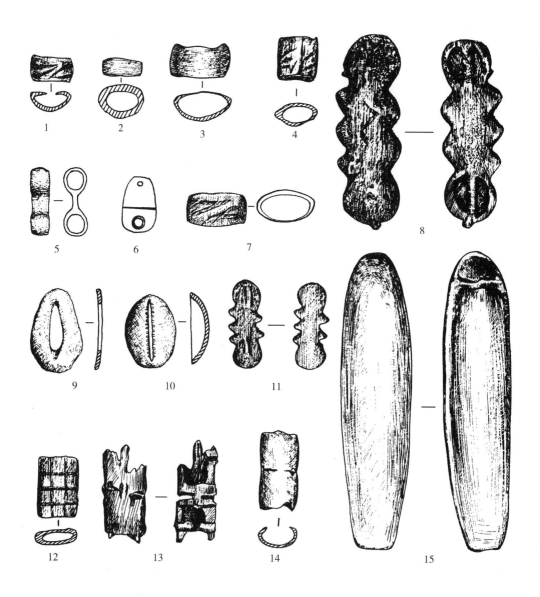

图五七　铜　器

1.B型箍形饰（139：4）　2、3.AI式箍形饰（137：2、188：8）　4、7.AⅡ式箍形饰（124：5、188：12）
5.双孔形饰（124：7）　6.片饰（128：17）　8、11.齿状饰（150：23、128：2）　9、10.贝
（161：3、107：42）　12.扁方形管饰（140：69）　13、14.双联方管饰（171：2、1）　15.蚌形饰
（135：23）（皆原大）

背内凹，窄端平齐，宽端尾部呈圆弧状，并在此端背后饰一桥状钮，素面。长7.8、最宽处1.9厘米。正面因经使用而显得光滑。

16. 箍形饰

21件。6座墓葬出土。分两型。

A型　19件。平面近长方形，孔为椭圆形，壁较厚，分两式。

Ⅰ式：7件。正面圆鼓，底近平，素面。M188：8（图五七，3；图版四四，10），长1.6、宽0.9、内径0.7～1.4厘米。M137：2（图五七，2；图版四四，9），长1.1、宽0.5、内径0.5～0.9厘米。M188：9（图版四四，11），长1.7、宽1.3、内径1.1～1.5厘米。

Ⅱ式：12件。两面皆隆起，正面饰两个逆向平行交错的"人"字形纹。M188：12（图五七，7；图版四四，14），长1.65、宽0.9、内径0.8～1.3厘米。M124：5（图五七，4；图版四四，12），正面饰短线纹，长1.2、宽1.1、内径0.4～0.8厘米。M188：13（图版四四，15），长1.7、宽1.2、内径1～1.5厘米。

B型　2件。为铜片作成，开口式，一面鼓起，另一面略平。M139：4（图五七，1；图版四四，13），饰两个逆向平行交错的"人"字形纹，长1.1、宽0.7、内径0.3～0.9厘米。

17. 铜　贝

5件。仿海贝铸造而成，平面近椭圆形。M161：3（图五七，9；图版四三，1），体较扁平，中部有两个不规则形圆孔，长2.2、最宽处1.4厘米。M107发现4件，正面圆鼓，背内凹，中间有长槽孔，其两边饰细齿状纹。M107：42（图五七，10；图版四三，2），长1.9、最宽处1.4厘米。M107：38（图版四三，3），长2.1、最宽处1.7厘米。

18. 其他铜器

8件。

双孔形铜饰　4件。由两个短圆管相连而成，双孔甚圆。M124：7（图五七，5；图版四四，18），长1.85、宽0.5、孔径0.4厘米。M174：3，长1.8、宽0.5厘米。

扁方形管饰　1件。M140：69（图五七，12；图版四四，17），正面饰小方格纹，椭圆形孔，长1.7、宽1.1、内径0.2～0.8厘米。

双联方管饰　2件。仅见于M171一座墓。由两个扁方管相联而成，一面稍鼓，另一面略平，素面。M171：1（图五七，14；图版四四，19），底部有缺口，长2.1、宽

1.1厘米；M171：2（图五七，13；图版四四，20），已残，底部有凸棱，且带两个方孔，残长2.7、宽1.1厘米。

铜片饰　1件。M128：17（图五七，6；图版四四，7），近椭圆形，两端各有一小孔，索面，长1.5厘米。

（三）铁　器

共发现铁器64件，除1件采集外，皆出自15座墓葬。少量残碎过甚，难以辨认器形，均不再计数，仅在墓葬统计表内注明。

铁器因长期保存在地下，出土时，大多锈蚀严重，器形不太规整。小部分已残损。有些铁器表面可以看到附着麻布的锈结，从痕迹中观察为平纹织物，经纬交织均匀。器形较单一，仅有镞、削、矛和管饰等，生产工具占少数。铁器数量虽较少，却丰富了砖厂墓地的文化内涵，使我们得以全面认识黑龙江省的青铜文化—早期铁器时代文化。

1. 镞

10件。除M109见1件外，其余皆出自M107一座墓，铁镞尾部均带一骨铤。可分作两型。

A型　5件。近呈叶形，体较小，无双翼。M107：34（图五八，1；图版五七，2），镞身宽短，嵌入圆柱形骨铤内，残长3.4厘米。M107：231（图版五七，3），柳叶形，尾部插进带缺口的骨铤里，残长4.9厘米。M107：67（图版五七，1），镞身短小，骨铤全残，残长2.7厘米。

B型　5件。双翼形。M107：107（图五八，4；图版五七，11），后锋较长，镞尾插入骨铤，扁铤较深。骨铤上部浑圆，中间鼓凸，下端扁平楔形，磨光，通长11.3、镞身长4.7、骨铤残长8.7厘米。M109：2（图五八，2；图版五七，4），后锋平齐，尾部扁平，骨铤全残，铁镞长5.1厘米。

2. 铁　削

12件。出自8座墓葬。锈蚀严重，多数残缺，完整器少。分两型。

A型　8件。平背直刃。M140：40（图五八，10；图版五七，14），平背稍宽，柄残，刀身上附着纺织物的锈结，残长8.9、宽2厘米。M107：232（图五八，9；图

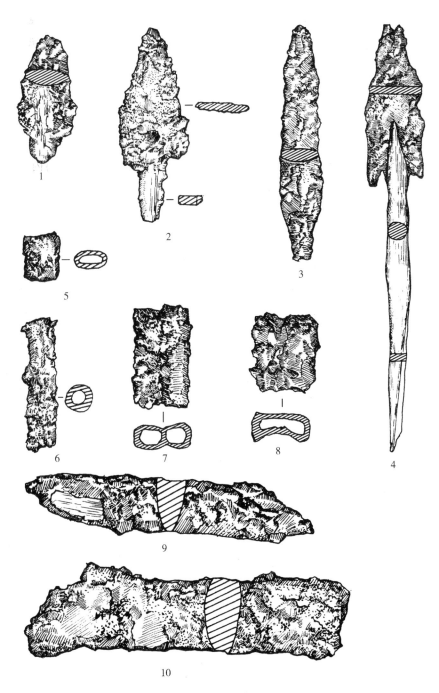

图五八 铁器

1. A型镞（107∶34）　　2、4. B型镞（109∶2、107∶107）　　3. 矛（107∶41）
5、6. A型管饰（146∶19、107∶48）　　7、8. B型管饰（140∶65、104∶12）
9、10. A型削（107∶232、140∶40）（皆原大）

五七，12），残，刀身同柄部分界不明显，留有残骨柄痕，残长 7.9、宽 1.5 厘米。M111：90，刀背宽平，残长 7 厘米；M110：2，刀身同柄区分较明显，有残骨柄痕。

B 型　4 件。弧背凸刃，刀首微上翘。M107：30（图版五七，10），刀身短小，有骨柄残痕，残长 4.3 厘米。

3. 矛形器

1 件。M107：41（图五八，3；图版五七，9），器身扁平，两侧边稍内弧，后锋圆弧，斜收成一扁长铤，残长 6.2 厘米。

4. 管　饰

35 种。出自 10 座墓中。大多近扁圆管形，有的略弯曲。分两型。

A 型　25 件。单管形，中间有孔，一般长 1.7～3.8 厘米。107：48（图五八，6；图版五七，7），长 3.5、直径 0.7 厘米。M141：16（图版五七，5），一端稍内凹，长 2.2、直径 0.8 厘米。M146：19（图五八，5），由几个小珠相联而成，现残存 2 个，残长 1.3、直径 0.5～0.9 厘米。

B 型　10 件。双管形，由 2 个单管并联而成。一般长 1.9～4.4、宽 1.5～1.8 厘米。M104：12（图五八，8；图版五七，6），近方形，长 2.1、宽 1.8 厘米。M140：65（图五八，7；图版五七，8），略残，留有纺织物的锈痕，残长 2.8、宽 1.5 厘米。M140：63，稍弯曲，残长 4、宽 1.5 厘米。

5. 其他铁器

6 件。

圆形器　1 件。M110：11（图版五七，13），平面呈圆形，较厚，内空，表面锈蚀严重，遗有纺织物平纹织痕和残骨渣。直径 4.5、厚 2.2 厘米。

铁片　2 件。扁平片状，已残。

铁丝　3 件。均残，较细。

（四）金　器

仅出 5 件。M107 出土 3 件金耳饰，M150 出 2 件金片饰。

金丝扭环带叶耳饰　3 件，完整。分两式。

Ⅰ式：1 件。M107：228（图五九，2；图版四二，1），上端有一椭圆形金叶和弯形挂钩，下为两丝扭转后向两侧分支，两侧金丝各穿1件天河石管和辉石管，后两丝各成单绕线一小环相对，往下再相互扭出一圆环，环中穿一骨珠，其上饰短线纹。金叶侧边有一小孔。通长5.4、叶片长1.8、宽0.9～1.3、厚0.03厘米。

Ⅱ式：2件。M107：71（图五九，1；图版四二，2）、79（图版四二，3），上端有一椭圆形金叶和弯钩，下为两股金丝相扭，至末端成单线绕出一小环。M107：71，长3.4，环径0.5～1.1、叶片长1.1、宽0.5、厚0.02厘米。

金片饰　2件。呈长方形，正面平，背面有三边微向里弯折，近浅凹槽形，以两端较明显，可能用来镶嵌在物体上的，端边各有一小孔，素面。出于墓主胸部铜虎纹牌饰两侧，且相互对称。M150：7（图版四二，6），长2.4、宽0.9、厚0.02厘米；M150：33（图五九，3；图版四二，5），长2.5、宽0.8～1、厚0.02厘米。

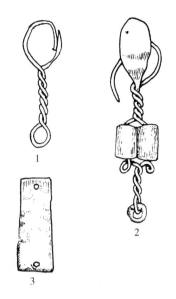

图五九　金　器
1. Ⅱ式耳饰（107：71）　2. Ⅰ式耳饰（107：228）　3. 片饰（150：33）（皆原大）

（五）骨　器

出土的随葬品中，骨器也占有一定的比重，计324件，约为总数的14.63%，除有8件采集外，皆出自45座墓中。各墓出土数量不一，一般仅有1～5件，计31座墓；出7～14件的9座墓；较多的4座墓出19～39件；最多的M140一座墓达62件，约占去骨器数量的1/5。

骨器一般都采用动物肢骨和肋骨制成。加工方法大都经过截、劈、削等不同过程，然后再磨制成形。多数骨器通体磨制，有的还周身磨光，少量骨器仍保留原来的关节面或骨骺。个别骨器经过穿孔、雕镂，穿孔技术有对钻、管钻和划穿之分。器形较多，常见的有镞、弭、鸣镝，多属狩猎工具；捕鱼用的有鱼骨镖；日常生活用的有锥、匕、扣、管等和纺织、缝纫用的纺轮、针；骨贝少见。另有少许装饰品和其他骨器。现将骨器器形统计成表六。

　　　　　　　　　骨器器形统计表

器　形	镞	弭	锥	鱼镖	匕	针	纺轮	剔刮器	鸣镝	哨	镳	板	管	环	扣	贝	其　他
数　量	230	47	1	1	5	2	7	2	6	1	2	2	2	3	3	1	9
百分比	70.98	14.5	0.31	0.31	1.54	0.62	2.16	0.62	1.85	0.31	0.62	0.62	0.62	0.93	0.93	0.31	2.76
出土墓数	35	18	1	1	5	2	6	2	5	1	2	2	2	2	1	1	7

1. 镞

230 件。除 5 件采集外，其余皆出自 35 座墓。各墓出土数量有别，1～2 件的 19 座，4～9 件的 12 座，14～17 件的 3 座，M150 和 140 两座墓各多达 35 件和 52 件。镞是骨器中最常见的器形，占出土骨器的绝大多数。多采用动物肢骨制成，器体大多细长，个别的弧弯，少数镞身短小。有的利用铤部残缺后的镞身再经加工而成。一般通体磨制，少量削刻磨出后锋，多数铤部较长，上段浑圆，下段呈楔形。小部分周身磨光，加工精良。除 34 件仅余铤部而器形不明外，其余 196 件按镞身的不同，可分为圆锥形、三棱、菱形和凹底四型。骨镞型式和大小的区别，可能说明其射击目标和使用上有所不同。它不仅用于狩猎生产，也可能被当作武器使用。

A 型　23 件。圆锥形镞。短身呈圆锥状，较尖利，铤较长，上部浑圆，下部扁平呈楔形，身与铤无明显分界。M101：11（图六〇，7；图版四五，6），锋锐利，长 13.5 厘米。M140：89（图六〇，6；图版四五，7），器身略弯，铤稍残，长 14.9 厘米。M101：12（图版四五，8），长 16.4 厘米。

B 型　78 件。三棱镞。分五式。

Ⅰ式：13 件。短身，剖面三角形，长铤，多数器身弧弯，身与铤之间分界不明显。M137：10（图六一，7；图版四五，3），镞身弯曲，长 20.8 厘米。M124：4（图六一，4；图版四五，4），铤稍残，长 14.5 厘米。M139：8（图版四五，5），锋部有切削痕迹，铤略残，长 24 厘米。

Ⅱ式：10 件。长身，呈三棱锥形，前锋较锐利，后部稍斜收成短楔形铤。M150：65（图六一，1；图版四五，2），镞身有铜绿锈，身、铤之间界限不明显，长 11.3 厘米。M158：8（图六一，3；图版四五，1），铤稍残，通长 12.6、身长 5.8 厘米。M111：14（图六一，5；图版四五，9），铤略残，磨光，通长 14.6、身长 6.1 厘米，身与铤的界限略有区分。M141：20（图六一，2；图版四五，10），铤残，镞身上部有 3 个短锋，一侧边有凹槽，磨光，内束成扁铤，残长 12.8、身长 5 厘米。

Ⅲ式：53 件。镞身略长，后锋较短，长铤，上部圆柱形，下部楔形，镞身与铤部

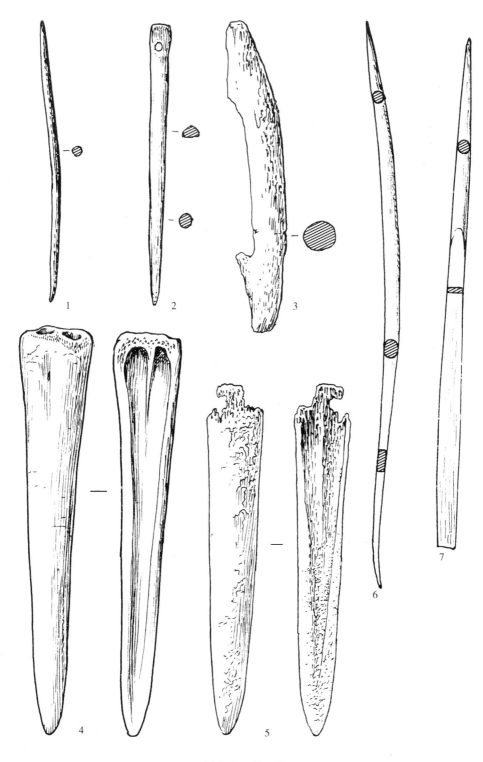

图六〇　骨　器

1. 针（128∶47）　　2. 锥（107∶261）　　3. 鱼镖（193∶1）　　4、5. 匕（128∶43、114∶1）
6、7. A 型圆锥形镞（140∶89、101∶11）　　（皆原大）

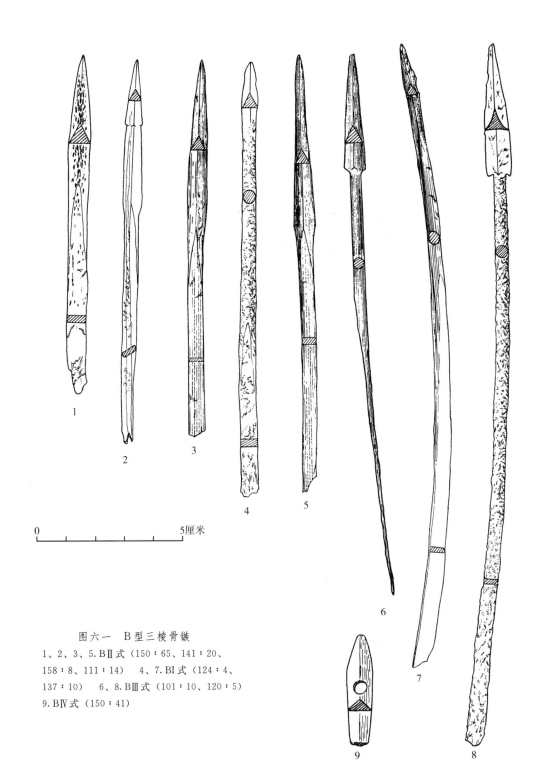

图六一 B型三棱骨镞

1、2、3、5. BⅡ式（150∶65、141∶20、
158∶8、111∶14） 4、7. BⅠ式（124∶4、
137∶10） 6、8. BⅢ式（101∶10、120∶5）
9. BⅣ式（150∶41）

明显分界。一般长 12.4～23.5 厘米。M120：5（图六一，8；图版四六，4），镞身较宽，后锋呈燕尾形，铤稍弯，通长 23.5、身长 4.4 厘米。M101：10（图六一，6；图版四六，3），后锋较钝，长 18.1 厘米。M140：97（图版四六，1），铤残，器身较细，残长 11.7 厘米。M140：85（图版四六，2），铤稍残，形较短小，后锋尖利，残长 11 厘米。

Ⅳ式：1 件。M150：41（图六一，9；图版四七，3），器体短小，前锋圆钝，中身有棱脊，剖面呈等腰三角形，无铤，中部有一圆孔，长 3.7 厘米。

Ⅴ式：1 件。M107：234（图版四七，4），稍残，镞身短宽，呈三翼形，原应有 3 个短后锋，现存 1 个，斜收，短圆銎铤长 4.8、翼宽 1.6、銎长 0.6 厘米。

C 型　94 件。菱形镞。分五式。

Ⅰ式：16 件。器身硕长，锋甚短，剖面近菱形，长铤，上部圆柱形，下部长楔形，身与铤无明显分界。M150：81（图版四六，13），前锋圆钝，长 23.6 厘米。M150：82（图版四六，12），体较弧弯，长 25 厘米。

Ⅱ式：20 件。镞身近柳叶形，较长，剖面为扁菱形，下部稍内束成铤，前部圆，后部楔形，身、铤之间略有区别。M140：88（图六二，9；图版四六，7），铤弯曲，长 19.1 厘米。M171：11（图六二，4；图版四六，5），较细短，前锋圆钝，侧边削磨得不平齐，残长 13.2 厘米。M140：98（图版四六，6），锋尖稍斜，残长 16.1 厘米。

Ⅲ式：25 件。长身，中脊明显，剖面呈菱形，后锋圆钝内束成铤，身与铤部明显分界。M107：5（图六二，6，图版四七，13），镞身上部因削磨略内束，磨光，加工较精，楔形铤面与中脊不在同一平面上，长 15 厘米。M121：14（图六二，2；图版四七，12），铤残，前锋尖钝，后锋直接内束成楔铤，残长 11.6 厘米。M141：2（图六二，1；图版四七，11），镞身较扁，尖利，磨光，残长 9.5 厘米。

Ⅳ式：17 件。锋稍长，呈双翼形，剖面菱形，有的近椭圆形，长铤，上段圆，下段楔形，锋与铤之间界限分明。M151：5（图六二，7；图版四六，9），镞身稍扁，中脊圆弧，后锋短平，长 14.8 厘米。M140：94（图六二，8；图版四六，11），铤略残，后锋平齐，残长 16.9 厘米。M149：5（图六二，5；图版四六，10），铤残，后锋短尖，残长 14.3 厘米。M150：70（图六二，3；图版四七，14），镞身稍宽，后锋尖锐，铤近扁椭圆形，铤上部有一对短突棘，长 11.9 厘米。M111：27（图版四七，2），镞体短小，铤残，后锋短平，铤上部较细，往下粗突，且斜收成楔铤，残长 4.3 厘米。M140：80（图版四六，8），器形较细小，残长 10.1 厘米。

Ⅴ式：16 件。镞身短小，锋近似Ⅱ式，略呈柳叶形，大多斜收成短楔铤，有的无铤，尾部为弧尖状。M111：30（图六二，10；图版四七，10），前锋圆钝，磨光，长 7.9 厘米。M111：5（图六二，12；图版四七，8），锋身长于铤部，长 4.5 厘米。M111：7（图六二，13；图版四七，7），细小，长 4 厘米。M121：9（图六二，11；

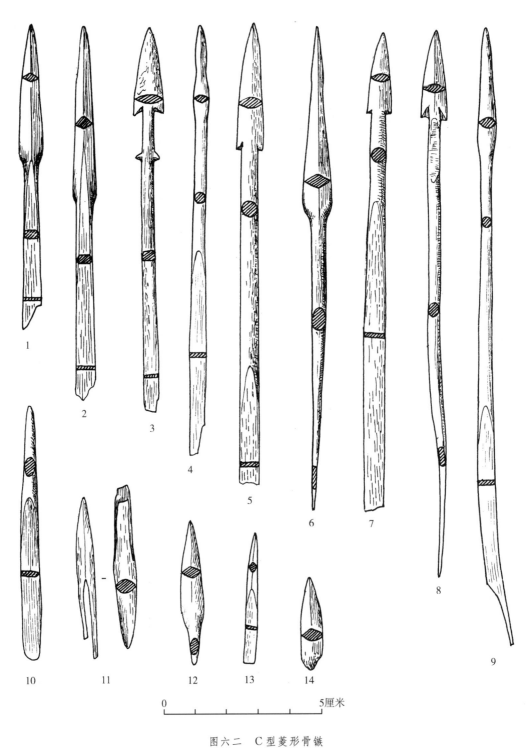

图六二　C 型菱形骨镞

1、2、6. C Ⅲ 式（141∶2、121∶14、107∶5）　　3、5、7、8. C Ⅳ 式（150∶70、149∶5、151∶5、140∶94）

4、9. C Ⅱ 式（171∶11、140∶88）　　10～14. C Ⅴ 式（111∶30、121∶9、111∶5、7、10）

图版四七，9），铤部有凹槽，残长 5 厘米。M111：10（图六二，14；图版四七，5），无铤，长 2.9 厘米。M111：9（图版四七，6），无铤，长 3.8 厘米。

D 型　1 件。M120：12（图版四七，1），双翼形，前锋稍残，体扁薄，平面近三角形，双后锋尖长，凹底，残长 2.8、底宽 1.3 厘米。

2. 骨 弭

47 件。除 1 件采集外，分别出于 18 座墓中。以出 1～3 件的为多，6～7 件的 3 座墓，M140 一墓多至 9 件。均用动物骨骼磨成，器身较扁平，近弧形，正面稍隆起，背面宽平，一端较宽，另一端渐细窄，宽端近顶部内侧刻有椭圆形豁口。可分作两型。

A 型　38 件。宽端顶部平直。M101：13、14（图六三，3、1；图版四八，10、9），两件大小近似，窄端稍残，豁口相反，当为一对，残长 21.5～25.5、顶宽 1.6 厘米。

B 型　9 件。圆弧顶。M104：5（图六三，4；图版四八，7），完整，长 20.4、顶宽 2.1 厘米。M111：89（图六三，2；图版四八，6），残缺，豁口离弧顶较远，磨光，残长 13.7 厘米。M158：9（图六三，5；图版四八，8），弭身较细窄，残长 17.9、顶宽 1 厘米。

3. 锥

1 件。M107：261（图六〇，2；图版四八，3），较细长，锥尖系刮削而成，顶稍宽平，穿一小孔，通体磨光，长 7.45 厘米。

4. 鱼 镖

1 件。M193：1（图六〇，3；图版四八，5）。磨制较粗，弧背，两端各有一个相对的倒钩，一个已残断，剖面椭圆形，长 8.2 厘米。

5. 匕

5 件。近扁条状，正面隆起，背面较平，个别的留有原骨槽，圆弧刃，平顶，器身有小孔。M128：43（图六〇，4；图版五〇，7），弧刃稍翘，柄部端面穿有双孔，正面上半部两侧饰有刻划的连续齿状纹，磨光，长 10.8、顶宽 2 厘米。M114：1（图六〇，5；图版五〇，8），顶稍残，一面遗有凹槽，长 9.2 厘米。

6. 针

2 件。M128：47（图六〇，1；图版四八，2），顶残，器身稍粗，略弯，针尖刮削

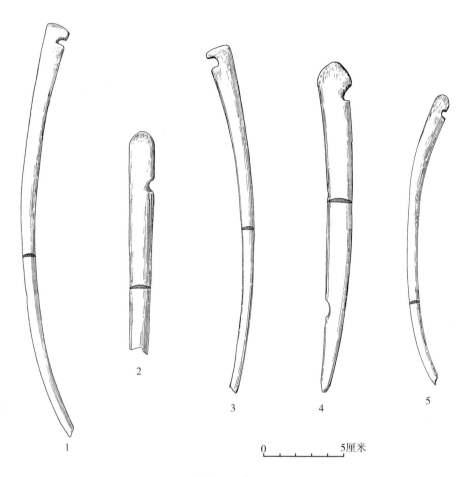

图六三　骨弭

1、3. A 型 (101∶14、13)　　2、4、5. B 型 (111∶89、104∶5、158∶9)

磨制成，长 7.4、直径 0.3 厘米。M150∶36（图版四八，1），较细，稍残，磨光，长 6.5 厘米。

7. 纺　轮

7 件。形制大致相同，平面呈圆形，正面鼓起，平底，中间直穿一孔，素面。M188∶5（图六四，4；图版四九，17），出自单人女性墓中，形较大，直径 4.6、孔径 0.2 厘米。M128∶46（图六四，3；图版四九，16），见于女性三人合葬墓，近半球形，隆起较高，直径 4、孔径 0.2、厚 1.4 厘米。M120∶7（图六四，2；图版四九，13），近椭圆形，磨光，直径 2.4、孔径 0.2 厘米。M137∶6（图六四，1；图版四九，12），形小，直径 2.2、孔径 0.2 厘米。

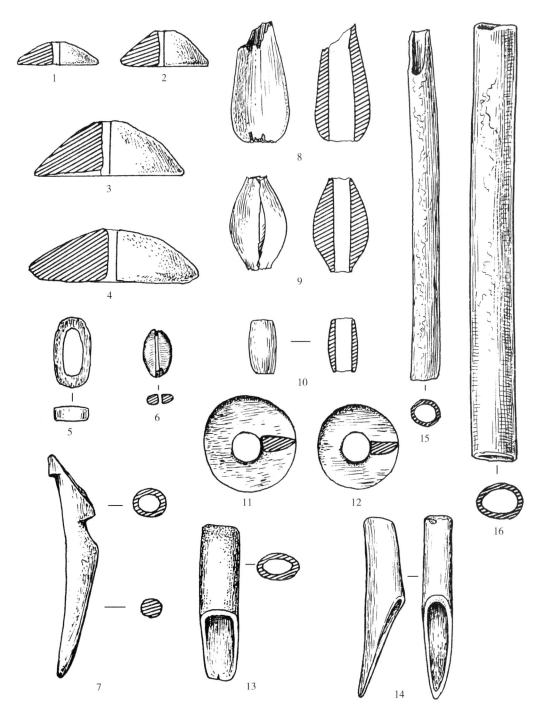

图六四　骨　器

1～4.纺轮（137∶6、120∶7、128∶46、188∶5）　5.扣（103∶2）　6.贝（107∶260）　7、14.鑣
（103∶6、185∶1）　8.C型鸣镝（140∶8）　9.B型鸣镝（171∶10）　10.A型鸣镝（153∶6）
11、12.环（150∶39、34）　13.哨（107∶115）　15、16.管（120∶4、128∶44）　　（皆原大）

8. 剔刮器

2件。M141：14（图版四八，4），身较弯曲，圆弧刃，顶部保留骨关节面，长 7.2 厘米。M110：8，上部残，体扁平，前端磨出短刃，残长 5.4 厘米。

9. 鸣 镝

6件。多数磨光，分三型。

A 型　2件。短圆管形，中部微鼓，有一穿孔。M153：6（图六四，10；图版四九，2），两端平齐，长 1.4、最大径 1 厘米。M171：9（图版四九，3），长 2.9、径 0.8～1.3 厘米。

B 型　2件。近橄榄形，两头小，中间圆鼓，带一直孔。M171：10（图六四，9；图版四九，8），长 2.5、径 0.5～1.5 厘米。

C 型　2件。大端圆鼓，另一端渐变小，穿一大孔。M140：8（图六四，8；图版四九，6），残长 3.2、最大径 1.6 厘米。M150：42（图版四九，1），长 1.2、最大径 1 厘米。

10. 骨 哨

1件。M107：115（图六四，13；图版五〇，6），近扁管形，一端平齐，另端呈哨舌状，中空，磨光，长 4.1、径 0.7～1.1 厘米。

11. 骨 觿

2件。器身稍弧弯，磨光。M185：1（图六四，14；图版五〇，5），一端近呈锥状，另一端斜平，中空，长 4.8 厘米。M103：6（图六四，7；图版五〇，2），一端呈圆锥形，另一端稍圆弧，其下面有一凸棱，中身有凹槽，长 5.9 厘米。

12. 骨 贝

1件。M107：260（图六四，6；图版四九，4），形甚小，仿海贝磨制作成，呈椭圆形，面鼓起，中间有一竖槽孔，两边饰细齿纹，平背，长 1.3、最宽处 0.8 厘米。

13. 骨 管

2件。长管状，孔近椭圆形，素面。M128：44（图六四，16；图版五〇，10），管身较粗，一头稍内凹，另一头平齐，磨光，长 11.6、直径 1～1.2 厘米。出土时，管内含一骨针（M128：47）。M120：4（图六四，15；图版五〇，9），略残，身较细，长 9.3、直径 0.7 厘米。

14. 骨　环

3件。圆环形，较扁，磨光。M150：34（图六四，12；图版四九，11），环径2.2厘米。M150：39（图六四，11；图版四九，15），环径2.5厘米。

15. 骨　扣

3件。仅M103一座墓出土。正面近长方形，两侧边微弧，两端平齐，中间有一椭圆孔。M103：2（图六四，5），长1.9、径1～1.9厘米。

16. 带孔骨板

2件。均残。形扁宽，一端宽平，且向另一端斜收渐窄，宽端角呈弧圆形，窄端因残形状不明，在宽端中部有一长方孔，磨光，素面。M121：1（图六五，1；图版五〇，1），面稍隆起，底略为凹，带一细长方孔，此孔外又有一圆孔，残长8.7、最宽处6.7、厚0.5、孔长2.7厘米。M157：3（图六五，2；图版五〇，4），板面不平整，近宽端中间凹下，侧边稍翘起，有一短长方孔，残长8.9、最宽处7.2、厚0.3、孔长1.4厘米。

17. 其他骨器

9件。

带孔管饰　2件。M103：10（图版四九，7），残半，近扁管形，中部横穿一孔，长4.2厘米。M136：2（图六六，1；图版五〇，3），近圆管形，宽端封闭，窄端两侧各有一孔，长3.6厘米。

圆形饰　2件。M184：7（图六六，4；图版四九，14），平面呈圆形，正面鼓起，背面沿周边有四个等距离的三角凸棱，构成凹十字形，素面，直径4.2～4.5厘米。采：114（图版四九，10），扁圆形，正面磨光，素面，直径3.5厘米。

鸟头形骨饰　1件。M137：7（图六六，3；图版四九，9），形似鸟头，扁平，前端尖突近鸟嘴，上穿一圆孔似鸟眼，长3.9、厚0.3～0.5厘米。

刻纹骨饰　1件。M139：5（图六六，2；图版四九，5），近似圭形，体扁平，束腰，上小下大，圆顶，下端弧尖，两侧边内束成亚腰形，正面沿周边刻一圈凹线纹，其内又饰短线组成的菱形纹，上端有小孔，长3.6厘米。

骨片饰　1件。M153：2（图六六，5），长方形，面略鼓，背稍凹，素面，长7.4、宽1.6厘米。

鱼椎骨饰　2件。用鱼椎骨稍加工而成。

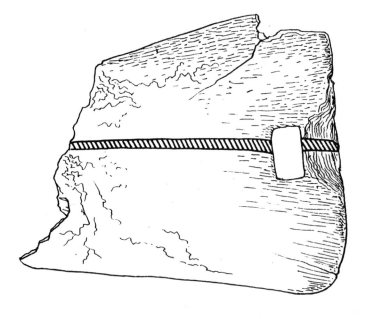

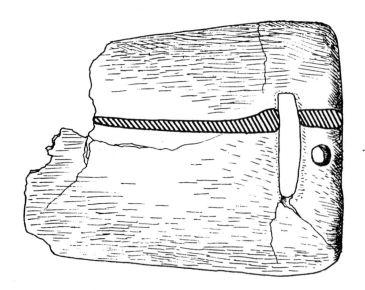

图六五　带孔骨板
1,2.（121∶1,157∶3）（原大）

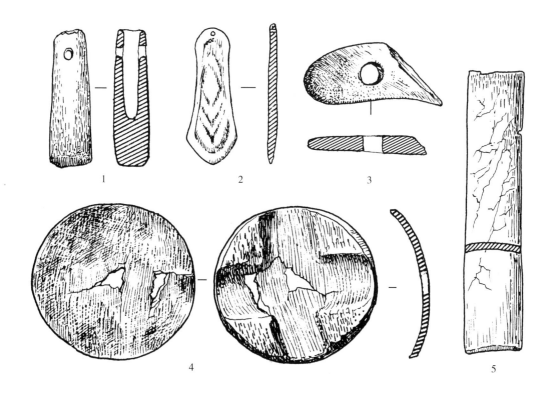

图六六　其他骨器

1. 带孔管饰（136：2）　2. 刻纹骨饰（139：5）　3. 鸟头形饰（137：7）
4. 圆形饰（184：7）　5. 片饰（153：2）（皆原大）

（六）石　器

约一半的墓葬发现了石器，计341件。除6件采集外，其余均出自48座墓中。大体上分生产工具和装饰品两大类，另有少许天然石块。生产工具仅占一小部分，原料有碧玉、玛瑙、玄武岩、燧石和火山岩数种。加工方法以压制为主。器形有镞、刮削器、斧形器、石叶，石核和石片等，其中柳叶形石镞通身压琢，加工精细，颇有特点。装饰品占绝大多数，计299件，原料多为辉石、钾长石、天河石，另有部分玛瑙、绿松石、斜长石和蛇纹岩等，多数周身精磨，常见的有珠形饰，管形饰、方形饰和菱形饰几种。

1. 镞

7件。仅4座墓葬出土。皆压制而成，剖面近呈扁菱形。分为三型。

A型　5件。碧玉质，呈柳叶形，镞身较瘦长，前锋尖利，边刃两面加工，尾部渐宽，近弧形，中脊纵贯锋尾。M107：178（图六七，8；图版五八，14），长6.5、最宽处 0.8 厘米。M133：4（图版五八，15），锋稍残，底略斜平，长 5.4、宽 1 厘米。

B 型　1 件。M107：84（图六七，3；图版五八，9），锋略残，火山岩质，双翼形，双后锋斜收成短铤，中脊通至铤部，长 3.1、宽 0.9 厘米。

C 型　1 件。M140：25（图六七，4；图版五八，10），玄武岩质，近呈叶形，身较宽，锋圆尖，弧底，低脊，长 3.5、宽 1.1 厘米。

2. 刮削器

8 件。均为不规则石片制成，器形不太规整，单面刃，加工一般。分三型。

A 型　3 件。碧玉质，不规则形。M154：2（图六七，9；图版五一，8），用双脊石片制成，平刃，一端加工出平面，利于手持，长 4.4、厚 0.5 厘米。M141：21（图六七，13；图版五一，9），单脊宽石片加工成，凹刃，长 5.4、宽 3、厚 0.8 厘米。M107：51（图六七，5；图版五一，7），扁平石片制成，顶斜平，圆头单面刃，长 2.2，宽 2、厚 0.3 厘米。

B 型　4 件。近指甲盖形，体较小，脊稍高，顶平，下端加工出刃部。M127：4（图六七，7；图版五一，6），长 1.5、宽 1.2、厚 0.6 厘米。

C 型　1 件。采：112（图六七，10；图版五一，12），碧玉质，近长方形，顶较平，两侧边略内收，沿周边压出细刃，有使用痕迹，双脊，长 3.5、宽 2.7～3.1、厚 0.8 厘米。

3. 斧形器

2 件。采：113（图六七，12；图版五一，11），近似舌形，顶宽平，且向一侧斜收渐薄，其余周边略圆弧；由上往下打出宽齿状厚刃，背后留有自然石面，正面上部平坦近椭圆形。长 4.6、最宽处 4.8、厚 1.5～2 厘米。M137：9（图版五八，8），砾石质，近长方形，在一侧断面斜口上稍经加工使用，器身未经修整。长 6.4、宽 4.7、厚 2 厘米。

4. 石　叶

1 件。M141：8（图六七，6；图版五一，4），白玛瑙质，稍残，长方形，单脊，边平直，双面刃，通体压琢，长 2.1、宽 0.7、厚 0.3 厘米。

5. 石　核

2 件。M132：1（图六七，11；图版五一，10），碧玉质，近圆锥形，顶部台面斜平，器身留有剥压细石片后的痕迹，未经第二步加工或使用，高 2.7 厘米。另有一件采：102，近圆柱形，高 1.9 厘米。

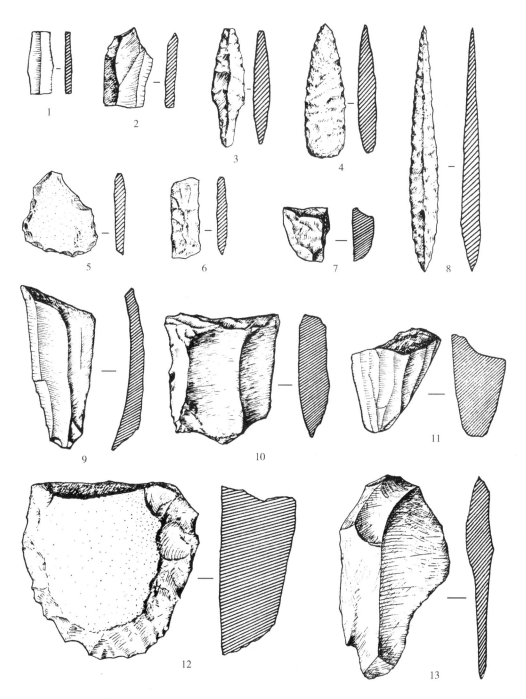

图六七 石 器

1. A 型石片（113：7）　2. B 型石片（141：9）　3. B 型镞（107：84）　4. C 型镞（140：25）　5、9、
13. A 型刮削器（107：51、154：2、141：21）　6. 石叶（141：8）　7. B 型刮削器（127：4）　8. A 型
镞（107：178）　10. C 型刮削器（采：112）　11. 石核（132：1）　12. 斧形器（采：113）　（皆原大）

6. 石片

8 件。质料有碧玉、玛瑙、燧石和砂岩等，多为长方形，第二步加工不明显。分单脊和双脊两型。

A 型 6 件。单脊，个别稍经加工使用。M113：7（图六七，1；图版五一，2），长 1.6、宽 0.7、厚 0.2 厘米。

B 型 2 件。双脊。M141：9（图六七，2；图版五一，3），长 2.1、宽 1.2 厘米。M166：2（图版五一，1），长 1.7、宽 0.9、厚 0.3 厘米。

7. 装饰品

299 件。分别见于 39 座墓葬。一般为 1～6 件，较多的为 17～30 件，M107 最多，一座墓出土 144 件。质地分玛瑙、绿松石、辉石、钾长石、天河石、蛇纹岩、斜长石和绢云母数种。器形主要有珠形、管形、方形和菱形等，磨制，多数器表光滑。

玛瑙饰 29 件。12 座墓葬出土。由玛瑙石磨成，以红色、橘黄色为多，色泽鲜艳，半透明状，器表光亮。分作四型。

A 型 11 件。呈圆形，分两式。

I 式：9 件。扁平圆珠形，有的周边稍鼓，多数平齐，中间穿孔。M107：70，直径 1、厚 0.65 厘米。M108：8（图六八，6；图版五八，1），直径 0.5、厚 0.3 厘米。

II 式：2 件。近球形，上下两端略平，中有孔。M140：34（图版五八，6），直径 1.3、厚 1.2 厘米。M185：10（图六八，8；图版五八，3），直径 1.1、厚 0.8 厘米。

B 型 12 件。圆管形，长短不一，两头磨平，内穿孔。长 0.7～1.9、直径 0.65～0.8 厘米。M107：63（图六八，14；图版五八，4），长 1.8、直径 0.6 厘米。M133：5（图六八，16；图版五八，5），长 1.4、直径 0.8 厘米。

C 型 5 件。六菱形，中有孔。M141：17，长 1.1、直径 0.7 厘米。M133：20（图六八，7；图版五八，2），长 0.8. 直径 0.7 厘米。

D 型 1 件。M111：21，上小下大，上端有一未透的小孔，下端为圆弧状，加工较粗，长 2 厘米。

绿松石饰 14 件。出自 6 座墓中。多作扁方形，上下两面稍隆起，两端或平齐，或微内凹，中间穿孔，周身磨光。最大者 M115：5（图六八，17；图版五三，5），长 1.4、宽 1.2、厚 0.4 厘米。最小者 M111：23（图六八，1；图版五三，1），长 0.4、宽 0.3、厚 0.2 厘米。M107：257（图六八，2；图版五三，9），制作规整，长 0.75、宽 0.7、厚 0.25 厘米。M136：6（图六八，19；图版五三，13）形较大，一侧边呈圆弧，两头短平，中有一小孔，表面光滑闪亮，长 1.6、最宽处 1、厚 0.4 厘米。

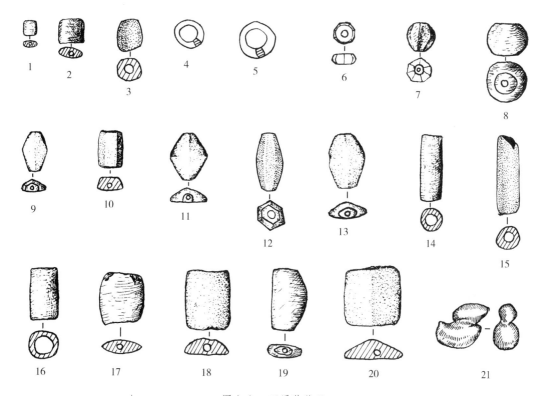

图六八　石质装饰品

1、2、17、19.绿松石饰（111∶23、107∶257、115∶5、136∶6）　3（A型）、4、5（C型）、9、11、13（E型）、12、15（B型）、10、18、20（D型）.钾长石饰（107∶55、125∶4、141∶4、107∶167、174、177、141∶26、143∶17、107∶127、78、137）　6（AⅠ式）、8（AⅡ式）、7（C型）、14、16（B型）.玛瑙饰（108∶8、185∶10、133∶20、107∶63、133∶5）　21.鸭形饰（107∶28）　（皆原大）

辉石饰　62件。出自11座墓中，M107一座墓多至19件（图版五二，3）。石呈白色，微透明，俗称其为白石，经鉴定应属顽火辉石类。磨制作成，通体光滑，中穿直孔。分两型。

A型　11件。扁平圆珠子，体细小，中有孔。直径0.5～0.6、厚0.2～0.3厘米。M133∶18，直径0.6、厚0.3厘米。

B型　51件。圆管形，长短不等，两端平齐，长0.4～2.1、直径0.35～0.65、孔径0.2～0.4厘米。

钾长石饰　105件。出自12座墓中。一般墓葬仅出1～8件不等，M107多达83件（图版五二，2）。不少饰件出土时，内外附着一层很薄的黄褐色土皮，不仔细观察，易误认为骨质饰件。经省地质研究所分析鉴定，此类饰件属于钾长石一类的中等玉料质。

颜色呈浅绿，微带蓝色，晶莹透亮，磨制。分五型。

A型　8件。珠形。中穿孔，直径0.5～1厘米。M107：55（图六八，3；图版五三，6），周边稍鼓，长0.9、最大径0.7厘米。

B型　11件。管形，内有孔，长0.9～2.1、直径0.5～0.8厘米。M143：17（图六八，15；图版五三，8），稍残，长2.1、直径0.7厘米。M141：26（图六八，12；图版五三，7），呈六棱形，中部略鼓，长1.5、最大径0.8厘米。

C型　4件。圆环形，较扁小。M125：4（图六八，4；图版五三，2），直径0.75、孔径0.4厘米。M141：4（图六八，5；图版五三，3）向一侧斜薄，直径1、孔径0.5厘米。

D型　42件。近方形，平底，中有孔。

正面圆鼓的28件。M107：78（图六八，18；图版五三，15），长1.6、宽1.2厘米。M133：15，长1.1、宽0.9厘米。

正面有单脊的8件。M107：137（图六八，20；图版五三，16），正方形，边长1.5厘米。M107：101，长1.4、宽1厘米。

正面为双脊的6件。M107：127（图六八，10；图版五三，14），长1、宽0.7厘米。

E型　40件。平面近似菱形，多数面稍圆鼓，个别的为单脊，平底，中穿孔。M107：167（图六八，9；图版五三，10），单脊，长1、宽0.7厘米。M107：174（图六八，11；图版五三，11），近似菱形，面隆起，长1.2、宽1厘米。M107：177（图六八，13；图版五三，12），面鼓，长1.5、宽1厘米。

天河石饰　76件。出自24座墓中。M107出土29件（图版五二，1），其余各墓出1～9件不等。微带蓝绿色，磨光，光泽洁亮。分为四型。

A型　28件。珠形，多数为扁平珠子，穿孔。最大者M133：17（图六九，2；图版五四，4），直径0.9、厚0.2厘米。最小者M140：398（图六九，1；图版五四，1），直径0.4、厚0.2厘米。M136：1（图六九，5；图版五四，3），直径1、厚0.6厘米。M104：10（图六九，4；图版五四，2），一面斜平，直径0.7、厚0.8厘米。M182：5（图六九，14；图版五四，6），近五棱形，且磨出小平面，直径0.8、厚1厘米。

B型　25件。管形，两端平齐，长0.85～2.4、直径0.55～0.8厘米。M128：36（图六九，18；图版五四，9），长2.4、直径0.8厘米。M111：81（图六九，13；图版五四，7），稍扁平，长1、最大径0.7厘米。M103：3（图六九，17；图版五四，8），两边略弧，长1.3、最宽处0.8厘米。

C型　10件。长方形，平底，正面有单脊、圆鼓和平面之分，中有孔。M111：77（图六九，21；图版五四，19），长1.9、宽1.6、厚0.5厘米。M173：3（图六九，20；图版五四，17），长2.1、宽1.3、厚0.6厘米。M111：75（图六九，23；图版五四，18），近方形，单脊，边长1.8、厚0.6厘米。M188：4（图六九，19；图版五四，

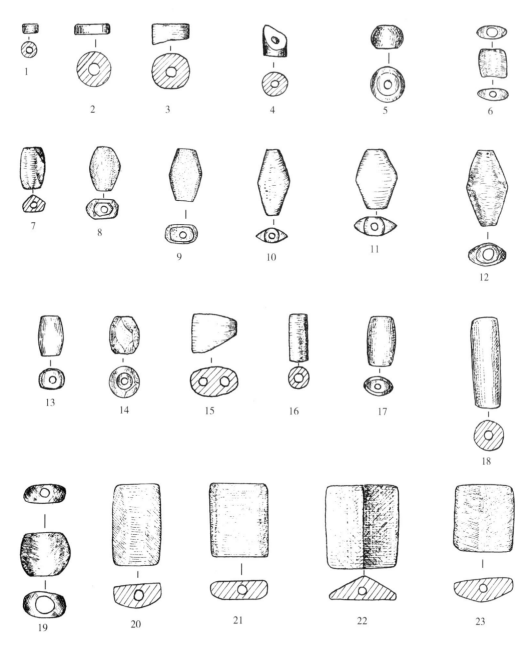

图六九 石质装饰品

1、2、4、5、14（A型）、6、19、20、21、23（C型）、8、9、12（D型）、13、17、18（B型）. 天河石饰（140：398、133：17、104：10、136：1、182：5、124：2、188：4、173：3、111：77、75、107：1、98、116、111：81、103：3、128：36）　3、11、15. 斜长石饰（101：26、107：247、101：22）　7、10、22. 蛇纹岩饰（采：103、107：267、173：2）　16. 绢云母岩饰（107：22）　（皆原大）

16)，长1.2、宽1.4、厚0.5～0.7厘米。M124：2（图六九，6；图版五四，11），形小，两头内凹，近方形，边长0.8、厚0.3厘米。

D型　13件。近菱形，两端磨平，内有孔。M107：116（图六九，12；图版五四，14），两面稍隆起，长2、最宽处1.1厘米。M107：98（图六九，9；图版五四，13），面平齐，长1.45、宽0.9厘米。M107：1（图六九，8；图版五四，12），面鼓，底平，长1.2、宽0.9厘米。

蛇纹岩饰　5件。暗绿色，近透明，中间穿孔。3件为长方形，2件为菱形。M173：2（图六九，22；图版五四，24），长方形，平底，长2.2、宽2厘米。M107：267（图六九，10；图版五四，22），近菱形，长1.8、宽0.9厘米。采：103（图六九，7；图版五四，21），菱形，单脊，长1.1、宽0.6厘米。M107：4（图版五四，23），长方形，长2.4，宽2.1厘米。

斜长石饰　7件。呈灰白色或灰褐色，内有孔，磨光。M101：26（图六九，3；图版五四，5），扁珠形，直径1厘米。M101：22（图六九，15；图版五四，10），一端斜平，穿双孔，长0.4～1、宽1.2厘米。M107：247（图六九，11；图版五四，20），近菱形，中有孔，长1.6、宽1.1厘米。M140：26，近长方形，两端稍凹，长1.4、宽1厘米。

绢云母岩饰　1件。M107：22（图六九，16），管状，暗绿色，内穿孔，长1.3、直径0.6厘米。

8. 其他石器

14件。

鸭形饰　4件。出自M107一座墓。用白玛瑙作成，形甚小。M107：28（图六八，21；图版五三，4），形似小鸭，表面光滑，高1.2厘米。

石料　7件。均为不规则半成品石片，一般较厚重。

石块　3件。皆为天然石块，未经加工。M126：5、9两块，前者为青绿色，置于单人葬墓主14岁女性（？）的腰部下面，后者紫红色，位于二层台西北处。

（七）蚌　器

共出土蚌器53件。分别见于29座墓葬。各墓出土数量不等，1件的23座，3件的2座，2、4、7和11件的各1座。均为磨制，器形有匕、贝、扣、管饰和环等种，另见一些残损严重而形状不明的。此外，还出有零星牙饰和螺饰。

114

1. 蚌匕

17件。15座墓出土。在蚌壳窄端磨出刃部即成，有的为在宽端钻孔，先磨出斜面以减少厚度。按刃部不同，分为三型。

A型　6件。尖刃。M151∶4（图七〇，2；图版五五，12），尾部磨成圆弧状，长11厘米。M120∶2（图七〇，1；图版五五，11），尖刃较锐利，尾端已磨出斜平面，未钻孔，长9.3厘米。

B型　6件。弧刃。M108∶9（图七〇，3；图版五五，13），宽端磨出平面且钻一孔，长13.5厘米。M128∶1，斜弧刃，尾部有一小孔，长12.1厘米。M174∶5，无孔，长10.3厘米。

C型　5件。平刃。M166∶4，尾端磨出平面且有一豁口，长9厘米。M170∶5（图七〇，4；图版五五，14），未钻孔，长14.3厘米。

2. 蚌贝

3件。用蚌片仿海贝磨制成，平面近呈椭圆形，较扁平，正面中间有一竖凹槽。M107∶6（图七一，1；图版五五，1），长1.3、宽1.1、厚0.2厘米。M111∶85（图七一，5；图版五五，3），形状大，长2.2、宽1.6、厚0.3厘米。M107∶45（图版五五，2），长1.5、宽1.3、厚0.3厘米。

3. 蚌扣

8件。M107出2件，M111出6件。平面呈椭圆形，一面稍鼓，一面平，两端各有一小孔，素面，最大径1.1～1.7、最小径0.9～1.4厘米。M107∶100（图七一，3；图版五五，7），直径1.2～1.4厘米。M107∶105（图七一，2；图版五五，6），直径1～1.1厘米。M111∶69（图版五五，8），形稍大，直径1.4～1.7厘米。

4. 蚌管饰

6件。M107和M133各出5件和1件。呈圆管形，通体磨光。M107∶72（图版五五，4），长1.3、直径0.5厘米。M107∶259（图七一，8；图版五五，5），长2、直径0.6、孔径0.3厘米。

5. 蚌环

1件。M188∶23（图七一，9；图版五五，9），圆环形，正面稍隆起，周边近圆尖形，一边较厚，一边渐薄，中有大孔，素面磨光，外径2.4、内径0.8厘米。

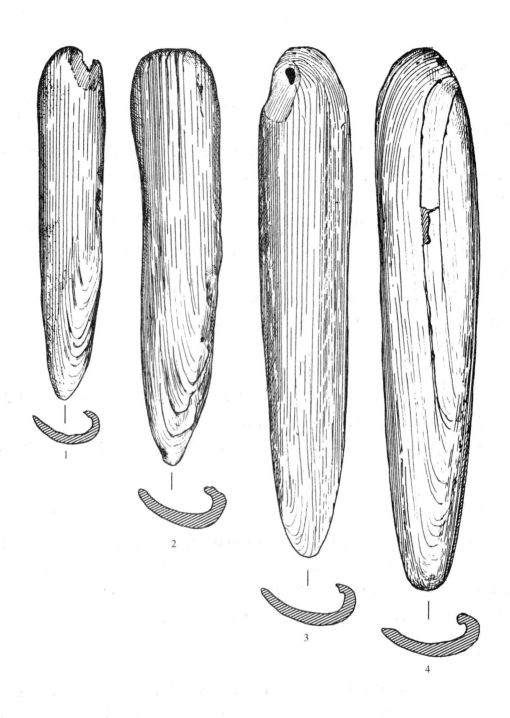

图七〇 蚌匕

1、2. A型（120：2、151：4）　3. B型（108：9）　4. C型（170：5）　（皆原大）

6. 蚌 饰

4 件。M121：19，蚌片磨成，上下两端呈圆弧状，中间内凹，上有一小孔，长 1.25、宽 1 厘米。另 3 件为小河蛤壳钻孔而成。

7. 残蚌器

20 件。均已残破，器形不明。

8. 牙 饰

2 件。出于一座墓中，用兽牙制作。M140：29（图七一，4），两端稍磨平，其中一端上穿有小孔，因同青铜器放置在一起，出土时，表面已是铜绿锈色，还留有火烧黑的痕迹，长 2.4、宽 1 厘米。M140：394，仅在一端切割磨出斜平面，未进一步加工。

9. 螺 饰

4 件。只在尾部略经磨制。

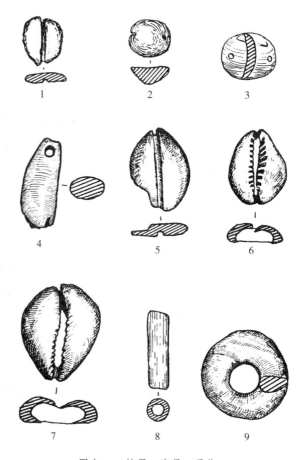

图七一　蚌器、海贝、牙饰

1、5. 蚌贝（107：6、111：85）　2、3. 蚌扣（107：105、100）　4. 牙饰（140：29）　6、7. 海贝（111：31、107：3）　8. 蚌管饰（107：259）　9. 蚌环（188：23）　（皆原大）

（八）海　贝

墓地共发现 25 枚海贝，分别出于 12 座墓葬。一般仅出 1 枚，M111 和 146 各为 3 和 5 枚，M107 多至 8 枚。除部分保存较好外，多数海贝已遭到腐蚀而变得斑驳松脆。近呈椭圆形，多作乳白色，有的已变为黄褐色，分大小两种。大者长 2.7、径 2.1 厘米，小者长 1.7、径 1.2 厘米。大者计 11 枚，小者为 14 枚。其中 M111：31、78、79 和 M141：5 等 4 枚，质地坚硬，通体磨光，有的底部或尾端已经磨平。M111：31（图七一，6），尾部磨平，长 2、宽 1.5 厘米。M107：3（图七一，7），长 2.6、径 2.1 厘

117

米。这些海贝非本地出产，系由外地交换来的。

（九）兽骨及其他动物骨骼

共有 40 座墓出土多种动物骨骼。根据出土的位置判断，这些兽骨及其他动物骨骼都应是有意识随葬的，其中以马、狗为多，牛、猪次之，其余的仅零星出土。

马头骨　12 具。出于 11 座墓中。多数见于墓内填土中，M107 有两具出在墓道中，M141 有 1 具置放在二层台上。

马下颌骨　6 件。其中有 2 件为幼马个体。出于 6 座墓葬。M115 一件完整（图版六一，3）。

狗头骨　17 具。出土于 11 座墓内。M104 在深距墓口 0.5 米近东壁的填土中，自北往南放置 4 具狗头，其间距大致相等。M125 墓圹北壁上方外侧置一狗头。M132 西壁墓底出一狗头（图版六一，5）。

狗下颌骨　12 件。除 M135 和 M121 各为 1 对外，其余仅为半件，出自 10 座墓中。M104 和 187（图版六一，1）各有 1 件，完整。

牛头骨　7 具。出自 6 座墓葬。其中 1 具属幼年个体。

牛下颌骨　2 件。出于 2 座墓内。M108 出土 1 件（图版六一，4），较完整。

猪头骨　6 具。M121 出 3 具，M112 出 2 具，M141 出 1 具。

猪下颌骨　2 件。见于 M107 和 123。

鹿右上颚骨　1 件。仅见于 M146。

羊下颌骨　2 件。分别出自 M107 和 141 两座墓中。

兔下颌骨　1 件。M167 出土。

鼢鼠头骨　1 具。出于 M104。另见 M167 有一下颌骨。

鲶鱼骨　4 块。出于 M115、141 和 179 等 3 座墓。

鸟骨　2 件。仅 M167 一座墓出土。

牛角　1 对。M125 一座墓出土，位于一个 6 个月婴儿的脚下方，呈“八”字形。

马骨　M112、143 和 150 出马蹄骨，M144 出马肢骨。另见一些马臼齿。

牛蹄骨　M143、150 和 149 各墓均有少量出土。

鹿角　见于 M106（图版六一，2）。

四　与墓地有关的遗迹

在墓地分布范围内发现灰坑3个，皆错置在墓葬之间。H101位于墓地中南部偏西处，北距M115仅2.5米；H102、103在北半部，同M104和M160等墓相距较近。3个灰坑与墓葬的层位关系是相同的，即开口于表土层下，打破第二层。

灰坑形状不很规整，加工简单，均不深，坑内填土呈黑褐色，杂有少量黄褐土，稍含有砂性。未见完整器物，仅出些陶片、残骨器、蚌壳、小卵石以及人骨残片和零星马骨等。

H101：坑口已遭到破坏，平面近椭圆形，坑底不平，呈斜坡状，坑壁较平齐。口径0.85～0.90、残深0.27～0.36米。坑内只见2件细砂黄褐素面陶片，器形不明，另见少许人肢骨及1个残马下颌骨和一些马臼齿等。

H102：平面呈椭圆形，坑边四周渐向底部斜收，底小且平坦。口径0.90～1.35、深0.55、底径0.40米。坑中出3件细砂黄褐素面陶片和2件红衣陶片，器形难以辨认。还有零星人肢骨及一些残蚌壳。

H103：坑口平面为椭圆形，口大底小，一侧坑边往底部敛收成斜坡状，底较平坦。口径1.05～1.35、深0.30、底径0.70～0.80米。出土物较多，均已残缺，计有骨管2件（已被火烧成黑色）、压制石片3件、骨匕1件、蚌料5件（有切割痕迹）、细砂黄褐素面陶片2件和2块小卵石，另见少量人的残肢骨，有的也被烧成黑色。

发现的3座灰坑虽然形制简单，包含物又甚少，无完整器物，但从它们同墓葬交错在一起，所出陶片的质地、素面纹饰和红衣彩绘均同于墓葬内随葬的某些陶器来看，这几座灰坑在时间上应与墓地相当，并与墓葬有着一定的关系。

贰　战斗墓地

一　地理环境及墓地范围、布局

（一）地理环境

战斗村隶属泰来县平洋镇，西北距镇约 3.5 公里，东连后太平屯，西南接西岗岗屯，南濒呼尔达河。这里也为嫩江右岸的低丘岗地，东临嫩江仅 18 公里。战斗墓地坐落在村北约 2 公里的土岗上，岗丘呈南北走向，其东面较平缓，已辟为农田，西坡较陡，相对高度 8~10 米左右。坡顶平坦，早已荒芜。西坡下有一土路，南通战斗村，北抵平洋镇。墓地往西北约 3.5 公里与砖厂墓地相望。

（二）墓地范围与布局

所揭露的墓葬均位于沙岗的顶端，且分布比较集中。在其北面 40 余米长的探沟中未发现墓葬；其东、南两边经过较为密集的钻探，亦未发现任何遗迹现象；其西部原为缓坡，已被破坏殆尽，据苗圃农工和当地农民介绍，在挖土取沙的过程中，曾发现过不少墓葬，另外我们在调查时，亦于此采集到残碎的人骨等。从上述情况推断，其西坡亦在墓地范围之内，而这次所发掘的 21 座墓葬仅为原墓地之东半部，M220 为其南界；M202 和 M218 为其北界；M205 和 M206 为其东缘，亦是整个墓地之东界（图七二）。

所有墓葬均为西北—东南向，横向排列。值得注意的是，在 21 座墓葬中，竟有 11 座"空墓"，且其形状多不规整。这些"空墓"很可能是迁葬所造成的，而这种迁葬又可能是在不同的墓地之间进行的，因为在战斗墓地中并未见到二次葬的现象。

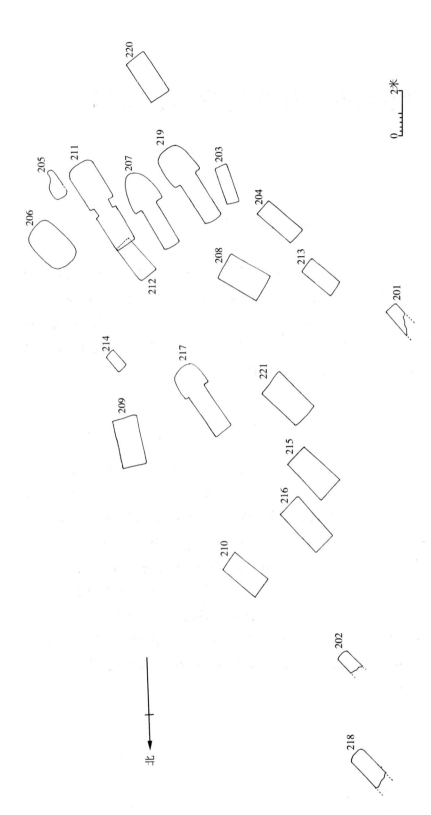

图七二　战斗墓地墓葬分布图

二 埋葬习俗

（一）形 制

战斗墓地位于土岗的顶端和西坡上，因水土流失和县林场历年取沙改土，致使部分现存墓葬受到不同程度的破坏。从墓底至现在地表的深度，以 0.20～1.30 米的居多，M214 最浅，仅 0.06 米，最深的是 M209，可达 1.44 米。

该墓地的墓葬全部是土坑竖穴墓。方向不超出 300°～350°，其中 300°～330°的就有 19 座。

墓葬形制基本上同于砖厂墓地，以长方形土坑竖穴墓为主，兼有带斜坡墓道的凸字形墓。不过，这里不见带二层台的墓，出现了砖厂墓地没有的双室墓。

下面分类予以介绍。

1. 长方形土坑竖穴墓

17 座。墓圹四壁较为平直，口底约略相等。平面为圆角长方形或接近梯形，一般长 0.90～2.40、宽 0.42～1.30 米左右。墓圹规模随葬人多少而异，如 M214 葬 1 个婴儿，故墓室极为狭小，长 0.90、宽 0.42 米；大者如 M209，长 2.40、宽 1.28 米。M205 形制比较特殊，平面呈"『"形，墓内葬 6 个月婴儿和 6～7 岁小孩各 1 人，突出部分显然是为了安放大一点的孩子而临时扩展的，故不能视为一种固定的墓葬形制。

2. 凸字形土坑竖穴墓

3 座（M207、217、219）。结构同砖厂墓地发现的完全一样，由墓室和墓道两部分组成，斜坡墓道位于墓室的南部。墓室为长方形。墓道有两种，一种是方形，如 M217 和 219；另一种是圆铲形，如 M207。有的墓道内放置殉牲。

3. 双室土坑竖穴墓

1 座。M211，前后室平面均为长方形，前室大于后室，墓底在同一平面上，中间有甬道相通。前室摆放随葬品和殉牲。

（二）葬　具

没有发现棺类葬具。但是，在 M206、210 和 215 等 3 座墓的北壁都发现了竖立的

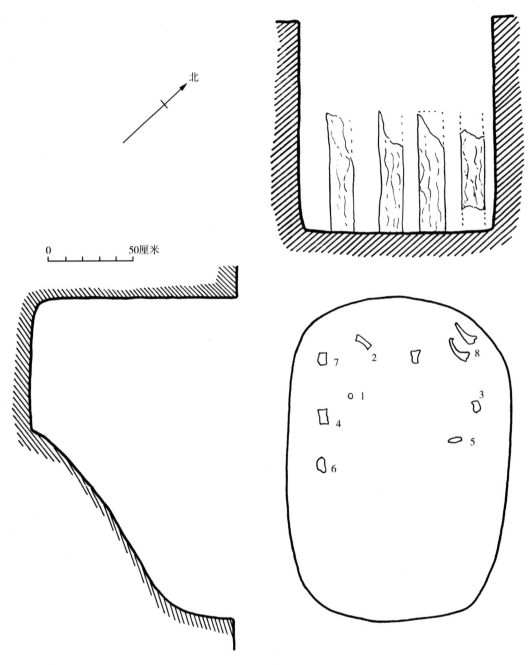

图七三　上：M206 北壁结构示意图　下左：M206 剖面结构示意图　下右：M206 平面图
1.铜泡　2~7.陶壶口沿　8.狗下颌骨

木柱或木板，它们的排列方式一致，结构相同。不知是否与葬具有关。

如 M206（图七三），北壁自东而西贴墓圹立 4 块木板于墓底，第 5 块转入西壁。木板规格相似，高约 0.35、宽约 0.07 米，间距 0.05～0.12 米。M210，北壁并列 8 根木柱，柱高与墓口平齐，每根长 1.32、直径 0.12 米。竖立方法与 M206 相同。

（三）葬　式

在 21 座墓中，有 11 座"空墓"，判明葬式的只有 10 座。既有单人葬，也有合葬，能够辨明葬式的均为一次葬。人骨摆放姿势皆仰身直肢，头向西北，两臂贴放身体侧旁，双腿并拢。下面分单人墓和合葬墓两类举例介绍。

1. 单人墓

6 座（M201、202、203、209、214、217）。墓主有成年男女，也有小孩。尸骨多半保存完好。

M203（图七四；图版一四，1），长方形土坑竖穴墓，长 1.68、宽 0.63、深 0.25米。方向 345°。墓主人是 12～13 岁的女孩（?），仰身直肢，头向西北，面向东。随葬品有陶壶、铜泡、铜耳环等 5 件。两膝间有 1 块小石子。

M214（图七五；图版一四，2），长方形土坑竖穴墓，长 0.90、宽 0.42、深 0.06米。方向 312°。墓主是 1 岁左右的小孩，仰身直肢，头向西北，面向南。随葬品有陶壶、铜泡、铜耳环等 7 件。两耳侧旁各有 1 对铜耳环。

M217（图七六；图版一五），凸字形土坑竖穴墓，墓室长 2.10、宽 0.87，墓道长1.16、宽 1.27、深 0.45 米。方向 305°。墓主是 35 岁左右的女性，仰身直肢，头向西北，面向东，双腿稍分开。随葬品有陶壶、陶碗、陶三足器、铜泡、石珠等 6 件。

2. 合葬墓

5 座。均为一次葬。每墓合葬人数以两人的居多，共 4 座；只有 M211 葬 5 人。据同穴内入葬者性别年龄构成可分三种情形：

（1）儿童合葬墓，1 座。

M205（图七七；图版一六，2），土坑竖穴墓，平面呈"凸"形，长 1.25、宽0.20～0.70、深 0.21 米。方向 327°。墓内并排葬 2 人，皆仰身直肢，头向西北，面向南。年龄为：（1）6～7 岁的小孩，（2）6 个月内的婴儿。随葬品有陶壶、陶碗、铜泡、铜耳环、珠饰等 14 件。（2）头骨右侧和左侧各有 1 块较大的天然砾石。

（2）成年女性与小孩合葬墓，2座。

M204（图七八；图版一六，1），长方形土坑竖穴墓，长2.01、宽0.80、深0.32米。方向320°。墓内并排葬2人，均仰身直肢，头向西北，面向上。性别年龄为：（1）35±♀，位于墓室西侧，（2）6～12月婴儿，置于（1）左腿外侧。应是母子合葬

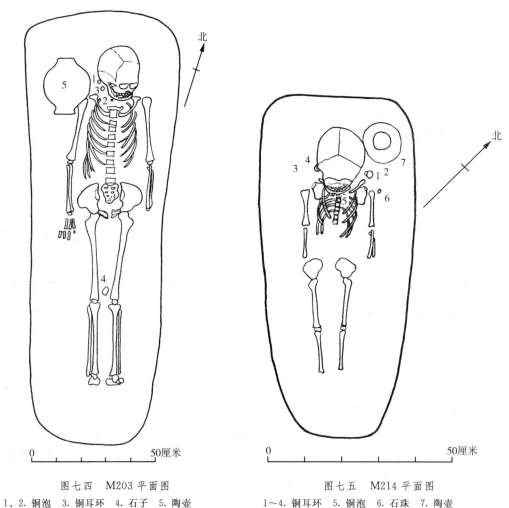

图七四　M203平面图
1、2.铜泡　3.铜耳环　4.石子　5.陶壶

图七五　M214平面图
1～4.铜耳环　5.铜泡　6.石珠　7.陶壶

墓。随葬品有陶壶、陶盅、陶三足器、陶支座、铜泡、铜铃、铜勺、铜耳环、铜管饰、珠饰等26件。

M207（图七九；图版一七），凸字形土坑竖穴墓，墓室长2.18、宽0.80、墓道长1.85、宽1.31米，深0.62米。方向330°。墓内并排葬2人，皆仰身直肢，头向西北。性别年龄为：（1）30～35♀，面向东，（2）婴儿，置于（1）左侧。亦为母子合葬墓。随葬品有陶壶、陶三足器、陶支座、铜泡、铜铃、铜管饰、珠饰、海贝等35件。墓道北面的填土中放1个狗头，头向朝南。

（3）成年男女合葬墓，2座。

M219（图八〇；图版一八），凸字形土坑竖穴墓，墓室长2.18、宽1.00、墓道长1.66、宽1.50米，深0.50米。方向328°。墓内并排葬2人，皆仰身直肢，头向西北。性别年龄为：（1）30～35♂，面向上，（2）40±♀，面向（1）。二者在墓室内的位置是男右女左。应为夫妻合葬。随葬品有陶壶、陶碗、三足器、支座、铜泡、铜铃、铜带钩、铜管饰、铜镞、骨镞、骨弭、珠饰、海贝等98件。陶三足器和支座是明器，分别置于两位墓主的腹部。铜带钩出在（1）的腹部。

M211（图八一；图版一九），双室土坑竖穴墓，前室长1.95、宽1.30，甬道长0.50、宽0.65米，后室长1.71、宽1.07、深0.80米。方向300°。墓内葬5人，其年龄性别为：（1）40±♂，（2）50～55♀，（3）婴儿，（4）性别不明的未成年，（5）45±♂。（1）位于后室墓底中心线以西，仰身直肢，头向西北，面向上，双腿分开。（2）位于（1）的西面并叠压在（1）身体的右侧，侧身直肢葬，头向西北，面向（1），双足相迭。（3）在（1）东面，骨架不

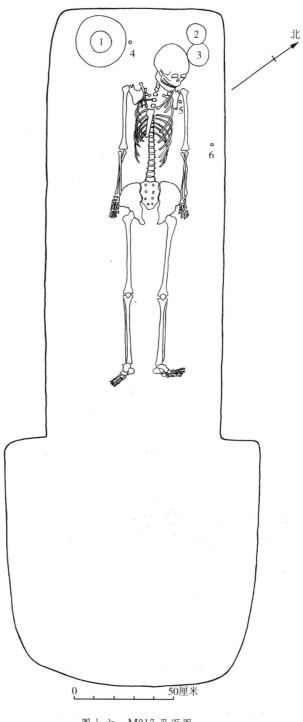

北

图七六　M217平面图

1. 陶壶　2. 陶三足器　3. 陶碗　4、5. 铜泡　6. 石珠

0　　　　　　　50厘米

129

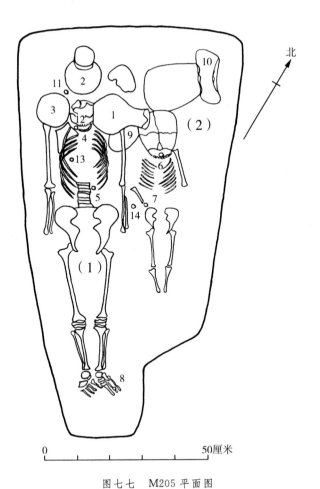

图七七　M205 平面图

1、2. 陶壶　3. 陶碗　4～6、13、14. 铜泡　7、8、12. 石珠　9、10. 砺石　11. 铜耳环

完整，但可看出是仰身直肢，头向西北。（4）、（5）仅有头骨。（4）头骨放在（1）左股外侧，（5）头骨摆在后室和甬道交接处的东壁下面。（1）和（2）当为夫妻，（3）是他们的子女。（4）、（5）应为殉人。随葬品有陶壶、陶碗、陶三足器、铜泡、铜耳环、铜铃、铜匙、铜管饰、铜镞、石镞、骨镞、骨弭、骨锥、珠饰等53件。2个狗头端放在前室南部和中部，前者头向东，后者头向南，二者在南北一条直线上。

（四）随葬品种类和数量

在21座墓中，发现随葬品的有12座（M201、218被破坏，M206、210、212经早期扰动，故随葬品原来的种类和数量不详），另有9座空无一物。

随葬陶器的有10座（M201、203、204、205、206、207、211、214、217、219），主要是盛容器一类的壶、罐、钵（碗）、盅，以及作为明器的小三足器和支座等，以壶

130

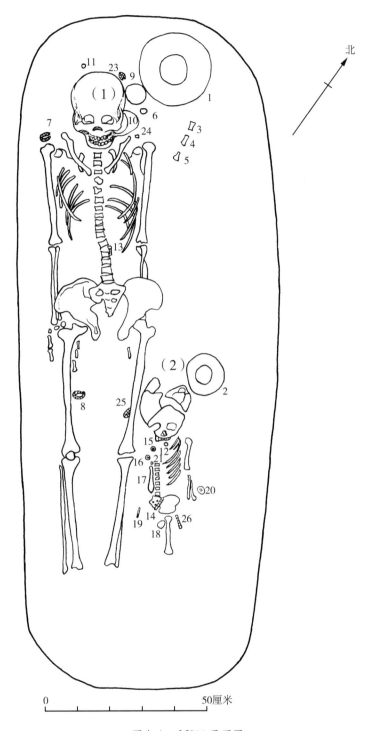

图七八　M204 平面图

1、2. 陶壶　3～6. 陶支座　7、8、23、25. 海贝　9. 陶三足器　10. 陶盅　11、12、21. 铜泡
13、14、22（在成人骨架下）、26. 铜管饰　15、16. 石珠　17. 铜匙　18. 铜铃　19. 铜耳环
20. 鸭形石筛　24. 绿松石珠

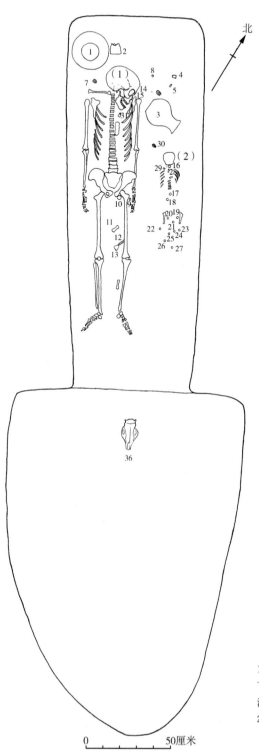

图七九　M207 平面图

1、3. 陶壶　2. 陶三足器　4、32～35（皆在成人骨架下）. 石珠　5. 石珠　6、7、30. 海贝　8、9、15～27. 铜泡　10、14. 铜耳环　11. 陶支座　12. 铜管饰　13. 铜铃　28、29. 骨珠　31. 穿孔骨饰　36. 狗头

0　　　　　　　50厘米

图八〇　M219平面图

1、2.陶壶　3.陶碗　4、7、9、62、70、88（在①人骨下）、89（在①人骨下）.石珠　5、6、8、67.玛瑙珠　10、12～14、18、19、22、23、25～31、39～41、49～51（皆在①人骨下）、52～56、61、72、79～82、90～92（皆在①人骨下）、96、98.铜泡　11.骨弭　15、20、58、75.铜铃　16、17、32～35、57、59、60、69、74、77、78、83、84、87（在①人骨下）、97.铜管饰　21.铜带钩　24.绿松石珠　36、71、85.铜镞　37、38.海贝　42、86、93～95.骨镞　43、63.陶三足器　44～47（皆在①人骨下）、64～66.陶支座　48（在①人骨下）、76.铜条　68.铜耳环　73.铜叶形饰

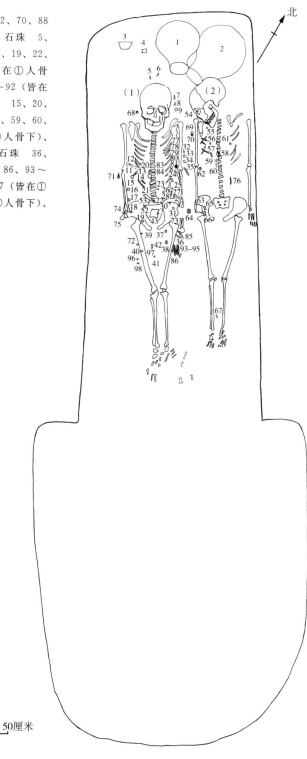

0 _____ 50厘米

133

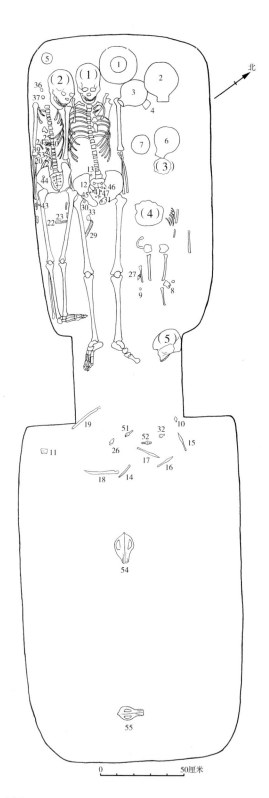

图八一　M211平面图

1～3、6.陶壶　4、5.陶三足器　7.陶碗　8.穿孔石器　9、13.石珠　10.石镞　11.蚌刀　12.砺石　14.骨锥　15～17.骨镞　18、19.骨弭　20.蚌饰　21.绿松石珠　22～25、53.铜箍　26、27.铜镞　28.铜匙　29、39、40、49～50（皆在①人骨下）.铜管饰　30、31、41～47.铜泡　32、33.铜铃　34～35（皆在②左耳旁）、36、37、38（在①左耳旁）、48（在①右耳旁）.铜耳环　51、52.铜饰针　54、55.狗头

类为主。总共 46 件陶器，其中壶 21 件，支座 13 件。每墓至少随葬 1 件陶壶。

生产工具（兵器）和生活用具共出的有 5 座墓（M201、204、210、211、219），工具包括铜镞、铜锥、铜匙、石镞、骨镞、骨弭和骨锥，骨镞的数量较多。

以铜、石、玛瑙、绿松石、骨、蚌等为质料的各种装饰品遍布 11 座墓，约占全部随葬品的 70% 左右，其中铜质的达 140 件。装饰品种类有铜耳环、铜铃、铜泡、铜管饰、铜带钩、铜带饰、石管、石珠、玛瑙管、绿松石珠、骨管、骨珠等。装饰品大多系镶缀头饰及服饰之用。服饰的华丽程度也许从一个侧面反映出墓主人生前的经济状况和社会地位。

从随葬的生产工具（兵器）和生活用具在墓中的摆放位置可以看出，在生产活动中已经有了性别上的自然分工。以 M219 男女合葬墓为例，铜镞、石镞、骨镞和骨弭，完全陈放于男子的两臂和双腿附近，而铜锥则置于女子的腰部。

随葬品的数量多寡和质量优劣，除 M219 外，各墓差别不太突出。如 M204 和 207 同为母子合葬墓，前者有随葬品 26 件，后者是 35 件，人均分别为 13 件和 17.5 件。又如属于儿童墓的 M203、205、214，人均随葬品各为 5 件和 7 件。

两座成年男女合葬墓随葬品的数量差别比较大。M211 的 3 个一次葬者当为夫妻及其子女，随葬品 53 件，人均 17.7 件。M219 两位墓主应为夫妻，随葬品相当丰富，总数达 98 件，人均 49 件，远远超出一般墓葬。唯一的 1 件铜带钩即出在 M219 男性腹部。这种情况可能是家庭之间富裕程度不同的一种反映。从 M211 和 219 两座墓中还可看出男性的随葬品多于女性。

6 座墓（M206、207、210、211、213、219）有殉牲，其种类只有狗一种。殉牲方式是割取狗头。

在 5 座墓内有石块（M203、204、205、210、211），其中既有形体较大的天然砾石，也有小石子。

（五） 随葬品陈放位置

陶器，特别是容器类主要陈放在墓主头部顶端及左右两侧。只有 M219 两具人架盆骨上面的小三足器和几件支座属于明器。

头部附近还散布少量装饰品。如 M219，（1）头骨周围有 3 枚玛瑙珠、1 枚骨管、1 枚骨珠和 1 件铜耳环，1 枚铜泡位于左眼眶下方的面骨上；（2）头骨周围有 1 枚铜管饰、1 枚料珠、2 枚铜泡，其中 1 枚铜泡落在左眼眶内。这些饰件可能是头饰或覆面饰件。

装饰品和生产工具（兵器）及生活用具大部分放在人骨上体附近。铜镞、骨镞、骨弭基本上置放在手臂和腿部侧旁，铜锥放在腰部。铜铃分布在腰部和腿部，有的和铜管饰等相联，说明它是串联在服装上的装饰品。铜带钩发现于腹部。

殉牲的陈放位置虽曾见于墓室底部及其填土之中，但多数却端放于墓遭上方的填土内。殉牲的头向或南或东。

石块的陈放位置不一致。如 M203，墓主两膝间放 1 枚小石子，M204 小孩右臂外侧有 1 枚小石子，M205②头骨两侧各有 1 块形状不规则的大砾石。以上三墓墓主均为小孩。M211 成年男性的下腹部放 1 枚石子。

三　随葬器物

战斗墓地出土随葬器物较多，计263件。除去M202、208、209、213、215、216、218、220和221等9座墓未见随葬品外，其余墓葬均有不等数量的随葬品出土。一般仅有1~4件，较多的有26~35件，M211和219两座墓多达53件和98件，占随葬品总数的一半以上。

随葬品按质地不同，可分为陶器、铜器、骨器、石器、蚌器和海贝等多种。其中生产工具很少，多为生活用具和装饰品。

陶器皆为生活用具，占随葬品数量的17.49%。除部分为实用器外，还有专门用于随葬的明器。陶质较单一，皆为细砂黄褐陶。均属手制，大型容器仍采用泥片盘塑的制作工艺技术，明器则用手捏制而成。器形仅有壶、碗、盅、小三足器和支座等，后三者形体很小，属明器。壶、碗的器表较流行施红衣彩绘，素面也常见。

铜器出土数量最多，占随葬品总数的57.04%。全为合范铸成，多属小型器物。生产工具只有镞一种，其余为生活用品和装饰品，器形有饰针、带钩、匙、耳环、圆泡、铃和管饰等。

骨器、石器、蚌器数量不多。骨器仅见镞、弭、锥等生产工具。石器中镞仍压制作成，装饰品皆为磨制，器形有珠、管、环之分。蚌器只有个别磨制的刀。海贝仍有少量出土，是同外地交换而来的。还发现一些动物骨骼。

现按质地不同分别叙述如下。

（一）陶　器

共出土陶器46件（包括采集1件）。各墓随葬陶器（支座除外）的数量有所不同，多的7件，如M211；少则1件，如M203，一般在3~4件左右。总的说差别不大。

随葬陶器的位置，除M219的2件小三足器和几个支座放在死者的腰部外，其余均置于死者头部的上方或两侧。另外，在成年人与小孩的合葬墓中，可以清楚地见到分别置放陶器的情形，且在同类器中，属于成年人的均比小孩的要大。而在成年人合葬墓中却不见这种现象。

这批陶器主要有如下特点:

第一,全部随葬陶器均为细砂黄褐陶,其胎质比较厚重。部分器物外表的颜色不太纯正,往往灰、黄相间,这可能是因为烧造时氧化不充分所致。

第二,所有随葬陶器均为手制,其中较小的器物系一次捏制而成,较大的器物则采用泥片盘塑与套接法制作。

第三,陶器的种类较少,只有壶、碗、小三足器、盅和支座等几种。其中壶的数量约占全部容器的2/3左右。平底器最多,且多为小平底。三足器只有小明器一种,不见鬲。另外,器物上的附加物亦极少,没有发现器耳。

随葬陶器的组合比较简单,有下述三种形式:

壶、小三足器,如 M207;

壶、碗,如 M205;

壶、小三足器、碗(或盅),如 M204、211、217 和 219。

其中以壶、小三足器和碗共存的现象最多,应是当时随葬陶器组合的基本形式。

第四,大多数器物的外表施有红衣彩绘。其他纹饰较少见,个别壶的腹部饰有由戳印小圆圈组成的倒三角纹;有的小三足器的口沿饰有锯齿状附加堆纹;不见绳纹和篦点纹。

下面按陶器类型分别进行介绍。

1. 陶 壶

21件(其中包括 M206 出土的6件口沿,只统计编号,不分型编式),出于9座墓葬中。各墓出土的数量不一,多的4~6件,少则1件,出土2件的占多数。

(1)直颈壶 9件。可分为三式。

I 式:1件。溜肩,鼓腹。M205:2(图八二,3;图版三二,1),通高14、口径6.3、腹径10.8、底径3.9厘米。尖圆唇外侈,腹部饰有用戳印小圆圈组成的不规则倒三角形。

II 式:2件。鼓肩,腹下收较急。M219:2(图八二,4;图版三二,2),通高28、口径10.8、腹径24.8、底径7.2厘米。尖唇外侈,外表及口沿内缘施红衣彩绘。

III 式:6件。鼓肩,球腹。M207:1(图八二,5;图版三二,3),通高25、口径9.2、腹径21.9、底径7厘米。尖圆唇外侈,外表及口沿内缘施红衣彩绘。M219:1(图九二),通高26.8、口径9.8、腹径23.6、底径5.2厘米。尖圆唇外侈,外表及口沿内缘施红衣彩绘。

(2)束颈壶 2件。可分为二式。

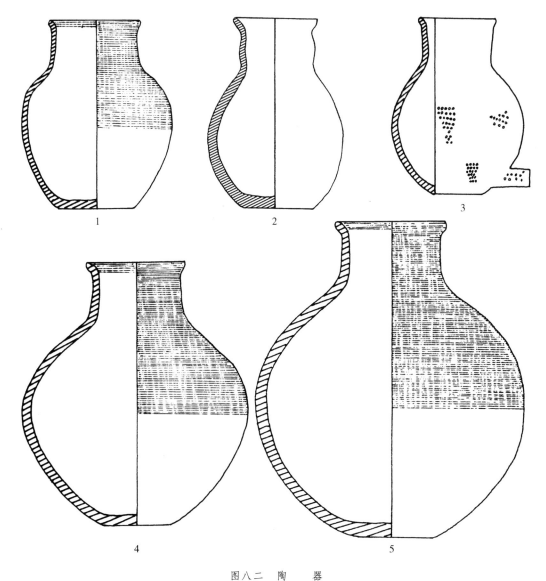

图八二 陶 器

1. 粗颈壶（204：2）　2. 曲颈壶（214：7）　3.Ⅰ式直颈壶（205：2）

4.Ⅱ式直颈壶（219：2）　5.Ⅲ式直颈壶（207：1）　（1~3、5 为 1/3，4 为 1/4）

　　Ⅰ式：1件。溜肩。M205：1（图八三，3；图版三二，4），通高 16、口径 6.5、腹径 11.7、底径 5.7 厘米。侈口，圆唇，素面。

　　Ⅱ式：1件。鼓肩。M203：5（图八三，1；图版三三，1），通高 21.6、口径 9.6、腹径 17.4、底径 6.9 厘米。侈口，圆唇，腹部呈椭圆形，外表及口沿内缘施红衣彩绘。

　　（3）矮颈壶　1件。M204：1（图八三，4；图版三三，2），通高 22.8、口径 7.8、

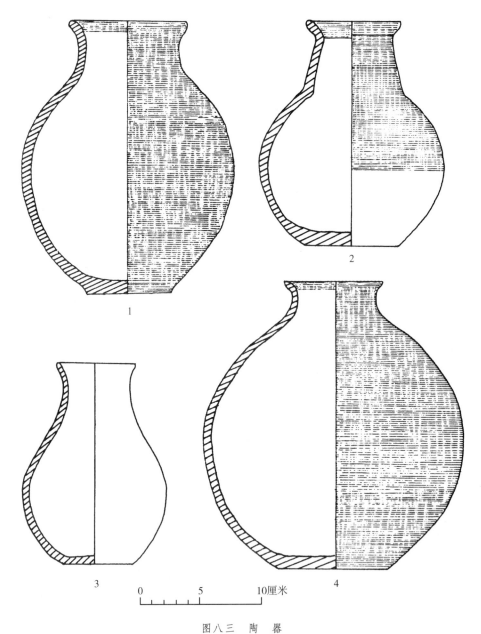

图八三　陶　器

1. Ⅱ式束颈壶（203∶5）　2. 折口壶（207∶3）　3. Ⅰ式束颈壶（205∶1）　4. 矮颈壶（204∶1）

腹径21、底径8.7厘米。侈口，尖唇，球腹，底略内凹，外表及口沿内缘施红衣彩绘。

（4）粗颈壶　1件。M204∶2（图八二，1；图版三三，3），通高15、口径7.5、腹径12.3、底径6厘米。方唇外侈，肩部突出，外表及口沿内缘施红衣彩绘。

（5）曲颈壶　1件。M214∶7（图八二，2，图版三三，4），通高15、口径6.9、腹径11、底径5.4厘米。侈口，方唇，形体较瘦长，素面。

（6）折口壶1件。M207∶3（图八三，2；图版三一，1），通高18、口径7.8、腹

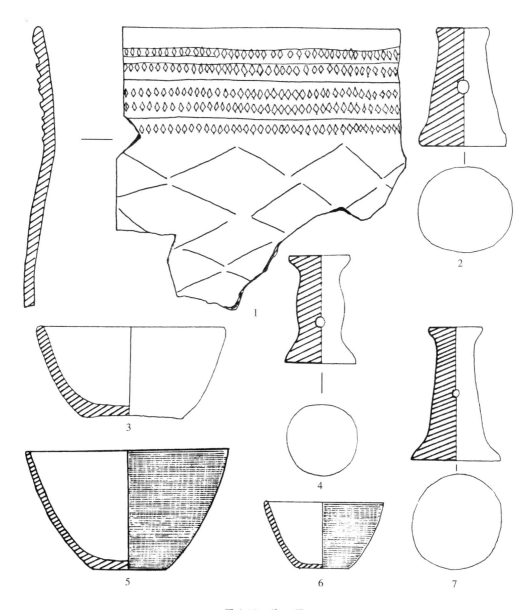

图八四 陶 器

1. 齿状堆纹陶片（采：201） 2、7. A型支座（207：11、219：44） 3. C型碗（211：7） 4. B型支座
（204：5） 5. A型碗（217：3） 6. B型碗（205：3） （3、5为1/2，6为1/3，余皆原大）

径15、底径7.5厘米。口外折，圆唇，颈较长，上细下粗，底略内凹，外表及口沿内缘施红衣彩绘。

2. 陶 碗

4件，出于4座墓葬中。均为敞口，其胎壁斜直。据腹之深浅，分为三型。

A型 1件。深腹。M217：3（图八四，5；图版三四，4），高6.4、口径11、底径

4 厘米。方唇，外表施红衣彩绘。

B 型　2 件。腹较深。M205：3（图八四，6；图版三四，3），高 5.3、口径 9.5、底径 4.2 厘米。尖唇，外表施红衣彩绘。

C 型　1 件。浅腹。M211：7（图八四，3；图版三四，2），高 4.8、口径 10.3、底径 5 厘米。圆唇，素面。

3. 陶　盅

1 件。M204：10（图八五，5；图版三四，1），通高 4.8、口径 6.9、底径 3 厘米。其烧造火候较低，胎质疏松，器壁较厚。口外敞，圆唇，腹下收较缓，底略外凸，素面。

4. 小三足器

7 件，出于 5 座墓葬中。分为两型。

A 型　3 件。鼓腹，下收较缓，口与腹分段明显，形体较扁略呈长方形。可分为两式。

Ⅰ式：2 件。圜底较平，足呈圆柱状。M211：4（图八五，3；图版三五，3），通高 5.15、口径 6.5、足高 0.75 厘米。折口，方唇。外表施红衣彩绘，其颜色较浅，涂抹即掉，似烧后彩绘，下同。

Ⅱ式：1 件。圜底较鼓，足呈圆锥状。M204：9（图八五，1），通高 4.2、口径 5.7、足高 0.7 厘米。口略外折，方唇，足外撇，素面。

B 型　4 件。腹微鼓，下收较急，口与腹分段不明显，形体较高略呈方形。亦可分为两式。

Ⅰ式：1 件。圜底较平，足呈圆柱状。M217：2（图八五，2；图版三五，4），通高 7.8、口径 9.6、足高 1.2 厘米。口略外侈，尖唇，外表施红衣彩绘。

Ⅱ式：3 件。圜底较鼓，足呈圆锥状。M207：2（图八五，6；图版三五，1），通高 5.15、口径 6.6、足高 0.8 厘米。口略外侈，方唇，外表施红衣彩绘。M219：63（图八五，4；图版三五，2），通高 5.3、口径 6.2、足高 0.7 厘米。直口，方唇，口沿下有一周锯齿状附加堆纹，外表施红衣彩绘。

5. 陶支座

13 件，出于 4 座墓葬中。分为两型。

A 型　9 件。直壁，正视呈梯形。M219：44（图八四，7），高 3.55、顶径 1.5、底径 2.5 厘米。M207：11（图八四，2），高 3.1、顶径 1.45、底径 2.6 厘米。

B 型　4 件。曲壁，正视呈亚字形。M204：5（图八四，4），高 2.9、顶径 1.6、底

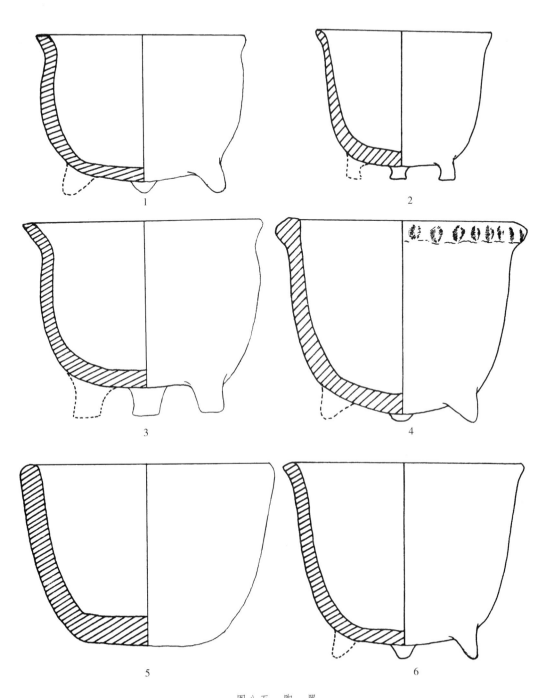

图八五 陶 器

1.AⅡ式小三足器（204：9） 2.BⅠ式小三足器（217：2） 3.AⅠ式小三足器（211：4） 4、6.BⅡ式小三
足器（219：63、207：2） 5.盅（204：10） （2为1/2、余皆原大）

径 1.9 厘米。

上述陶支座，特别是 A 型陶支座的形状，与松嫩平原的汉书二期文化的陶支座基本一致。在汉书二期文化的遗址中，其陶支座往往与陶鬲共出，在战斗村墓地中，其陶支座亦与小三足器共出。由此可见，这种陶支座主要是与三足器配套使用的。

除墓葬中出土的陶器外，还于墓地采集到陶瓮残片 1 件。

标本采：201（图八四，1；图版三六，2），泥质黄褐陶，内夹蚌末。手制。直颈，口略外敞，尖圆唇，腹略外鼓。其纹饰较为复杂，颈部为五道锯齿状堆纹和三道尖状凸条相间，肩及上腹系以凸条构成菱形几何图案。其风格与墓葬中出土的陶器迥然不同，年代比较早。

（二）铜　器

墓地出土的随葬品中，铜器数量最多，计 150 件。分别出自 12 座墓中，各墓出土数量不一。1～6 件的有 6 座，10～19 件的 2 座，M211 和 219 两座墓分别多至 32 件和 66 件。铜器形体一般较小，除个别生产工具外，多为生活用品和装饰品，仍不见容器和较大型的生产工具。器形主要有镞、饰针、匙、带钩、铃、耳环、圆泡和管饰等数种。其中圆泡饰数量很多，管饰、耳环和铃次之，余者所见较少。皆为合范铸造制成。经化学分析鉴定表明，战斗墓地的铜器虽仍为铅锡青铜，但已属于高锡低铜类（见第77 页表四），元素成分比例较砖厂墓地有一定改进。随葬的铜器也当为本地自行冶铸生产的。

1. 镞

5 件。M211 和 219 各出 2 件和 3 件。分为双翼和三翼。

双翼镞　2 件。分两型。

A 型　1 件。M219：36（图八六，4；图版五九，4），双翼较窄长，近扁平叶形，翼体略弧，柱状实脊，后锋宽短，短铤同实脊相连。通长 5.2、翼宽 1.1、铤长 0.9 厘米。

B 型　1 件。M211：26（图八六，3；图版五九，3），前锋尖利，圆脊，脊两侧各有一条浅沟槽，双翼宽展斜出，燕尾状后锋，圆銎铤，上有一小孔。通长 4.1、翼宽 1.5、銎铤长 1.4 厘米。

三翼镞　3 件。分两型。

A 型　2 件。M211：27（图八六，2；图版五九，2），镞身较短窄，前锋锐利，三翼平直，后锋短收，剖面三棱形，銎铤，上有两个小孔。通长 3.5 厘米。M219：71

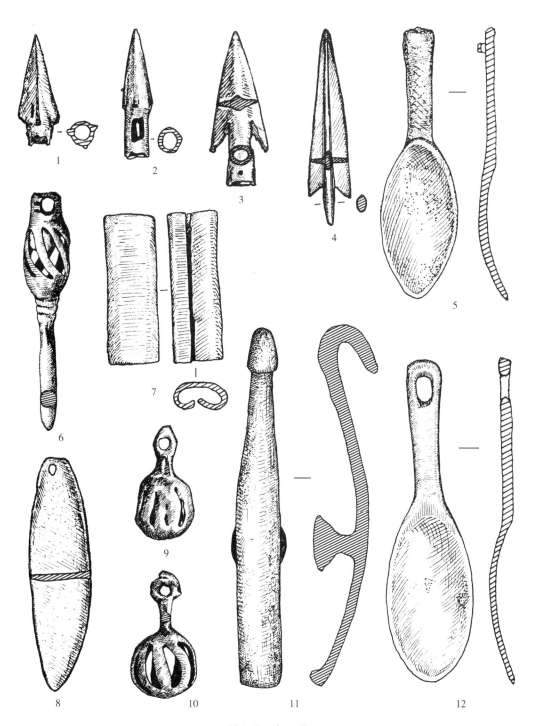

图八六 铜器

1、2.A型三翼镞（219：71、211：27） 3.B型双翼镞（211：26） 4.A型双翼镞（219：36） 5.B型匕
（211：28） 6. 饰针（211：52） 7. 箍形饰（211：25） 8. 叶形饰（219：73） 9、10.B型铃（211：32、
219：75） 11. 带钩（219：21） 12.A型匕（204：17） （皆原大）

（图八六，1；图版五九，1），器体短小，三翼近平直，短后锋弧收，銎铤，一翼近镞身处有一小孔，长2.9厘米。

B型　1件。M219：85，近叶形，前锋圆尖，三翼稍平齐，带有沟槽，近尾部各有一小孔，无铤，镞尾呈圆弧状，有銎孔，长3.1厘米。

2. 铃

8件。M204和M207各出1件，M211和219分别出2件和4件。分为两型。

A型　1件。M207：13，近帽盔形，椭圆形铃底且不平，上端有一小环钮，铃身前后各有一小方孔，上部饰几道凸弦纹，无铃舌。高2.9、下端宽1.8厘米。出土时，其上连接1件凸弦纹铜管饰（M207：12），皆置于墓主30～35岁女性左股骨内侧。

B型　7件。呈圆球形，通体镂空，上部有一环钮。M219：75（图八六，10；图版五八，16），无铃舌，高3.4、直径1.8厘米。出土时与铜管饰（M219：74）相连在一起，且同M219：15、20的2件铜铃一起放置在墓主30～35岁男性的上身部。另1件M219：58也连接2件铜管饰（M219：59、60），皆放在墓主约40岁女性的胸部。M211：32（图八六，9；图版五八，11），因受挤压已变形，内含一石子，高3厘米。

3. 铜饰针

2件。出自M211一座墓中。上部呈椭圆铃形，镂空，内含一石子，其上有一短圆管，饰弦纹，两侧各有一孔，下端为一圆柱状锥体，较细长，中段稍内束，饰有凸弦纹，尖部因使用已变得光滑圆钝。M211：52（图八六，6；图版五九，5），通长6.3、铃径1.3厘米。

4. 带　钩

1件。M219：21（图八六，11；图版五九，6），近似琵琶形，器身较窄长，弧弯，正面圆鼓，背内凹，短钩首，尾部平齐，素面，背后中部有一圆钮座，留有残桦树皮。长9.5、宽1.1、钮径1.5厘米。出在墓主30～35岁男性的腰部。

5. 匙

2件。出自2座墓中。分两型。

A型　1件。M204：17（图八六，12；图版五九，8），匙身平面呈椭圆形，圜底；扁平长柄，近尾部稍宽，呈弧形，有一小圆孔，素面。通长8.5、匙身宽2.4、柄长3.6厘米。铜匙放置在一婴儿身部右侧。

B型　1件。M211：28（图八六，5；图版五九，9），椭圆形匙身，圜底，长方柄，尾端略宽，其顶部有一小凸棱，背面近尾处附一小鼻钮，匙柄正面饰有菱形格纹。通长 7.2、匙身宽 2.1、柄长 2.8 厘米。出于墓主 50～55 岁女性的右胸部。

6. 圆　泡

78 件。数量很多，占墓地出土铜器的一半多，分别见于 11 座墓葬。各墓出土数量不等，以出 1～3 件的为主，9 件和 15 件的各 1 座，M219 多达 37 件。泡面呈圆形，背面饰直钮居多，少量为桥状钮，全为素面泡，不见花纹。可分为三式。

Ⅰ式：44 件。泡面近呈锥状突起，背内凹，饰一铜条为直钮。直径 0.8～1.3 厘米。M205：14（图八七，1；图版六〇，1），形小，直钮伸出泡沿之外，直径 0.9 厘米。M211：41（图八七，4；图版六〇，2），锥状突起明显，直钮高度齐泡缘，直径 1.2 厘米。M207：9（图八七，3；图版六〇，3），背附一桥状钮，直径 1.3 厘米。

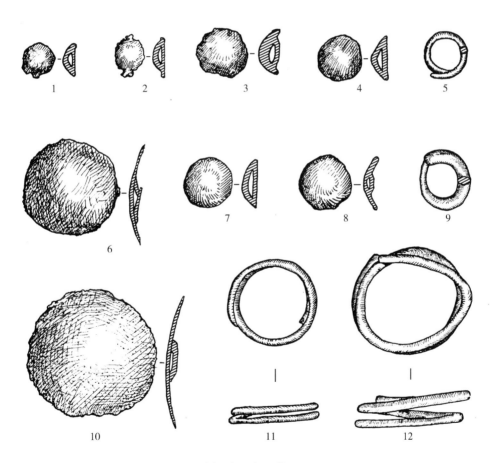

图八七　铜　器

1、3、4.Ⅰ式圆泡（205：14、207：9、211：41）　2、7、8.Ⅱ式圆泡（205：13、207：8、204：21）
5、9.B 型耳环（211：35、203：3）　6、10.Ⅲ式圆泡（211：31、210：1）　11、12.A 型耳环
（211：37、207：10）　　（皆原大）

147

Ⅱ式：30 件。正面隆起，近球状面，饰直钮为主，个别的附桥状钮。直径 0.8～1.4 厘米。M205：13（图八七，2；图版六〇，5），直钮伸出泡沿外，直径 0.8 厘米。M 207：8（图八七，7；图版六〇，6），直钮同泡沿齐平，直径 1.3 厘米。M204：21（图八七，8，图版六〇，7），桥状钮稍凸出泡缘之外，直径 1.4 厘米。

Ⅲ式：4 件。泡面较平，微鼓，形很大，背有一小桥状钮。M211：31（图八七，6；图版六〇，4），背面饰二铜片相搭成桥状钮，直径 2.5 厘米。M210：1（图八七，10；图版六〇，8），直径 3.4 厘米。

7. 耳环

16 件。出自 7 座墓中。分两型。

A 型　9 件。系用铜丝作成螺形，常发现于人头部的耳边，一端较粗，另一端细尖。环径一般为 2～3.1 厘米。M211：37（图八七，11；图版五八，13），环较圆，直径 2.3、丝径 0.2 厘米。M207：10（图八七，12；图版五八，18），形较大，直径 3.1、丝径 0.3 厘米。M219：68，一端扁平，一端圆尖，直径 2、丝径 0.18 厘米。

B 型ʻ　7 件。单环形。器体很小，开口式，一端较尖。M211：35（图八七，5；图版五八，12），形甚小，直径 1.2 厘米。M203：3（图八七，9；图版五八，17），较粗，直径 1.6、丝径 0.25 厘米。

8. 管　饰

30 件。出自 5 座墓葬，M219 一座墓多达 17 件。少量管饰常同铜铃连在一起出土。分三型。

A 型　12 件。联珠形，分两式。

Ⅰ式：4 件。呈双联珠状，由两个单珠相联而成。M204：22（图八八，1；图版六〇，13），两端稍内凹，长 2.3、直径 0.5 厘米。M201：2（图八八，2；图版六〇，10），两头平齐，长 1.5、直径 0.8 厘米。

Ⅱ式：8 件。由几个小圆珠联成。M204：26（图八八，4；图版六〇，15），用 9 个小珠联成，两端不平，长 3.5、直径 0.4 厘米。M219：35（图八八，5；图版六〇，16），由 6 个圆珠相联，中间有细铜条连接，两头平直，长 3.6、直径 0.6 厘米。又如 M219：97、83（图版六〇，12、14）。

B 型　6 件。圆管形，分两式。

Ⅰ式：2 件。素面，两头齐平。M211：39（图八八，6；图版六〇，11），长 2.9、直径 0.5 厘米。内含有残线绳。

Ⅱ式：4 件。饰弦纹。M207：12（图八八，7；图版六〇，17），器形较粗大，通身饰有凸弦纹，一头平齐，一头内凹，凹端有一个小圆孔和一长孔，管内含有 1 根细铁丝。长 6.2、直径 1 厘米。出土时管饰一头连着 1 件铜铃（M207：13）。M211：29（图八八，8；图版六〇，18），管身较长，饰满粗弦纹，一端平，一端凹进，长 7.7、直径 0.8 厘米。发现时，下端带 1 件铜铃（M211：33）。

C 型　12 件。近枣核形，两头小，中间鼓，一般长 0.9～1.4 厘米。M219：69（图八八，3；图版六〇，9），两头平齐，一头上套着 1 件钾长石环饰（M219：70），长 1.1、大径 0.7 厘米。M219：87，两头稍内凹，长 1.4、大径 0.7 厘米。

9. 箍形饰

5 件。仅 M211 一座墓出土。用薄铜片弯卷成扁管状，开口式，两头齐平，素面。长 3.3～3.9、宽 1.2～1.4 厘米。M211：25（图八六，7；图版五九，10），长 4、宽 1.4 厘米。

10. 叶形铜饰

1 件。M219：73（图八六，8；图版五九，7），近叶形，较扁平，上端窄平，中身稍宽，下端弧尖，顶部侧边有小孔，素面，背面残留木痕。长 6.2、宽 1.7、厚 0.2 厘米。

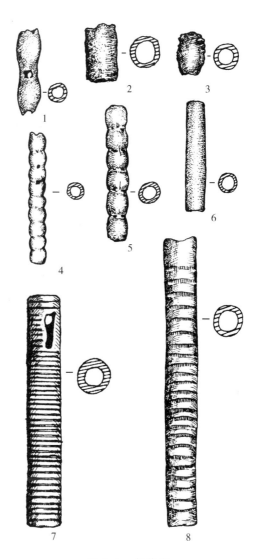

图八八　铜管饰
1、2. A I 式（204：22、201：2）　3. C 型（219：69）　4、5. A II 式（204：26、219：35）　6. B I 式（211：39）　7、8. B II 式（207：12、211：29）（皆原大）

11. 铜　条

2 件。残，近方柱形细条，残长 3.8 厘米。

（三）骨　器

只有 5 座墓葬发现了少量骨器，残整计 19 件。采用动物肢骨和肋骨磨成，个别的通体磨光。器形简单，仅见镞、弭、锥和装饰品几种。

1. 镞

10 件。分三型。

A 型　1 件。圆锥形镞。M219：93，残大半，仅存镞身，圆锥状，较钝，铤部不明，残长 3.4 厘米。

B 型　2 件。三棱镞。已残。只存镞身，三棱明显，前锋尖利，剖面呈三角形。M210：2（图八九，1），镞身短小，身铤之间分界不明显，残长 3.5 厘米。M219：42，镞身稍长，从残断处看，身铤的界限分明，残长 3.2 厘米。

C 型　7 件。菱形镞。镞身平面近柳叶形，剖面呈扁菱形，往下内束成铤，上部圆，下部扁平楔形，身与铤界限一般可区分开。M211：17（图八九，4；图版五六，22），锋尖略平，铤稍残，下部弯曲，残长 13 厘米。M211：15（图八九，3；图版五六，20），镞身扁平，后锋有切削痕迹，铤下部稍弯，一面留有凹槽，磨光，长 12.9 厘米。M219：86（图八九，5；图版五六，19），铤残，有中脊，楔铤面与镞身不在同一平面上，残长 9.4 厘米。M211：16（图版五六，21），镞身直，长 13 厘米。

2. 弭

5 件。均残，分两型。

A 型　4 件。器身弧弯，很长，正面稍隆起，背部平直，一端窄，另一宽端顶部呈圆弧状，此端内侧有一豁口。M211：18（图版五六，23）、19 两件一起出土在墓道北部，相互对称，似在一把弓的相应位置上，只是未发现木质弓身。M211：19（图八九，6；图版五六，24），窄端稍残，长 19.9、最宽处 1.5 厘米。

B 型　1 件。M219：11，大部残，宽端顶部平直，内侧有豁口，残长 5.4、最宽处 1.6 厘米。

3. 锥状器

1 件。M211：14，用鱼骨稍经磨制作成，锥尖略残，顶部留有关节面，长 7.9 厘米。

4. 装饰品

3 件。其中 2 件为圆管形。另 1 件 M207：31（图八九，2；图版五六，10），上小下大，上端有小孔，下端呈圆弧状，长 1.9 厘米。

（四）石　　器

出土石器 37 件，分别见于 9 座墓中。器形简单，仅有镞、穿孔石器、鸭形石器和装饰品等。

1. 镞

1 件。M211：10（图九〇，1；图版五一，5），玛瑙质，压制，近扁平叶形，前锋较钝，双面边刃，短后锋，往下内束成短铤，长 2.6 厘米。

2. 穿孔石器

1 件。M211：8（图九〇，5；图版五八，7），稍残，系在扁石块上对钻出一圆孔，残长 4.6、宽 4.7 厘米。

3. 装饰品

29 件。出自 7 座墓葬。石质有玛瑙、绿松石、辉石、钾长石和天河石等种。器形以管状为多，珠、环少见。全系磨制，有的外表光滑。

玛瑙管饰　4 件。呈橘红色，圆管形，两端平齐，中穿一直孔。大者如 M219：5（图九一，10；图版五六，17），长 1.6、直径 0.8 厘米。小者如 M219：67，长 0.9、直径 0.7 厘米。

绿松石饰　4 件。分两型。

A 型　3 件。圆管形。M219：24（图九一，11；图版五六，6），一头平，一头斜直，磨光，长 1.6、径 0.5～0.8 厘米。

B 型　1 件。M204：24（图九一，4；图版五六，12），扁方珠形，上下两边略弧，两端稍内凹，中有孔，长 1.1、宽 1.0 厘米。

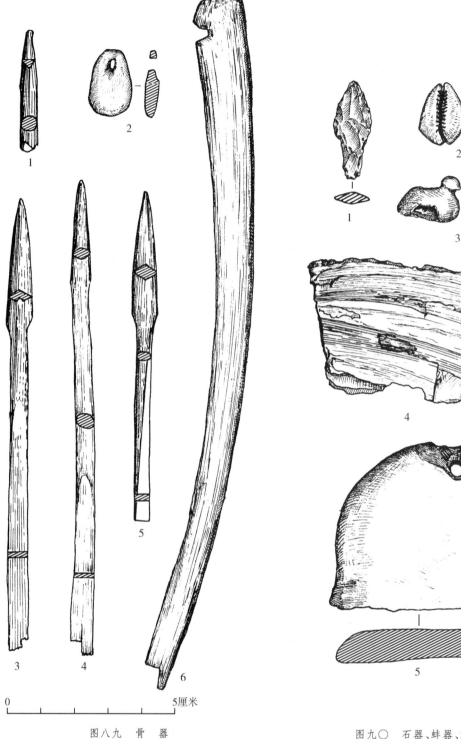

图八九　骨　器

1. B 型三棱镞（210：2）　2. 饰件（207：31）　3、4、
5. C 型菱形镞（211：15、17、219：86）　6. 弭（211：
19）

0　　　　　　　5厘米

图九〇　石器、蚌器、海贝

1. 石镞（211：10）　2. 海贝（204：8）　3. 鸭形
石饰（204：20）　4. 蚌刀（211：11）　5. 穿孔石
器（211：8）（皆原大）

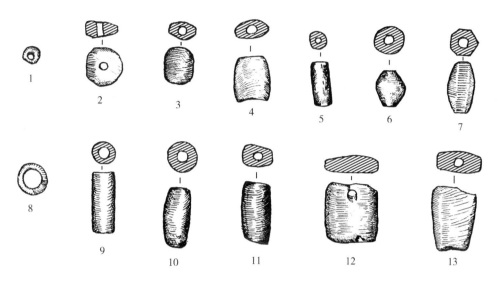

图九一 石质装饰品

1、3、6、7（A型）、8（D型）、9（B型）、13（C型）.钾长石饰（214：6、217：6、219：9、211：13、
204：15、219：7、207：4） 2（A型）、12（B型）.天河石饰（211：9、219：4） 4（B型）、11
（A型）.绿松石饰（204：24、219：24） 5.辉石管（207：5） 10.玛瑙管饰（219：5）（皆原大）

辉石饰 4件。细管形，两头磨平，内有孔，呈白色。M207：5（图九一，5；图
版五六，5），长1.2、直径0.5厘米。

钾长石饰 12件。呈微带蓝的绿色，透明，有的外表附着黄褐色土皮。分四型。

A型 5件。珠形，中有孔。M219：9（图九一，6；图版五六，7），两头小中间
大，长1、最大径0.9厘米。M211：13（图九一，7；图版五六，8），六棱珠形，长
1.4、最大径0.8厘米。M214：6（图九一，1；图版五六，1），体小，扁珠形，直径
0.45、厚0.2厘米。M217：6（图九一，3；图版五六，3），近椭圆形，最大径1厘米。

B型 2件。管形，两头平齐，内穿孔。M219：7（图九一，9；图版五六，9），
长1.6、直径0.6厘米。

C型 1件。M207：4（图九一，13，图版五六，4），近长方形，两侧边稍斜平，
中有孔，长1.7、宽0.9～1.2厘米。

D 型　4 件。环形，较小，磨制规整。M204：15（图九一，8；图版五六，2），直径 0.9 厘米。

天河石饰　5 件。分两型。

A 型　4 件。扁平圆珠子，内有孔。M211：9（图九一，2；图版五六，11），一边薄，一边厚，直径 1.0 厘米。

B 型　1 件。M219：4（图九一，12；图版五六，18），方形，两面平整，两侧边各有一小孔，磨光，边长 1.4～1.6、厚 0.45 厘米。

4. 鸭形石饰

1 件。M204：20（图九○，3），用天然小石子稍加工而成。

5. 石块

5 件。砾石，未有加工痕迹，或呈椭圆形，或长条形。均出自 M203、205、210、211 等 4 座墓中，放置于人骨近旁。如 M205：9（图版五一，13）。

（五）蚌　器

仅 M211 一座墓出土 2 件。M211：11（图九○，4；图版五五，10），蚌刀，近长方形，两侧边切割平齐，直刃稍残，长 4.8、宽 3.5 厘米。另为 1 件小河蚌饰。

（六）海　贝

只有 3 座墓葬出土了海贝，计 9 枚。M204 出 4 枚，M207 有 3 枚，M219 出 2 枚。海贝大多保存完好，近呈椭圆形，为乳白色，分大小两种，个别的宽端或底部稍加磨平。M204：23（图版五六，13），长 1.55 厘米。M204：8（图九○，2；图版五六，15），长 1.7 厘米。M219：37（图版五六，16），长 2.25 厘米。又如 M207：30（图版五六，14）。发现的海贝均非本地产品，应是从外地交换来的，反映了当时已同外界有了经济往来。

（七）随葬的动物骨骼

战斗墓地发现的动物骨骼较少，仅见狗一种。从放置的位置来看，显然是人们有意识埋葬的，尤其在前后墓室的墓葬中。有 6 座墓葬殉葬狗。

1. 狗头骨

5具。4座墓葬出土。M207和219各有1具，分别葬于后墓室南口外，即前墓室北端处。M211殉葬2具，1具成年狗头葬于前墓室中部稍北处，另1具幼年狗头则在前墓室内的南端。M213为1座空墓，在墓内北壁处埋有1具狗头。

2. 狗颌骨

2件。M206是一座空墓，葬有1件狗下颌骨；M210也是一座空墓，仅出1件狗上颌骨。

叁　结　语

一 墓葬分期与年代

（一）分期的方法和依据

在平洋砖厂墓地的 97 座墓葬中，有 11 组 22 座墓葬存在着打破关系。这种现象表明，墓葬与墓葬之间有着年代早晚的差别，墓地曾延续了较长的时间，并有分期的可能性。

这 11 组墓葬是：

a. M123 ——→M165；

b. M180 ——→M197；

c. M132 ——→M134；

d. M115 ——→M156；

e. M172 ——→M174；

f. M190 ——→M191；

g. M162 ——→M163；

h. M108 ——→M166；

i. M113 ——→M133；

j. M157 ——→Ml58；

k. M141 ——→M164。

上述 11 组墓葬出土的陶器，有如下几种情况。

（1）两座墓葬均没有陶器，如 a、b 组；

（2）仅其中一座墓葬有陶器，如 c、d、e 组；

（3）虽然两座墓葬都有陶器，但不是其种类相异（如 f、g 组），就是其中之一没有完整成形的器物（如 h、i、j、k 组），因而难以对其进行直接、确切的比较。

这三种情况表明，从层位关系上进行分期是很困难的。

本报告的墓葬分期，主要是通过随葬陶器组合规律的研究实现的。即首先将所有陶器划定类型，从中选出某型器物，排列与之共存的各型器物，然后把各单位之间的同类器物进行排比。以此确定其逻辑发展序列。在此基础上，根据组合关系的变化，完成该墓地的分期。而分期的首尾，是靠与其他考古学文化的比较来确定的。

根据上述原则，我们对 97 座墓葬进行了筛选，从中剔除了无组合关系或组合关系不明确等 75 座墓葬。其中，不出陶器的 27 座；只出 1 件的 22 座；容器残破、不辨型式的 7 座；只出 1 件可划定型式的常见容器，其他或残破不辨型式、或形状独特的 19 座。如此，该墓地分期的探讨，实际是在其余 22 座墓葬组合关系的基础上进行的，这些墓葬是：M101、104、105、107、108、111、126、128、133、134、135、136、137、140、141、145、146、149、151、153、157、171。

砖厂墓地的随葬陶器以壶的数量最多（约占全部随葬陶器的一半以上），而且器形相对比较复杂，变化亦快。而在壶类中，又以 A 型直颈壶为大宗，因此选定其为代表性器物是有普遍意义的。

在上述 22 座墓葬中，出土 A 型直颈壶的有 16 座，据式的变化，将其分为三组。

第一组，M134、145 和 153，出土了 AⅠ式直颈壶，与之共存的器物有 AⅠ式矮颈壶、A 型鬲、B 型碗、圈足碗和带把杯。

第二组，M104、107、133、135、140、141、146、149 和 157，出土了 AⅡ、AⅢ式直颈壶，与之共存的器物有Ⅱ式束颈壶、Ⅱ式曲颈壶、AⅡ式矮颈壶、BⅡ式矮颈壶、A 型高颈壶、B 型高颈壶、B 型直颈壶、C 型直颈壶、A 型碗、B 型碗、AⅡ式钵、B 型钵、深腹罐、盅、Aa 式小三足器和 Bb 式小三足器。

第三组，M126、136、137 和 171，出土了 AⅣ式直颈壶，与之共存的器物有Ⅲ式束颈壶、BⅢ式矮颈壶、A 型碗和双耳三足罐。

在其余 6 座墓葬中，M111 出土了Ⅰ式束颈壶、Ⅰ式曲颈壶和 AⅠ式矮颈壶等器物，其中 AⅠ式矮颈壶只见于上述第一组；M101 出土的 B 型直颈壶和 M151 出土的 AⅡ式钵只见于第二组；M105 出土的 BⅢ式矮颈壶只见于第三组；M108 和 M128 虽无可直接比较的器物，但其出土的Ⅰ式瓮和Ⅱ式瓮的风格，与第二组和第三组出土的 A 型直颈壶接近。经比较，可分别将上述墓葬归到相应的各组。

在松嫩平原地区，白金宝文化①是目前所知最早的青铜时代文化。经比较可以看出，以砖厂第一组墓葬为代表的墓群，某些因素（如扁腹或垂腹壶、篦点纹等）与白金宝文化接近；而以第三组墓葬为代表的墓群，某些因素（如深腹鼓肩壶等）与相对较晚的三家子墓葬遗存②相似。据此可知，以第一组墓葬为代表的墓群，要早于第二组和第三组为代表的两组。而以第二组墓葬为代表的墓群，正介于第一组和第三组之间，呈现出由前者向后者过渡的若干因素。也就是说，以上三组墓葬大体上代表了整个墓地的三

---

① 黑龙江省文物考古工作队：《黑龙江肇源白金宝遗址第一次发掘》，《考古》1980 年 4 期。
② 黑龙江省博物馆、齐齐哈尔市文物管理站：《齐齐哈尔市大道三家子古墓清理》，《考古》1988 年 12 期。

个发展阶段，即早、中、晚三期。值得注意的是，在每一期的墓葬中，早晚参差不齐的情况也是存在的，但这种现象恰恰可以说明三个时期的墓葬是一个连续不断的、紧密衔接的发展过程。

基于上述三组墓葬陶器的组合形式及形制特点，首先，可以与其余部分墓葬进行直接的对比，以确定其期属：

M102 出土的 I 式曲颈壶、M190 出土的 I 式束颈壶和 M110、144、150、159 出土的 AI 式直颈壶及 M154 出土的 A 型鬲只见于第一组，故这几个墓应划定为早期墓葬。

M112 出土的 II 式曲颈壶和 M163 出土的 AII 式直颈壶及 M116、138 出土的 AII 式钵只见于第二组，故这几个墓应划定为中期墓葬。

M106 出土的 BIII 式矮颈壶和 M192 出土的 II 式陶瓮只见于第三组，故这两个墓应划定为晚期墓葬。

其次，通过间接的比较对另一些墓葬的期属进行讨论和推定：

M105 出土 AIII 式矮颈壶 1 件，上述三组中均不见，但从此型矮颈壶的变化趋势来看，AIII 式矮颈壶应晚于 AI 式和 AII 式矮颈壶，况其腹部特点亦与其他晚期的壶接近，故应将其归到晚期为宜。

M170 出土的鸭形壶上和 M173 壶腹片上的篦点纹图案与 M111 出土的 I 式曲颈壶（M111：92）上的篦点纹图案基本一致，且鸭形壶亦为扁腹，因此可将这两座墓葬划归早期。另外，M103 出土的曲颈壶饰有细密的篦点纹，一般来说，这种细密篦点纹较上述粗疏篦点纹要早。在松嫩平原地区，篦点纹是较红衣彩绘早起之因素，并有一个由细密向粗疏发展的过程。至砖厂墓地时，篦点纹已比较少见，而红衣陶却极为流行。

M124 出土的两头细、中间鼓的弦纹铜管饰，与 M150 出土的完全一致，这种铜管饰在中期和晚期的墓葬中均不见；另该墓还出陶鬲 1 件，与 M134 出土的那件相比虽不同型，但形体亦较扁，况且中期和晚期均未发现鬲。由此可把 M124 推定为早期墓葬。

M174 出土小三足罐 1 件，其口沿的形状和纹饰与 M124 陶鬲作风相同；另该墓出土的圈足碗与 M153 出土的基本一致，而与中期 M116 出土的有别。这样可以把 M174 的期属定为早期。

M120、118 和 121 出土陶片上的三角形划纹和指甲纹只见于早期，据此亦可把这三座墓葬归为早期。另外，M118、121、117、147、及 154 在墓地中同行排列，前两者在两头，后者居中且亦属早期墓葬，按照该墓地排列规律，M117 和 147 亦应为早期遗存。

M184 和 M188 出土的绳纹陶壶腹部较圆，最大径居中，与中期陶壶的特点一致，因此可把它划定为中期墓葬。

最后，根据墓葬之间的打破关系，我们还可以对一些没有随葬陶器和虽有陶器但却无法进行比较的墓葬的期属进行大体上的推测。

M190 —→M191，根据陶器组合关系的研究，前者已确定为早期墓葬，由此推之，M191 亦应为早期墓葬。

M113 —→M133、M162 —→M163，已知 M133 和 M163 为中期墓葬，据此 M113 和 162 的期属应为晚期或中期。

M157 —→M158、M108 —→M166、M141 —→M164，已知 M157、108 和 141 为中期墓葬，那么 M158、166 和 M164 的期属应为早期或中期。

战斗村墓地有一组打破关系，即 M211 —→M212，由于后者未出陶器，故不能据此进行分期。该墓地的分期，是通过随葬陶器的比较并参照砖厂墓地的分期实现的，结果将 8 座出有完整陶器的墓葬分为两组。

第一组，M205；

第二组，M203、204、207、211、214、217、219。

其中第一组墓葬出土的陶器主要有Ⅰ式直颈壶和Ⅰ式束颈壶；

第二组墓葬出土的陶器主要有Ⅱ式直颈壶、Ⅲ式直颈壶、Ⅱ式束颈壶和矮颈壶以及曲颈壶等。

经与砖厂墓地分期比较，可知上述第一组要早于第二组，大体上相当于砖厂的中期；第二组则要晚于砖厂的晚期。也就是说，第一组和第二组实际代表了战斗村墓地的两个发展阶段，或称早晚两期，而这两个阶段之间又存在着缺环。

综合两个墓地的材料，可将上述各期合并为四期：

第一期，砖厂墓地早期；

第二期，砖厂墓地中期和战斗墓地早期；

第三期，砖厂墓地晚期；

第四期，战斗墓地晚期。

（二）各期特征及其演变规律

首先看陶器特征及其演变规律（图九二）。

第一期，其主要器物有溜肩扁腹 A 型直颈壶、束颈壶、曲颈壶，矮颈壶和曲腹钵，偶见鬲、篦点纹鸭形壶、圈足碗、匜、带把杯和大底杯等。

第二期，A 型直颈壶、束颈壶、曲颈壶和矮颈壶亦多为溜肩，但其腹部相对圆鼓，曲腹钵口及腹部相对直一些，另偶见绳纹壶、高颈壶、深腹罐、带流小壶、盆、瓮和棱腹壶等。

第三期，A 型直颈壶、束颈壶和矮颈壶腹部加深且肩部比较突出，偶见瓮、敞口折腹罐等。

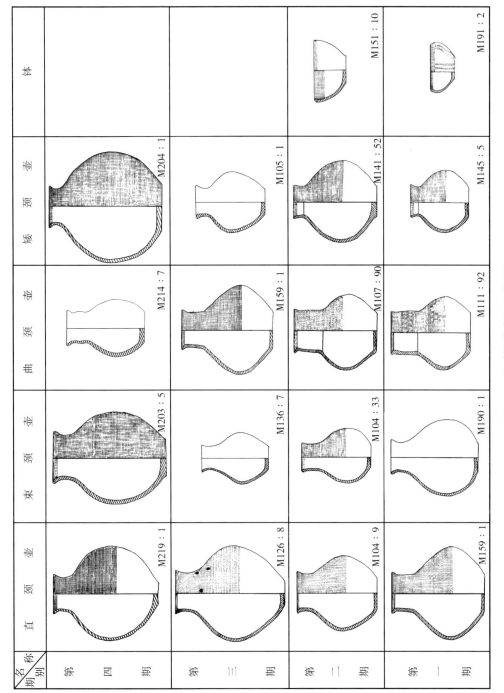

名称期别	直 颈 壶	束 颈 壶	曲 颈 壶	矮 颈 壶	钵
第 四 期	M219：1	M203：5	M214：7	M204：1	
第 三 期	M126：8	M136：7	M159：1	M105：1	
第 二 期	M104：9	M104：33	M107：90	M141：52	M151：10
第 一 期	M159：1	M190：1	M111：92	M145：5	M191：2

图九二 平洋墓葬陶器分期图

163

第四期，其直颈壶多为鼓肩球腹，矮颈壶变化亦如此，曲颈壶和束颈壶为深腹，相对瘦长，偶见长颈折口壶等。

上述各期的陶器组合不同，其主要器物都呈现出同步的演变规律或总体的发展趋势。如直颈壶、束颈壶、曲颈壶和矮颈壶等，其腹部都是由扁到深，下腹渐圆，且最大径逐渐上移，肩部则由不明显到比较突出，其底部则由大到小。

曲腹钵（即 A 型钵）只见于一、二两期，一期的为敛口，曲腹幅度较大；二期的口部微敛，曲腹幅度较小。

小三足器在两个墓地中亦不尽一致，砖厂墓地出土的碗形小三足器在战斗墓地不见，而后者出土的蹄柱足小三足器在前者中亦不见；另外，从外观上看，前者小三足器的底部绝大多数内凹，而后者均为圜底。

四期中，器形变化不大和几乎没有变化的陶器有碗、B 型钵、三足罐和支座等。

在纹饰方面，红色彩绘为四期所共有，篦点纹、指甲纹和绳纹只见于第一、二两期，而锥刺纹和捏塑纹却为第三期所独有。总的来说，在平洋墓葬中，无论是陶器的种类或是其纹饰，都有逐渐减少或简化的趋势。

其次看铜器的特征及变化。

两件虎纹牌饰分别见于第一、二期，前者为立式，直爪；后者为卧式，环爪。

卧鹿（？）牌饰仅 1 件，出土于第三期墓葬中。

铜铃数量较多，大致可分为两种，其一为帽盔状，多见于前三期墓葬中，铃口呈椭圆形，第四期墓葬仅出 1 件，铃口呈圆形；另一种为球状，前三期少见，第四期则比较流行。

双翼铜镞分为实铤和銎铤两种，其演变规律相同，即早期的镞身较短，且无明显后锋；晚期镞身加长，后锋较为尖锐。

两头细、中间鼓的弦纹管饰出土于第一期墓葬中；匙和带钩仅见于第四期墓葬。

最后看墓葬本身。在埋葬制度方面，前三期墓葬似乎没有多大差别，多为二次合葬，单人一次葬次之，偶见一次合葬、一二次合葬和单人二次葬等；第四期则流行一次葬，其中有夫妻合葬，且出现了殉人的现象。

带墓道的墓出现于第二期，第四期较为流行。双室大墓则仅见于第四期。

（三）年代的推定

各期的年代，是在墓葬分期的基础上，结合本地区相关考古资料的分析、对比进而推定的。

如前所述，白金宝文化是松嫩平原地区已知最早的青铜时代文化，早于平洋墓葬遗存，其年代约相当于中原地区的西周时期；三家子墓葬遗存已进入铁器时代，大体晚于平洋墓葬遗存，其年代约相当于中原地区的战国、秦汉时期。据此可知，平洋墓葬遗存年代的上限不早于春秋，下限不会晚于战国，大体相当于春秋战国时期。

然而，经比较、特别是陶器的对比不难看出，虽然平洋墓葬遗存的一些因素与白金宝文化有着某种承袭关系，但从其器形及纹饰的演变序列来看，这种联系还是间接的，也就是说，两者在年代上还存在着缺环。这样，我们有理由将平洋墓葬遗存年代的上限往下推延，参考文化面貌与之相近的小登科①、二克浅②等墓地的材料，将其推至春秋晚期为宜。

与此相反，平洋墓葬遗存与三家子墓葬遗存之间虽然存在着一定的差别，但在群体特征上还是比较接近的。后者相对较晚，大致可分为早晚两期，晚期的年代约在西汉时期，而早期则跨入战国，曾在一定时期内与前者年代相当。如此，把平洋墓葬遗存年代的下限定在战国晚期还是比较适宜的。

据上述分析，平洋墓葬遗存的年代跨度应在春秋晚期至战国晚期之间。如前所述，砖厂、战斗两个墓地实际经历了四个发展阶段，而这四个时期又是一个连续不断的、紧密衔接的发展过程。如果参照历史分期的话，那么我们大致可将上述四个时期分别划定为春秋晚期、战国早期、战国中期和战国晚期。

我们可以再以铜器为线索，结合邻近地区的考古发现，并通过 ^{14}C 测定来进一步验证各期的年代。

第二期的 M188 出土的铜虎牌饰，爪呈环状，与内蒙和林格尔范家窑子墓葬出土的一致，后者报告的作者据与之共出的铜戈、短剑等器物的特点，推断该墓的年代为战国早期③。

另据 M140 出土的棺木，经 ^{14}C 测定，距今 2385±70 年（公元前 435±70 年）；经树轮校正，距今 2410±80 年，约相当公元前 460 年，与上述铜牌饰的年代大体相符。

第一期的 M150 出土的铜虎牌饰，牙呈锯齿状，直爪。从内蒙等地的发现来看，这种风格的铜虎牌饰比 M188 出土的那件要早，流行于春秋晚期。

另该墓出土的弦纹圆管饰和两头细、中间鼓的弦纹管饰，与内蒙桃红巴拉 M1 出土的完全一致，其装饰方法和部位亦相同，即成串挂于颈下胸前。桃 M1 的年代为春秋晚期④。

第四期，M219 出土的铜带钩，其形状介于琵琶形和棒形之间，与《鄂尔多斯式青

① 黑龙江省博物馆：《嫩江沿岸细石器文化调查》，《考古》1961 年 10 期；张泰湘、曲炳仁：《黑龙江富裕县小登科出土的青铜时代遗物》，《考古》1984 年 2 期；黑龙江省文物考古研究所：《黑龙江小登科墓葬及相关问题》，《北方文物》1986 年 2 期。

② 安陆，贾伟明：《黑龙江讷河二克浅墓地及其问题探讨》，《北方文物》1986 年 2 期。

③ 李逸友：《内蒙古和林格尔县出土的铜器》，《文物》1959 年 6 期。

④ 田广金：《桃红巴拉的匈奴墓》，《考古学报》1976 年第 1 期。

铜器》一书中所著录的内蒙的一件（E·1089）相似。据研究，这种铜带钩的时代可能相当于战国中晚期①。

第三期，虽无可供直接比较的断代器物，但根据其他各期的年代，可以推定其时代约相当于战国中期。

铜器及放射性碳素测定所反映的年代，与我们前面的分析与推定基本是一致的。

---

① 内蒙古自治区文物工作队田广金、郭素新：《鄂尔多斯式青铜器》第 103～108 页，图七〇：1，文物出版社，1986 年 5 月。

二 文化特征及其与邻近考古文化的关系

平洋墓葬的砖厂和战斗两个墓地，文化性质相同，在年代上彼此交错衔接。为了同邻考古文化对比方便，我们先将平洋墓葬的特征加以简要的概括。

第一，墓葬形制以长方形土坑竖穴墓为主，方向大多呈西北—东南向。部分墓葬附墓道或修筑二层台。有木质葬具的极少。

第二，一次葬、二次葬和一、二次葬并用的兼而有之。盛行异性成年人及小孩的同合葬制，单人一次葬也很流行。一次葬者的入葬姿势为仰身直肢，头北脚南。

第三，随葬遗物除陶器多半置于头骨附近外，其余大都属于随身所带物品。殉牲习普遍，狗、马并重，以头、蹄等代替全牲。

第四，器物群有明显特征。铜器所占比例最大，且多为小件装饰品。骨制工具发。铁工具已经出现。细石器时有发现。陶器种类比较简单，有一定组合。

第五，绝大部分陶器是细砂黄褐陶。全为手制，制作方法是分段套接。陶器表面均磨光滑。红衣陶数量可观，间或可见到彩绘。纹饰少见，有划纹、绳纹、戳印纹、篦等。壶、碗（钵）常见，直颈壶、束颈壶等在形制上演变趋势比较清楚，具有分期意。鸭形壶显示出鲜明的文化特征。

下面，我们具体分析平洋墓葬同有关遗存的关系。

在已经发现和见诸报道的材料中，平洋墓葬同富裕县小登科、齐齐哈尔市三家子、蒙古陈巴尔虎旗完工[①]和吉林省通榆县兴隆山[②]等地墓葬的联系非常密切，具有大致同的文化内涵。

在墓葬形制和有无葬具方面，上述几处墓葬的情况和平洋墓葬没有显著差异。可确为带木质葬具的墓，仅在完工发现 1 座。根据平、剖面图观察，完工 1 号墓四面有二台，木椁紧贴二层台内坑壁，同平洋墓葬类似。二层台平面，即墓 1A 底部"铺长条木板"，"木板之上平铺一层桦树皮"。这种设置为平洋墓葬所不见。

小登科多为二次葬，存在二至四五人的合葬墓。完工有一次葬和二次葬并用的合葬

---

① 内蒙古自治区文物工作队：《内蒙古陈巴尔虎旗完工古墓清理简报》，《考古》1965 年 6 期。

② 中澍湘伟：《通榆县兴隆山鲜卑墓清理简报》，《黑龙江文物丛刊》1982 年 3 期。

墓，入葬人数多达三十人。三家子和兴隆山属一次葬的合葬墓，三家子既有成年男女的合葬墓，也有夫妻及其子女的家庭合葬墓。这几种埋葬方式都可以在平洋墓葬找到相近的事例。

小登科部分墓底和墓圹四周有厚约 10 厘米的草炭灰，有的墓底"发现部分骨头有火烧的痕迹"，表明"当时可能有火葬之习俗"。此外，在 1981 年清理的一座墓内的两具骨架之间有"卵石两块"。这些习俗也见于平洋墓葬。

殉牲习俗在小登科、三家子、完工和兴隆山比较流行。殉牲种类不外乎马、牛、羊、狗等，殉牲方式大都以头、蹄为主。

随葬品的种类和组合相差无几。陶器和装饰品的组合最多，附带生产工具或兵器的为数较少。骨镞、骨弭的种类和数量均较丰富，是这类遗存的一大特色。

装饰品都是随身佩带的物件。平洋墓葬出土的两种别具风格的金耳环同兴隆山所出一模一样，镂孔铜铃在三家子、完工、兴隆山皆有相仿的制品。完工发现的兽头纹牌形带扣和长条形带饰同三家子所见如出一辙，很可能是出于同一铸模。

这几处墓地的共性及独特风貌，通过陶器的一致性和其形态演变的连贯性，体现得十分突出。质地以细砂陶居多。均手制、器表磨光。相当一部分外表饰红衣。作为标型器物的直颈鼓腹壶遍布于各墓地，其由早及晚的发展脉胳比较清晰。小登科有腹部四角突出的仿皮囊壶，平洋的六棱壶等显然受此种造型风格的影响。平洋的束颈鼓腹壶的形制同于小登科的同类器，但纹饰消失。从器形的演化规律看，平洋的深腹罐应为介于小登科的侈唇罐和三家子的束颈罐的过渡形态。三家子的双立耳直颈壶接近于平洋的双耳壶，而双横耳直颈壶又在完工墓地有发现。兴隆山的Ⅱ式壶同平洋的直颈折腹壶非常相近，Ⅲ式壶仅在颈部和平洋的曲颈壶有微小差别，前者上细下粗，后者粗细约略相等。完工鬲的形制有别于平洋，但两者的共同之点是均有肥大的袋足和锥体实足跟。另外，腹部由篦点纹组成的几何形图案则与平洋鸭形壶上的毫无二致。平洋、三家子、完工、兴隆山出土的四件造型奇巧别致的鸭形壶，特别引人注目。平洋的鸭形壶形体较大，颈细长，身宽扁浑圆，颈部和腹部周饰篦纹组成的几何形图案，下接三个锥状实足跟。三家子的腹部明显增高，遍体饰红衣。兴隆山的颈部变得短粗，足跟矮小，亦通体布红衣。完工的一件无三足，平底。鸭形壶的形制变化，似含有时代和空间的双重意义。上述几个地点分别发现鸭形壶绝非偶然巧合，估计它并非一件普通的器皿，而应包含着深刻的文化内涵。它大概是我们识别某个民族集团的一把钥匙。

小登科的仿皮囊壶、双勾平行线纹、戳印凹点纹和三家子的短颈球腹罐、直颈广肩壶、瓢形器，以及完工的鬲、矮颈鼓腹罐、敞口鼓腹壶等不见于平洋墓葬，当是反映时代不同的重要因素。小登科发现的柳叶形铜镞在属于夏家店上层文化的南山根和夏家店均有出土①。先后清理的十几座小登科墓葬的时代，看来普遍早于平洋墓葬，因此其年代上限估计至少可以追溯到春秋时期。三家子铜印印文的篆书字体属于汉代风格；部分陶器的形制又接近于平洋二期，所以其上限大约不会超出战国早期。完工的时代一般认为不晚于公元前3世纪。兴隆山的陶器显现出时代略早的文化因素，然而出土的五铢钱却把年代拉到了西汉中晚期。

在上述几处墓葬中都没有发现农业生产工具，这一事实说明畜牧业是当时社会经济的主要支柱，当时这几处的居民具有共同的生产方式和生活方式。

总之，以平洋墓葬为代表的这类遗存，从墓葬形制、尸体埋葬方式，到随葬品组合及经济类型等，其共同特征十分醒目，文化面貌基本一致，器物群有一定的组合规律，典型陶器演变序列清楚，自成体系。据此，我们暂且把这类遗存命名为"平洋文化"。

平洋文化的分布范围，目前我们知道主要分布在嫩江流域，向南越过洮儿河抵达通榆县境内，往西翻过大兴安岭进入呼伦贝尔大草原的额尔古纳河流域。

需要提及的是，还有一些考古文化已显露出来的线索不容忽视。特别是当我们进一步追寻平洋文化的渊源时，尤其值得注意。

白金宝文化是在松嫩平原发现的一种时代较早、文化特征十分突出的青铜时代文化。白金宝文化同平洋文化固然存在着年代上的缺环，性质亦不相同，但是不难看出，前者的一些文化因素同后者或多或少地有着直接和间接的关系。在白金宝文化中已经出现的少量红衣陶，到平洋文化时变得相当发达，反之，最具文化特征的梳齿形篦纹却几乎消失殆尽。1962年试掘的东山头的两座墓②属于白金宝文化范畴，其中腹部呈方形的直颈壶同平洋文化的腹部四角突出者有异曲同工之妙。这两座墓随葬品的种类、组合、陈放位置和埋葬习俗，如男女多人的二次葬等，都和平洋文化有相似之处。

时代稍晚的汉书二期文化和平洋文化的共同因素更多。汉书遗址③出土的直颈球腹壶、曲腹壶、单耳杯及扶余北长岗子④的颈部微曲的壶等和平洋文化的大同小异。制法上两者同为分段制作，上段的下茬口镶在下段的上茬口里面。壶、碗的施彩方式一样，彩色通常涂刷在器表的上半部或口沿上，也有刷满外壁的。碗的口沿内外多绘宽带纹。1960年清理的东山头的三座墓⑤似应归入汉书二期文化，其细砂黄褐陶系和颈肩饰红衣的直颈圆腹壶与平洋文化的同类器完全相同。

---

① 中国科学院考古研究所内蒙古工作队：《宁城南山根遗址发掘报告》，《考古学报》1975年1期；《内蒙古赤峰蜘王庙、夏家店遗址试掘简报》，《考古》1961年2期。

② 张忠培：《白城地区考古调查述要》，《吉林大学社会科学学报》1963年1期。

③ 吉林大学历史系考古专业、吉林省博物馆考古队：《大安汉书遗址发掘的主要收获》，《东北考古与历史》1982年1期。

④ 吉林大学历史系考古专业：《吉林扶余北长岗子遗址发掘报告》，《考古》1979年2期。

⑤ 匡瑜、方起东：《吉林大安东山头古墓葬清理》，《考古》1961年8期。

二克浅墓地的长方形土坑竖穴墓，"每墓随葬陶器一至二件"，夹细砂黄褐陶，饰红衣，一次葬和"二次合葬墓（包括一次葬和二次葬合并墓）"，"部分墓中随葬狗头和马的下颚"等，都是平洋文化墓葬的基本内容。十分有趣的是，能够充分显示自身文化特征的鸭形壶在这里也出现了。二克浅墓地的材料没有全部发表，眼下难以进行具体比较，深入研究。然而，根据现有材料，我们有理由认为二克浅的部分墓葬或许具有与平洋文化相近的文化特征及内涵。

除了共性之外，白金宝文化、汉书二期文化和二克浅墓地的自身特点亦相当鲜明。它们同平洋文化究竟是一个大的文化系统中的不同发展阶段或不同类型，抑或其文化性质从根本上就迥然有别，尚有待于今后的继续工作。不过，在大兴安岭的东西两麓，从额尔古纳河、嫩江的完工和二克浅，到大凌河、滦河流域的朝阳和赤峰，均发现数量可观、形态基本一致的鸭形壶，当不是孤立的文化现象。在我们比较含有鸭形壶的遗存时，无疑应首先考虑其文化性质及族属的同一性。

三　经济生活

平洋墓地延续的时间如此之长，一般来说当与定居生活和农业生产有直接关联。可是出土的 300 多件生产工具（兵器），无论形制还是用途，都与农业生产相去甚远，相反，倒与渔猎活动密不可分。品类多样、数量居首的骨镞、骨弭，表明弓矢是狩猎活动的主要装备。铜铁质料的箭镞，无疑是非常锐利的武器，然而，由于数量有限便显得相当珍贵，推测它有更重要的用途。猎取的禽兽，确知的有鹿、兔、鼢鼠、飞禽和鲶鱼等。

在部分墓葬中出土了 100 多具狗、马、牛、猪、羊等的遗骨。狗的数量最多，其次是马，再次是牛、猪、羊。经鉴定：狗、马、牛、猪、羊都是人们饲养的家畜。

当时人们的经济生活是以畜牧业为主，兼营渔猎，停留在"俗随水草，居无常处"①、食肉衣皮的游牧状态中。此外，社会分工业已产生，除纺织业和制陶业仍保留比较原始的性质外，先进的金属加工业相继出现并日渐发展起来。

骨质和陶质纺轮大小相若，皆具备相同的形制。骨纺轮表面磨制光滑，钻孔圆正。陶纺轮边缘间或捏塑一匝类似齿轮状的花纹。根据其出土位置分析，妇女是从事纺织业的主要承担者。

陶制生活器皿在全部随葬品中占一定比重，是日常生活不可或缺的必备物品。可见制陶业作为一个独立的手工业部门依旧存在。从陶系上看，可分为泥质黄褐陶、细砂黄褐陶和夹砂黑褐陶三种。在数量上占首位的是细砂黄褐陶。制法全为手制。小件器皿大体上系用手一次捏型而成，体形较大者则先分段制作，待晾半干后再逐次套接成形。内壁普遍进行仔细刮抹，外壁打磨光滑平洁，器壁厚薄比较均匀，陶容器几乎全是平底器，三足器和圈足器数量有限。一般很少添加附件，少数器物带环状耳或以乳丁钮作为点缀。器类主要为炊器和盛贮器，有壶、罐、碗（钵）、瓮、杯、鬲等，以壶、碗（钵）的组合最常见。鸭形壶富有特色，不失为一件难得的艺术佳作。装饰手法有指甲纹、划纹、戳印纹、锥刺纹、篦纹等，还有彩绘和红衣陶。通体红衣者较少，大多自口沿内壁上段外延至腹壁中部或略微偏上。红衣都是预先涂抹在陶胎表面，尔后入窑烧制而成。

---

① 《史记·匈奴列传》。

彩绘是在陶器烧成后绘在质地上的几何图案，母题纹饰有宽带纹、倒三角纹、波折纹等。施彩绘的器物仅属个别。

青铜制品占全部随葬品的50%以上，说明青铜冶铸业在社会生产中处于重要地位。青铜器大部分为小件制品，而且以装饰品为最，生产工具和生活用具不及总数的2%。种类包括镞、矛、刀、锛、铃、耳环、泡饰、管饰、贝、牌饰等，装饰纹样有螺旋纹、人字纹、辐射线纹、连续圆弧纹、锯齿纹和镂孔等。牌饰以写实和近于图案化的动物形象并重。题材有虎和鹿（？）二种，均属于浮雕一类。没有青铜礼器和较大型的物件。青铜制品尚未广泛应用于生产部门和生活领域。经检验证明，其化学成分主要是由铜、锡、铅组成的三元合金，属于铅锡青铜类。砖厂墓地为高铜低锡，战斗墓地为低铜高锡。砖厂墓地的主人生前虽然掌握了冶铸青铜的基本技能，由于缺乏配制青铜合金成分的经验，因而无法制造出适应于不同用途的不同器类。技术水平尚处于初始阶段可能是青铜器未能广泛推广于生产、生活领域的主要原因之一。战斗墓地的冶铸技术水平高于砖厂，但是不同用途的器物的合金成分仍一致，颇令人费解。制造工艺采用范铸法。在肯定大部分青铜器是本地生产的同时，不能排除某些产品的交换性质。至于原料来源，就近开采的可能性很大，内蒙的海拉尔和黑龙江的嫩江、哈尔滨等地就发现了资源丰富的铜矿。

铁器加工业开始兴起。两件骨铤铁镞的制作需要相当熟练的技术。铁质镞身的下部镶嵌在骨铤上端的凹槽内，其中一件身铤交接处残存缠绕加固用的细绳痕迹。铁器的数量远不及铜器，但作为生产工具或兵器的铁镞和铁刀的数量反而超过了铜刀和铜镞，说明在生产领域中铁器取代铜器的日子为期不远了。

金耳环形制别具一格。一件下端锤锻成椭圆形薄片，顶端是金丝回折后拧结成圆环，中部串以并列的两枚石管饰，黄绿白三种颜色相间，十分和谐悦目。

骨器加工业相当发达。选料、裁割、切削、刮磨、钻孔，形成一套完整的加工程序。骨镞形制繁多，制作精细，身、铤各有长短之分，既有镞身剖面呈三棱形、菱形的，也有带双翼的诸种。骨弭扁薄颀长。骨针圆润匀细。畜牧射猎的生产方式为骨器制作提供了取之不尽的原料来源。

古老的细石器制作技术历久不衰，保留着鲜明的传统风格和地方特色。琢制的柳叶形石镞和双翼带铤石镞，玲珑剔透，工艺精湛，毫不逊色于早期产品。各种质地和色泽的刮削器、石叶、石片和石核等显示出细石器在生产活动中仍占有一席之地。

五颜六色的装饰品丰富着人们的精神生活，标志着当时流行的审美观念达到了相当高的水平。许多墓内都发现了珠管饰件，有的且成组出土，或佩戴于颈间，或环套于胸腹部，或镶缀于靴鞋部位。这些装饰品是人们倾注了极大情趣，耗费了很多精力，并进行了艰苦细致地劳作的结晶。

随着生产力的不断发展，剩余产品的增加，担负物品交换媒介职能的贝币产生了。

在一些墓中发现了用海贝、蚌贝和铜贝殉葬的现象。海贝无疑是从外地交换而来，蚌贝和铜贝则是当地加工制造的。海贝、蚌贝、铜贝应该起着货币作用，当然，也不能排除将其用作装饰。

四 社会结构

现在，通过对墓地本身存在的某些现象的分析，探讨当时居民的社会组织以及性别、年龄结构等问题。

首先研究砖厂墓地。

97 座墓葬布列在南北走向的狭长条形地带内，纵深达 165 米左右。呈东西向的 15 座墓与多数南北向的墓葬判然有别，这些墓内的人骨和遗物一般很少，一半属于"空墓"，墓的形制、埋葬方式、遗物特征等同其他墓葬相差无几，可以看作是整个墓地的有机组成部分。墓葬方向截然不同的原因，目前还不明了。

这 15 座墓葬在墓地中所处的位置和排列方式颇耐人寻味。M132、165、142 独自杂处于墓地中部，另外 12 座则头尾相接，成组分布。M162、170、173 自成一列，位于墓地的北端，其南 3 米处为第二列，有 M195、194、197、180 等 4 座墓。第三列是 M113、196、131，北距第二列约 16 米。第四列紧贴墓地南缘，由 M176 和 175 组成。这批墓葬并列平行，相互间保持一定距离，应该是人们有意识地安排。值得注意的是，11 座"空墓"中就有 8 座是东西向的。

15 座墓的年代，M170 和 173 属于早期，M162、113 被定为中晚期。M162、170、173 同在一列，排列顺序由东向西，M173 最少是两个成年男女的二次合葬，M170、162 是成年女性和成年男性的单人一次葬和二次葬。

在南北方向的墓葬中，依据排列状况至少能够区分出三个比较完整的不同群落。

第一群落偏于墓地北部，坐落在东西向的 M195、194、197、180 和 M113、196、131 之间，包括 M159、168、169、171、179、160、116、127、113、122、133、104、105、106、157、158 等 16 座墓葬。它们以 H103 为中心，呈环状排列，里圈墓葬到"灰坑"的距离大于墓葬的间距。合葬墓居多。

第二群落分布在墓地中部靠西处，排在 H101 的东西两侧，大多集中于东侧，包括 M156、114、115、148、146、149、118、117、154、147、181、120、132、134、150、124、172、174、145、182 等 20 座墓葬。以单人葬为主。排列顺序整齐的有三排墓葬，年代均属早期。第一排除 M118 为两个成年女性外，M117、154、147 均成年男性。第

174

二排亦有4座墓，皆成年男性。第三排M124是两个成年男性，M172为成年男性，M145年龄性别不明。

第三群落邻近第二群落，略偏东南，彼此相距约4米。包括M164、141、140、139、108、165、123、126、128、125、166、142、138、129、183、102、136、137、103、184、130、187、186、188、185、189等26座墓。合葬墓略多于单人葬墓。自西而东大致可以区别出六排，一、二、三排的间距基本相等。

三个灰坑与墓葬处在同一层位，根据遗物、遗迹现象以及H103、101在一、二两个群落中的特殊位置判断，或许是进行宗教仪式时使用的祭祀坑。

三个群落之中都含有不同形制和不同葬式的墓葬，除了第二群落没有晚期墓葬外，另两个群落早中晚期墓葬均有。可见，划分群落的前提不是时间，而是空间。具有相同文化特征的人共处于一个墓地，表明他们同属于一个民族共同体。如果把整个墓地看作是比较高一级的人们共同体，那么便可认为三个群落即是低一级的人们共同体。如此，砖厂居民生前的社会组织至少能够分成两个层次。

下面分析墓主生前的社会地位及社会关系。

砖厂墓地的死者大多葬在形制基本相同的长方形土坑竖穴内，附带墓道和筑有二层台的墓的结构比较特殊，葬于此类墓内的却多属二次合葬，而且往往不同性别及年龄的人均有。大多数墓没有葬具。

随葬品组合简单，流行殉牲习俗。一般地说，各墓之间随葬品数量差异不大。但是也存在个别例外的情形。

在一次葬的墓中，墓地出土的三块精美的铜牌饰，有两块发现于女性墓中，即M128和188。后者的墓主人是一位老年妇女，随葬品达32件。M170葬有一位40岁左右的中年妇女，身体左侧端端正正地摆放着全墓地唯一的一件鸭形壶，可见其身分非同寻常。随葬品丰富的男性墓只有M150，墓主人是40岁左右的男子，随葬品特别丰厚。他的头部蒙罩嵌有绿松石和铜泡的覆面，上体环佩由金片、铜牌饰和管状饰等组成的完整串饰，说明生前具有十分显赫的社会地位。从随葬的生产工具铜刀、铜镞和骨镞等占该墓随葬品总数的1/2来看，他显然还没有脱离生产活动。表明男性老人和某些才能出众的男子在社会上同样享有较高声誉和显赫的地位。

有的合葬墓不但构筑二层台或墓道，而且还有木质葬具或殉较多的随葬品。M107挖有斜坡墓道以安置殉牲，M140和141不仅有二层台，还有形制颇规整的木葬具。上述三座家族墓一共埋葬了41个人，随葬品的数量竟然占砖厂墓地出土遗物的1/2左右。M107一墓的随葬品即达601件。

墓地内的合葬墓和单人墓的分布，相互交叉，错落有致。同一群落以至同一排，既有单人墓，也有合葬墓。异穴安葬的墓主之间以及合葬墓内死者之间的相互关系，是血亲关系，还是姻亲关系或其他关系，这个问题还需要进行深入研究。

二次葬和多人合葬墓处于主导地位，是砖厂墓地葬制的突出特点。葬式、年龄性别和人数明确的合葬墓有33座。在15座异性成年及小孩合葬墓中，同墓穴内的性别构成有三种情形：男女人数相等的墓2座，男性少于女性的1座，男性多于女性的10座。此外，男女人数不能确定的2座。均二次葬。同性成年及同性成年和小孩的合葬墓8座，从葬制上观察，不论女性还是男性合葬墓，分别实行一次葬和二次葬的都有。男女二人合葬墓11座，二次葬者居多，其次为一、二次葬并用，一次葬墓仅1座。一、二次葬并用墓中的女性均一次葬，而男性皆为二次葬。

合葬墓内至少包括两代不同辈分的成员。具有判定辈分意义的墓有5座（M128、146、136、190、108）。M128葬3人，皆一次葬，①为40～45岁，②为40岁左右，③为16～17岁，③当为①和②的晚辈。M146葬4人，皆一次葬，①为35岁左右，②为12岁左右，③为20～22岁，④为8～9岁，①和③之间辈分难于确定，②、④当为①的晚辈。M136葬2人，①是二次葬，②是一次葬，①为45岁左右，②为22～24岁，实际岁差最少是21～23岁，②可能是①的晚辈。M190葬2人，①是一次葬，②是二次葬，①为20～22岁，②为35～40岁，实际岁差最少是13～20岁，①当为②的晚辈。M108葬2人，皆一次葬，①为40岁左右，②为13～14岁，②当为①的晚辈。

8座同性成年或同性成年和小孩合葬墓中，女性6座，男性2座。每墓少则2人，多达6人。同小孩合葬的全为成年女性。M128埋葬两位成年妇女和一位少女，后者可能是前者之一的女儿。她们并排安放在墓室之中，不分主次，而且少女的随葬品同两位长辈一样可观。子女随母亲埋葬是母子关系无比亲密的反映。

男女二人合葬墓中，确知生时实际年龄岁差的只有实行一次葬的M108一座，男性40岁左右，女性年仅13～14岁。女性是男性的妻子，还是象征妻子的妾奴，因只此一例，目前尚无法断言。

砖厂墓地的322具人骨绝大部分经过鉴定，使我们得以对当时的砖厂居民的年龄、性别结构、健康状况以及寿命做进一步的研究。现将死者的年龄、性别列表如下：

单位	人数	未成年 男	未成年 女	14~20 男	14~20 女	21~25 男	21~25 女	26~30 男	26~30 女	31~35 男	31~35 女	36~40 男	36~40 女	41~45 男	41~45 女	46~50 男	46~50 女	51~55 男	51~55 女	56 男	56 女	成年 男	成年 女	成年	不详
第一群落	88	16		3	7	3	5			3	4	8	2	5	6	1		2		2		3	5	8	
第二群落	32	6				5	2	1				2	1	1	2							5	2	1	4
第三群落	59	5				5	3	8	2	1	2	1	2	6	1	1	3	6		1		2	7	2	2
整个墓地	322	56		4	19	18	19	10	7	9	6	25	9	19	11	18	2	1	5	3	5	31	15	11	19

从整个墓地看，14～25以及51～56岁之间的各年龄段内，女性的死亡率高于男性，特别是14～20年龄段。第一、三群落的情形亦如此。这可能与在伴随着婚龄接踵而至的生育旺盛期间，生活艰苦加之卫生保健条件差从而导致死亡的原因有关。在26～50岁之间的各年龄段内，男性的死亡率普遍高于女性。沉重繁杂的劳作大约是夺去青壮年男子生命的原因之一。

在砖厂居民中存在着可称之为死亡高峰期的四个年龄段。一是儿童占死者总数的17.39%，二是21～25年龄段占11.49%，三是36～40年龄段占10.56%，四是41～45年龄段占9.32%。四个年龄段的死亡人数约占总数的一半。在年龄性别明确的246人中，死于45岁以前的占86.18%，死于50岁以前的占94.31%。极少数人能够活到51岁以后，其中女性的人数大大超过男性。超过56岁的仅几例。

可见，当时的砖厂居民的寿命是相当短促的，男性比女性更加短促。

三个群落的性别结构是这样的，鉴定年龄、性别的成年人（按14岁以上计算，含14岁）总计135人。第一群落男性32人，女性32人。第二群落男性13人，女性8人。第三群落男性27人，女性23人。男女比例依次为1∶1、1.63∶1、1.17∶1。整个墓地确定年龄性别的成年男女比例为1.4∶1，介于第二和第一、三群落之间。第一、三群落的男女数量比较接近。砖厂居民的男女比例基本平衡或者男子略多于女子，这个结论估计能够切合当时的实际情况。

根据战斗墓地现存的21座墓葬，可以大体上区分出两个群落。

第一群落位于墓地南端，呈条状结构，包括M206、205、211、212、207、219、203、208、204、213等10座墓葬。南起第一排有7座墓葬，排列整齐，M205略偏南，M211北端打破M212南端。第二排2座墓，第三排仅1座。以夫妻合葬墓和母子合葬墓为主。

第二群落距第一群落3米左右，呈环状排列，包括M214、209、217、221、215、216、210等7座墓葬。只有2座单人墓，余为"空墓"。

看来，战斗墓地也是以空间划分群落的。同一群落内，无论夫妻合葬还是母子合葬，都应该认为是个体家庭的缩影。若干个体家庭的成员死后聚葬在一起，表明生前其相互关系是十分密切的，很可能就是一个亲族共同体——家族。

如是，战斗居民的社会组织当为三个层次：个体家庭—家族—氏族或部落。个体家庭是社会组织的基层单位。

在战斗墓地，氏族成员的社会地位及对劳动产品的占有状况，透过墓葬形制和随葬品的差异，已经显现出来。人们彼此间有了较为明显的尊卑之分，比较富有的家庭出现了。富裕的家庭修建宽大的墓穴和配置与其地位相当的随葬品。如M204和207同为母子合葬墓，墓葬规模却全然不同。前者为一般的长方形土坑竖穴墓，后者则是带斜坡墓道的凸字形墓。再如 M217 和 219 同为凸字形墓，但随葬品相差悬殊。前者一个人只有 6 件，后者两个人竟多达 98 件。这一鲜明对比，是死者生前占有不同私有财产的写照。

夫妻合葬墓是死者生前的家庭关系在葬俗上的反映，是父权制确立的重要标志。M219 为年龄相近的成年男女合葬墓，男的安放在墓室中央，居于主导地位，女的置于其左侧，面向男性。M211 是成年男女和子女的家庭合葬墓，男子和小孩都是仰身直肢葬，并置于墓室之中，女的位于男性右侧，侧身直肢，面向男性，明显地处于从属地位。这是平洋墓葬绝无仅有的现象。不言而喻，墓主人应是夫妻关系。婚姻形态随之由对偶婚转变为一夫一妻制，子女成为父系血缘的维持者、父亲财产的继承人。

当生产力发展到一定阶段，私有制产生以后，随着父系氏族的出现，家长奴隶制应运而生。在父系氏族内部，尚在萌芽状态中的阶级关系，首先表现在夫妻之间。正如恩格斯所说："在历史上出现的最初的阶级对立，是同个体婚制下的夫妻间的对抗的发展同时发生的，而最初的阶级压迫是同男性对女性的奴役同时发生的"[①]。M219 和 211 就是这一论断的极好例证。以妻子或婢妾名义殉葬的女子，都是"非自由人"的一部分。

需要重视的是，在 M211 内，除去三位一次葬的墓主人外，还发现两个单独的头骨，一个属于未成年，另一个是 40 岁左右的男子。可以肯定，这是被杀殉的奴隶。当时，富有者不仅占有较多的财富，而且拥有一定数目的奴隶。奴隶的劳动被无偿占有，他们的命运亦掌握在富有者的手中。这两个奴隶可能是从外部落、外氏族掠夺来的俘虏，也可能是奴仆。因此，战斗墓地的社会发展阶段大概已经进入父系社会的家长奴隶制时代了。

---

① 恩格斯：《家庭、私有制和国家的起源》，《马克思恩格斯选集》第四卷第 61 页，人民出版社，1972 年。

五　族　属

据历史文献记载，东胡存在于我国北方的春秋战国时期到西汉初年，约 400 多年间。东胡的名号最早见于先秦文献，《逸周书·王会》曰"东胡黄罴"，又言"正北（有）……匈奴……东胡……"《山海经·海内西经》谓："东胡在大泽东，夷人在东胡东。"以上二书，据有关学者研究系春秋战国时人所撰。根据司马迁的记载，东胡出现于历史舞台上的时间能够追溯到春秋中叶，《史记·匈奴列传》云："晋文公初立，欲修霸业……迎内周襄王，居于雒邑。当是之时，秦晋为疆国……而晋北有林胡、楼烦之戎，燕北有东胡、山戎。各分散居黢谷，自有君长，往往而聚者百有余戎，然莫能相一。"到秦汉之际，东胡王被匈奴冒顿单于击破，部众溃散，乌桓、鲜卑等纷纷自立为号，东胡之名遂消失于史册。

东胡的活动地域，南部与晋（入战国时为赵）燕相邻，西部基本位于"大泽"一线（大泽，学术界普遍认为即今内蒙古呼伦贝尔盟境内的达赉湖）。大泽以西，隔千余里"弃地"同匈奴对峙①。其东与"夷"人交接。东胡的北界，史无明载，不能确指。不过从曾经附庸于东胡的鲜卑早期游牧地的方位可以做些推测，《魏书·帝纪·序记》云："国有大鲜卑山，因以为号。"一些学者主张大兴安岭的北段可能就是大鲜卑山②，近年在内蒙古鄂伦春自治旗阿里河镇嘎仙洞中发现的北魏太平真君四年告祭祖先石室铭文似乎加强了这种论断③。因此，把甘河上游一带视为东胡的北界大概不会为过。需要说明的是，由于史料的局限，我们无法精确地勾画出东胡疆界的具体范围。实际上，随着毗邻双方实力的消长，边界线亦在不断地作弹性伸缩。以东胡和燕的关系为例，战国中期燕将秦开却东胡前后，双方的疆界就有很大变化。将东胡逐出千里之外的同时，"燕亦筑长城，自造阳至襄平，置上谷、渔阳、右北平、辽西、辽东郡以拒胡。"④ 可见，

---

① 《史记·匈奴列传》。
② 马长寿：《乌恒与鲜卑》，上海人民出版社，1962 年；宿白：《东北、内蒙古地区的鲜卑遗迹》，《文物》1977 年 5 期。
③ 米文平：《鲜卑石室的发现与研究》。《文物》1981 年 2 期。
④ 《史记·匈奴列传》。

伴随着军事上的胜利，燕的北部疆界深入到了东北南部。经过史地考古工作者多年实地踏查，已经弄清燕北长城的西段走向。这段长城起自内蒙古化德县，经正蓝旗、多伦县，穿河北省围场县，东入赤峰、敖汉、奈曼、库伦等市、旗，折入辽宁省阜新县境内①。没有踏查的东段，有学者认为由阜新过彰武至法库，跨越辽河抵开原，再转往新宾、宽甸，东进朝鲜②。燕北长城修筑的年代大约在燕昭王初年，极有可能是在公元前311年至公元前297年之间③。毫无疑问，此时东胡的势力范围不得不退向燕北长城迤北的广大地区—西喇木伦河一线。这种局面一直沿续到汉初而未发生根本改观。

有关东胡的时空概念，我们还可以从考古发现印证古史记载。就现今的材料和认识水平看，东胡当与夏家店上层文化的关系最密切。解放后，夏家店上层文化经过调查和发掘的地点约百余处。日益增多的新材料和逐步深入的比较研究，使人们对该文化的内涵、特征、编年、分布等问题的了解愈发明晰。夏家店上层文化同中原地区的青铜文化有明显差异，属于北方草原青铜文化。它集中分布在西喇木伦河流域及其以北的丘陵地带，西南大体以七老图山为界，南部抵达燕山、滦河一线，东部不过柳河与医巫闾山④。该文化的时代跨度大体上约当商周之际至战国中期。依据年代和地望以及对若干习俗的分析，考古界认为其族属可能是东胡。文献记载同考古遗存如此符合恐怕不是偶然的巧合。

平洋文化的整体面貌尚不十分清楚，然而并不妨碍凭借业已显露出来的文化因素同东胡相联系。无论从时间上，还是从地望上看，平洋文化都和文献记载的东胡相合不悖。诚然，平洋文化的内涵等有别于夏家店上层文化，"但不能说只有与已知的夏家店上层面貌完全相同的才是'东胡'（山戎）"⑤，相反，它恰恰证实了"百有余戎，然莫能相一"的说法的可信性。说明东胡包含的民族集团的成分确实复杂，只不过见诸文献的寥寥无几，大多数未载于史册罢了。东胡名下的各民族集团都是相对独立的实体，彼此间没有固定的从属关系。它是由"不属于同一语族，但属于同一语系"的若干民族集团，为着解决某些"重要的生计问题"而组成的"人存政举，人亡政息"的部落联盟⑥。当强有力的部落联盟的纽带尚能维系各民族集团时，东胡的名号便具有实际意

① 内蒙古文物工作队、内蒙古博物馆：《内蒙古文物考古工作三十年》，《文物考古工作三十年》，文物出版社，1979年；辽宁省博物馆文物工作队：《概述辽宁省考古新收获》，《文物考古工作三十年》，文物出版社，1979年。
② 李殿福：《东北境内燕秦长城考》，《黑龙江文物丛刊》1982年1期。
③ 佟柱臣：《东北历史和考古中的几个问题》，《东北考古与历史》1982年1期。
④ 靳枫毅：《夏家店上层文化及其族属问题》，《考古学报》1987年2期。
⑤ 刘观民、徐光冀：《内蒙古东部地区青铜时代两种文化》，《内蒙古文物考古》创刊号。
⑥ 马长寿：《乌桓与鲜卑》，上海人民出版社，1962年。

义，一旦部落联盟瓦解，其名号自然也就随之消失。因此当西汉初年东胡被匈奴击溃之后，立即出现了众多民族集团各自为政的局面。据此，平洋文化的民族属性应该纳入东胡范畴之内。

平洋文化的年代下限延伸到西汉中期，上距东胡灭亡约有100多年。对这段时间差和族属的关系怎样理解呢？首先，平洋文化在年代、地域和文化面貌上具有质的相对稳定性，有独自的文化传统，不可分割，因此在一般情况下，它应该同一种民族集团相对应。其次，乌桓与鲜卑同为东胡部落联盟的重要成员。《史记•匈奴列传》〔索隐〕服虔云："东胡，乌桓之先，后为鲜卑。"《三国志•魏书》言："乌丸、鲜卑，即古所谓东胡也。"《后汉书•鲜卑传》："鲜卑者，亦东胡之支也。"载于史籍的乌桓与鲜卑，大概看作是许多民族集团中比较强大的两支较为贴切史实。乌桓与鲜卑一起从东胡分离出来，二者出现在历史舞台上的时间并无先后之分。乌桓和鲜卑亲缘关系密切，《后汉书•鲜卑传》明确指出"其言语习俗与乌桓同"，不同之点在于地理分布：乌桓居南，鲜卑偏北。汉武帝时"徙乌桓于上谷、渔阳、右北平、辽西、辽东五郡塞外，为汉侦察动静。"① 汉初五郡设置基本因袭战国之旧。由此，乌桓居地位于西喇木伦河一带，再往北的嫩江流域即或是鲜卑的游牧地。在考古学上判定乌桓和鲜卑物质遗存的标准尚未明确之前，我们姑且根据地望推断平洋文化是鲜卑的遗存。

风俗习惯是反映民族自身特有属性的重要内容。关于鲜卑的习俗，史籍缺乏详载，但是《后汉书•鲜卑传》云"其言语习俗与乌桓同。"而乌桓的记载较为详尽，因之不乏研究参考的依据。《后汉书•乌桓传》言："男子能作弓矢鞍勒，锻金铁为兵器。"同书《鲜卑传》云："以角为弓，俗谓之角端弓者。"可见鲜卑是一个善骑射的骑马民族。平洋墓葬中以骨镞和骨弭的数量最多，且往往共生。金属箭镞数量虽少，但同骨镞等显然都是本地产品。从陈放位置看，它们是男子的专用品。不少墓殉有狗头，还有的墓发现火化现象。这些葬俗和"肥养一犬，以彩绳缨牵，并死者所乘马衣物，皆烧而送之，言以属累犬，使护死者神灵归赤山。"② 记载颇有吻合之处，对于确定平洋墓葬的族属很有参考价值。

鲜卑大体上可分为两部分：东部鲜卑和拓跋鲜卑。如前文所述，拓跋鲜卑的早期驻地在内蒙古阿里河一带的可能性很大。如果说完工和扎赉诺尔墓群是拓跋鲜卑从大兴安岭北段转到额尔古纳河流域后留下的遗迹③，那么文化性质与完工相同的平洋墓葬很有可能是沿甘河河谷下行抵达嫩江流域后的遗存。看来，拓跋鲜卑祖先的南迁路线大约是沿大兴安岭两侧进行，一是西南行进入呼伦贝尔草原，二是东南行深入松嫩平原腹地。

---

① 《史记•匈奴列传》。
② 《后汉书•乌桓传》。
③ 宿白：《东北、内蒙古地区的鲜卑遗迹》，《文物》1977 年 5 期。

181

最后，从体质人类学角度作些比较分析。平洋墓葬的人骨经过潘其风先生鉴定，存在两种不同类型，其一为东北亚蒙古人种和北亚蒙古人种的混合类型，其二为东北亚蒙古人种与东亚蒙古人种的混合类型。从整体看平洋墓葬古代居民是一种同种系多类型的群体，人种类型主要与东北亚蒙古人种接近，同时也与北亚蒙古人种和东亚蒙古人种接近。显然，平洋墓葬古代居民的人种类型，既不同于夏家店上层文化的东亚蒙古人种，亦区别于分布在松花江流域的西团山文化的东亚与北亚蒙古人种混合型。

随着工作进展和材料的日益丰富，对夏家店上层文化的认识不断深化，目前已有人进行划分地方类型的尝试。在夏家店上层文化分布圈内有人主张分为南山根和凌河两种类型①，也有划成大井、南山根和十二台营子三种类型的见解②。尽管区分标准不尽一致，但是在应该和可以划分这一点上却是没有疑义的。已经做过人种鉴定的标本均属南山根类型。既然夏家店上层文化可以划成若干类型，东胡又是多民族集团组成的部落联盟，那么与不同类型对应的人种类型和族属很可能也存在一定差异。如此，把夏家店上层文化的人种看作只是东亚蒙古人种的结论恐怕尚为时过早。当然，这种推论有待于今后考古实践和人种鉴定结果的证实。

"在北方草原地区各古代组群中，平洋组与完工组最接近。……平洋组与完工组在体质上相接近的性质，从一个方面反映了两者可能来源于一个共同的祖先类型。同时，平洋组还与公元前3世纪至公元前后生活在北方草原地区的古代组群，如匈奴组、毛庆沟组和扎赉诺尔组等也存在程度不同的接近关系，这说明平洋文化的古居民在体质上与这些草原游牧民族存在一定程度的联系。平洋组中存在的两个人种类型的分组，可能正是由于不同族属的人群相接触后在体质上引起的变异。"③

综上所述，我们认为：第一，东胡确是由"百有余戎"的多民族集团构成的部落联盟共同体；第二，平洋文化的族属可进而推定为拓跋鲜卑及其先世，它的形成过程应提前到公元前5世纪末，而不是从大泽西迁以后，这种"杂胡"形态不仅仅局限于鲜卑和匈奴的融合，大概还包括其他族属的人们。

＊　　　＊　　　＊

平洋墓地是迄今为止在黑龙江省境内发现的一处规模较大的家族部落墓地，它的全部发掘是黑龙江省考古工作的重大收获。

平洋墓地保存的墓葬数量比较多，出土遗物丰富，为研究松嫩平原青铜时代和早期

---

① 郭大顺：《西辽河流域青铜文化研究的新进展》，《中国考古学会第四次年会论文集》，文物出版社，1985年。
② 靳枫毅：《夏家店上层文化及其族属问题》，《考古学报》1987年2期。
③ 潘其风：《平洋墓葬人骨的研究》，见本书附录一。

铁器时代考古文化的内涵、年代序列及其相互关系等一系列问题提供了翔实可靠的新资料。通过对这批考古资料的综合研究，可弥补古代文献中关于先秦时代黑龙江历史记载过于简略的不足，从而为黑龙江早期历史和民族关系的深入探索提供了一份比较充实的资料。

通过对这份资料的分析，可以看到，大约从春秋晚期起，聚居于大兴安岭两侧的平洋文化的人们，就同其他兄弟民族一起共同参与了对祖国东北边疆的开发，他们以其风格独特的生活方式为丰富中华民族的文化宝库作出了不可磨灭的贡献。

附　　录

附录一

平洋墓葬人骨的研究

潘 其 风

黑龙江省文物考古研究所于 1984 年配合泰来县平洋镇的砖厂扩建工程，抢救性地发掘了一批古墓葬。其间，笔者曾应邀前往发掘工地，从事对墓葬中出土人骨的观察鉴定工作，当时，因发掘工作进程的需要，有一部分墓葬中的遗骨已采集存放在工地的临时库房中，大部分墓葬中的遗骨则仍然保留在墓穴内，我们对这些保留在墓穴内的人骨作了现场鉴定处理。砖厂墓地未及作现场观察鉴定的墓葬人骨，以及 1985 年战斗墓地出土的人骨资料，承发掘队的同志们细心采集后寄运到北京，又在室内开箱补作了整理鉴定。在发掘现场和运京鉴定的标本中，选择了部分保存较完整的颅骨及体骨，作观察整理和测量研究。现将整理研究的结果，报告如下。

（一） 资　料

本报告的研究资料，包括砖厂墓地和战斗墓地两处的人骨资料。两处古墓群中出土的人骨，保存完整可供测量研究的颅骨和体骨为数不多。平洋砖厂墓地所采集可供测量研究的颅骨共计 25 例（其中男性 15 例、女性 10 例）；下颌骨 24 例（男性 14 例、女性 10 例），其中仅有两例男性下颌骨与头骨相配合。

战斗墓地所采集的人骨中，可供观测的颅骨仅 3 例（男性 1 例、女性 2 例），3 例颅骨均有下颌骨相配合。

由于可供观测研究的骨骼以出自平洋砖厂墓地的数量较多，故本报告主要依据平洋砖厂墓地出土的人骨资料做分析研究。

（二） 性别与年龄

砖厂墓地共清理墓葬 97 座，保存有遗骨可作骨骼鉴定的墓葬总计 75 座，约占发掘墓葬总数的 77％。战斗墓地共清理墓葬 21 座，经鉴定的计 8 座，共 15 例个体。经鉴定的墓葬中个体的性别年龄详见发掘报告的墓葬登记表。

平洋墓葬的多人二次合葬墓中掩埋的人体数目无一定规律可寻，少则一墓四五例，多则一墓掩埋有十几例至几十例个体，埋葬人数最多的一座墓是 M111，其最少个体数达 45 例。在这类埋葬人数众多的丛葬墓中，遗骨的安置极其零乱。头骨、下颌骨及其他体骨散布于墓室各处，毫无规律。头骨的数目与体骨所反映的个体数往往不符。这种现象，使得在鉴定工作中要确定一座二次合葬墓埋葬的个体总数有一定困难。计算这一类合葬墓中个体数的原则，是以数量最多的骨种为准，推算出该墓的最少个体数。如以 M104 为例，由该墓采集的骨骼计有：残头骨 14 例，残下颌骨 13 例，男性右髋骨 5 例，左髋骨 4 例，女性右髋骨 3 例，左髋骨 2 例，未成年右髋骨 2 例，股骨右侧 15 例、左侧 10 例，胫骨左右各 6 例，肱骨右侧 12 例、左侧 7 例。若以残头骨计数应为 14 例个体，但右侧股骨却有 15 例，依据长骨的数量来推断，实际拥有的个体数应多于头骨所反映的数量。所以就根据数量最多的骨种——右股骨的数目为准，推断该墓埋葬的最少个体数为 15 例。之所以称最少个体数，是因为头骨和体骨并不一定能完全配合，同一骨种的长骨左右侧别，也有可能分别属于不同的个体，墓室中实际埋葬的个体数目还有可能超出以右侧股骨所代表的个体数。但是，因墓室中的骨骼都已残缺不全，很难再将所有各种骨骼作个体配合的鉴别，故只能以数量最多的右侧股骨为准来确定该墓之最少个体数。

砖厂墓地经鉴定的 75 座墓葬所掩埋的最少个体数总计有 289 例。这些个体的性别和年龄分期的状况列于表一。

表一 死亡年龄分布统计表

年龄阶段 \ 性别	男（%）	女（%）	性别不明（%）	合 计（%）
婴儿（2 岁以内）			22 (42.3)	22 (7.6)
儿童（3～6 岁）			15 (28.8)	15 (5.2)
少年（7～14 岁）	4 (3.0)	6 (5.9)	1 (1.9)	11 (3.8)
青年（15～24 岁）	19 (14.1)	34 (33.3)		53 (18.3)
壮年（25～34 岁）	18 (13.3)	10 (9.8)		28 (9.7)
中年（35～55 岁）	62 (45.9)	30 (29.4)	2 (3.8)	94 (32.5)
老年（56 岁以上）	3 (2.2)	7 (6.9)		10 (3.4)
未成年			6 (11.6)	6 (2.1)
成 年	29 (21.5)	15 (14.7)	6 (11.6)	50 (17.3)
总 计	135 (100)	102 (100)	52 (100)	289 (100)

188

按可以明确判别性别的个体数计算，计有男性个体 135 例，女性个体 102 例，男女两性的比例为 1.32 比 1，男性个体多于女性。

分析表中死亡年龄之分布，女性死亡年龄的高峰在青年期，即 15～24 岁这一年龄阶段。该年龄阶段的死亡率为 33.3％，比相同年龄阶段的男性死亡率高出 1 倍多。男性的死亡年龄高峰则在中年阶段，即 35～55 岁这一年龄阶段，其死亡率为 45.9％。死于老年阶段的比例，女性组高于男性组，这反映出进入老年阶段的女性比男性略多。

再试用编制生命简表的方法，来分析死亡率与各年龄阶段的关系。人口学中通常将同时出生的一批人，随着年龄增长而陆续死亡的人数，按死亡年龄列成一种表格，称为死亡表。由于它同时也从另一方面反映着这一批人的整个生命过程，所以也叫做生命表。又因在此表中可计算人口的平均寿命，故又称为寿命表。生命表是按一岁一组编制的，若将若干岁合并为一个年龄组，即称为简略生命表。通常以 5 岁为一组来编制。

生命表是考察分析死亡和年龄关系的一个得力的工具。生命表的编制需要追踪观察一批人自出生开始到全部死亡为止的全过程。但是实际上不可能耗费如此长的时间去做这样的追踪统计工作。因此，一个变通的办法，就是可以将生存在同一时间内的不同年龄阶段的一批人作为标本，来编制生命表①。同样，对于同一墓地出土的人类遗骨也可以作这样的处理。

在此将砖厂墓地出土的人骨中，经性别年龄鉴定的个体，视作同时出生而死于不同年龄阶段的一批人对待来编制简略生命表。

表二为平洋组两性合并编制的简略生命表。在该表中，将不能确定年龄阶段的 6 例未成年个体编入 15～19 岁组，50 例成年个体编入 45～49 岁组。从表中可看到平洋组古居民的男女两性合计平均寿命为 32.54 岁。分析各年龄组的死亡概率，在 40 岁以前各年龄组中，20～24 岁组为一死亡高峰期，40 岁以后各年龄组中，45～49 岁组为另一死亡高峰期。

分性别编制的简略生命表中，从表三可看到男性的平均寿命为 36.89 岁，而表四所反映出的女性平均寿命为 32.16 岁（分性别编制的生命表中，排除了 10 岁以前的个体和不能作年龄分期的成年个体数）。

女性简略生命表中，40 岁以前各年龄组中，死亡概率最高的为 20～24 岁组，其死亡概率比男性同年龄组高出将近 1 倍。就是说生存到这一年龄阶段时，有将近 1/3 的女性丧生。

两种统计方法都反映了青年女性的死亡率远高于男性。这种现象在其他一些遗址的古代居民群体死亡年龄分布统计中亦常见。一般认为造成古代青年女性高死亡率的原因之一，是与缺乏起码的医疗卫生条件，使许多青年妇女在孕产期得不到适当的医护而丧生有关。平洋组男性的平均寿命比女性的平均寿命高，但进入老年阶段的百分比却是女性比男性高。总观平洋组古居民的平均寿命偏低，这也从一个侧面反映出当时人们的生活条件是比较艰苦的。

表二   平洋墓葬男女两性合计简略生命表

年龄组	死亡概率（‰）	尚存人数	各年龄组死亡人数	各年龄组内生存人年数	未来生存人年数累计	平均预期寿命
x	nqx	1x	ndx	nLx	Tx	e°x
0～	4.5	289	13	282.5	9404.0	32.54
1～	5.8	276	16	1072.0	9121.5	33.04
5～	3.5	260	9	1277.5	8049.5	30.96
10～	4.0	251	10	1230.0	6772.0	26.98
15～	8.7	241	21	1152.5	5542.0	23.00
20～	17.3	220	38	1005.0	4390.0	19.95
25～	8.8	182	16	870.0	3385.0	18.60
30～	7.2	166	12	800.0	2515.0	15.15
35～	11.7	154	18	725.0	1715.0	11.14
40～	26.5	136	36	590.0	990.0	7.28
45～	80.0	100	80	300.0	400.0	4.00
50～	50.0	20	10	75.0	100.0	5.00
55～	100.0	10	10	25.0	25.0	2.50

表三   平洋墓葬男性简略生命表

年龄组	死亡概率（‰）	尚存人数	各年龄组死亡人数	各年龄组内生存人年数	未来生存人年数累计	平均预期寿命
x	nqx	1x	ndx	nLx	Tx	e°x
0～		106	0	106.0	3910.0	36.89
1～		106	0	424.0	3804.0	36.23
5～		106	0	530.0	3380.0	31.88
10～	3.8	106	4	520.0	2850.0	26.89
15～	2.9	102	3	502.5	2330	22.84
20～	16.2	99	16	455.0	1827.5	18.46
25～	10.8	83	9	392.5	1372.5	16.53
30～	12.2	74	9	347.5	980.0	13.24
35～	20.0	65	13	292.5	632.5	9.73
40～	44.2	52	23	202.5	340.0	6.53
45～	66.5	29	19	97.5	137.5	4.74
50～	70.0	10	7	32.5	40.0	4.00
55～	100.0	3	3	7.5	7.5	2.50

表四   平洋墓葬女性简略生命表

年龄组	死亡概率（%）	尚存人数	各年龄组死亡人数	各年龄组内生存人年数	未来生存人年数累计	平均预期寿命
x	nqx	1x	ndx	nLx	Tx	e°x
0～	0	87	0	87.0	2797.5	32.16
1～	0	87	0	348.0	2710.5	31.16
5～	0	87	0	435.0	2362.5	27.16
10～	6.9	87	6	420.0	1927.5	22.16
15～	14.8	81	12	375.0	1507.5	18.61
20～	31.9	69	22	290.0	1132.5	16.41
25～	14.9	47	7	217.5	842.5	17.93
30～	7.5	40	3	192.5	625.0	15.63
35～	13.5	37	5	172.5	432.5	11.69
40～	40.6	32	13	127.5	260.0	8.13
45～	47.4	19	9	72.5	132.5	6.97
50～	30.0	10	3	42.5	60.0	6.00
55～	100.0	7	7	17.5	17.5	2.50

（三）形态分析

保存比较完整可供观察测量的平洋组颅骨中，有男性颅骨 13 例，女性颅骨 10 例，另有两例男性颅骨实际仅存面骨部分。下颌骨男性 14 例，女性 10 例，其中只有两例男性下颌骨与头骨相配合。

男女两性颅骨的非测量性形态特征的观察统计列于表五，颅面部分测量特征的分级统计列于表六。

男性颅骨的形态特征。头形以椭圆形和卵圆形两类居多。眉弓普遍比较发达，在 15 例标本中眉弓发育程度属于中等级别的仅 1 例，其余均属显著级到粗壮级。额骨倾斜度较明显，60％属倾斜级，40％为中等级，不存在额骨平直者。部分颅骨标本的颅顶缝已愈合隐没而不详其颅缝之形态。在可观察颅顶缝的标本中，矢状缝的顶段和后段以深波型和锯齿型居多，前囟段和顶孔段多数为微波型。大多数颅骨的枕外隆突不发达，在 13 例标本中，枕外隆突发育程度达中等级别以上的仅有 4 例，枕外隆突稍显者 6 例，另 3 例枕外隆突缺如。虽然枕外隆突发育弱，但是枕骨的外隆部及上项线部分的骨板明

颅骨非测量性形态观察统计表（男女两性）

项　目	性别	例数	形态分类及出现例数					
颅　形			椭圆形	卵圆形	圆形	五角形	楔形	菱形
	男	13	6（46.3%）	5（38.5%）		1（7.6%）		1（7.6%）
	女	10	4（40.0%）	4（40.0%）		2（20.0%）		
眉　弓			弱	中等	显著	特显著	粗壮	
	男	15		1（6.7%）	6（40.0%）	2（13.3%）	6（40.0%）	
	女	10	9（90.0%）	1（10.0%）				
前　额			平　直		中　等		倾　斜	
	男	15			6（40.0%）		9（60.0%）	
	女	10	7（70.0%）				3（30.0%）	
额中缝			无	1/3	1/3～2/3	2/3	全	
	男	15	15（100%）					
	女	10	10（100%）					

颅 顶 缝				微　波	深　波	锯　齿	复　杂
	前囟段	男	8	6（75.0%）	2（25.0%）		
		女	6	5（83.3%）	1（16.7%）		
	顶　段	男	10		4（40.0%）	5（50.0%）	1（10.0%）
		女	7			6（85.7%）	1（14.3%）
	顶孔段	男	9	7（77.8%）	1（11.1%）	1（11.1%）	
		女	7	6（85.7%）	1（14.3%）		
	后　段	男	7	1（14.3%）	4（57.1%）	2（28.6%）	
		女	7		4（57.1%）	3（42.9%）	

乳　突			极小	小	中等	大	特大
	男	14			1（7.1%）	6（42.9%）	7（50.0%）
	女	10	4（40.0%）	5（50.0%）	1（10.0%）		
枕外隆突			缺	稍显	中等	显著	极显著
	男	13	3（23.1%）	6（46.2%）	2（15.3%）	1（7.7%）	1（7.7%）
	女	10	8（80.0%）	2（20.0%）			
眶　形			圆形	椭圆形	方形	长方形	斜方形
	男	15	4（26.7%）	2（13.3%）	6（40.0%）	3（20.0%）	
	女	13	3（23.1%）	2（15.4%）	5（38.4%）	3（23.1%）	
梨状孔			心　形		梨　形		三　角　形
	男	12	5（41.7%）		7（58.3%）		
	女	10	7（70.0%）		3（30.0%）		

项　目	性别	例数	形态分类及出现例数				
			锐　形	钝　形	鼻前沟形	鼻前窝形	
梨孔下缘	男	14		7 (50.0%)	6 (42.9%)	1 (7.1%)	
	女	10	3 (30.0%)	5 (50.0%)	1 (10.0%)	1 (10.0%)	
			Ⅰ	Ⅱ	Ⅲ	Ⅳ	Ⅴ
鼻　棘	男	15	6 (40.0%)	9 (60.0%)			
	女	9	7 (77.8%)	2 (22.2%)			
			无	弱	中等	显著	极显著
犬齿窝	男	14	4 (28.6%)	6 (42.9%)	1 (7.1%)	3 (21.4%)	
	女	12	4 (33.3%)	2 (16.7%)	4 (33.3%)	2 (16.7%)	
			无		浅		深
鼻根凹	男	15	5 (33.3%)		9 (60.0%)		1 (6.7%)
	女	10	10 (100%)				
			无		稍显		显著
矢状崤	男	13	1 (7.7%)		3 (23.1%)		9 (69.2%)
	女	10	1 (10.0%)		7 (70.0%)		2 (20.0%)
			U 型		V 型		椭圆型
腭　形	男	13			2 (15.4%)		11 (84.6%)
	女	10					10 (100%)
			无	崤状	丘状		瘤状
腭圆枕	男	13	1 (7.7%)	2 (15.4%)	7 (53.8%)		3 (23.1%)
	女	10	4 (40.0%)		3 (30.0%)		3 (30.0%)
			方形	圆形	尖形	角形	杂形
颏　形	男	14	5 (35.7%)	6 (42.9%)			3 (21.4%)
	女	10		2 (20.0%)	8 (80.0%)		
			外翻	直形	内翻		
下颌角形	男	14	7 (50.0%)	5 (35.7%)	2 (14.3%)		
	女	10	1 (10.0%)	2 (20.0%)	7 (70.0%)		
			无			有	
下颌圆枕	男	14	9 (64.3%)			5 (35.7%)	
	女	10	7 (70.0%)			3 (30.0%)	

表六 　　　　　　　　　颅面部分测量特征及出现率（男女两性）

项　目	性别	例数	形态类型及出现例数					
颅 指 数			超长颅型	特长颅型	长颅型	中颅型	圆颅型	特圆颅型
	男	13		1（7.7%）	4（30.8%）	6（46.2%）	2（15.4%）	
	女	10			3（30%）	7（70%）		
颅长高指数			低 颅 型		正 颅 型		高 颅 型	
	男	11	1（9.0%）		5（45.5%）		5（45.5%）	
	女	8	1（12.5%）		4（50.0%）		3（37.5%）	
颅长耳高指数			低 颅 型		正 颅 型		高 颅 型	
	男	13			6（46.2%）		7（53.8%）	
	女	10			1（10.0%）		9（90.0%）	
颅宽高指数			阔 颅 型		中 颅 型		狭 颅 型	
	男	10	1（10.0%）		3（30.0%）		6（60.0%）	
	女	8	1（12.5%）		2（25.0%）		5（62.5%）	
额宽指数			窄 额 型		中 额 型		阔 额 型	
	男	13	10（76.9%）		1（7.7%）		2（15.3%）	
	女	10	8（80.0%）		1（10.0%）		1（10.0%）	
鼻 指 数			狭 鼻 型		中 鼻 型	阔 鼻 型		特阔鼻型
	男	13	2（15.4%）		7（53.8%）	4（30.8%）		
	女	10	2（20.0%）		6（60.0%）	2（20.0%）		
眶 指 数（mf－ek）			低 眶 型		中 眶 型		高 眶 型	
	男	13	4（30.8%）		9（69.2%）			
	女	10	4（40.0%）		6（60.0%）			
眶 指 数（d－ek）			低 眶 型		中 眶 型		高 眶 型	
	男	13	6（46.1%）		7（53.9%）			
	女	9	5（55.6%）		4（44.4%）			
上面指数			特阔上面型	阔上面型	中上面型	狭上面型		特狭上面型
	男	11		1（9.1%）	8（72.7%）	2（18.2%）		
	女	8			5（62.5%）	3（37.5%）		
面突指数			突 颌 型		中 颌 型		平 颌 型	
	男	10			2（20.0%）		8（80.0%）	
	女	9			2（22.2%）		7（77.8%）	
面 角			超突颌型	突颌型	中颌型	平颌型		超平颌型
	男	10				7（70.0%）		3（30.0%）
	女	9				9（100.0%）		
齿槽面角			超突颌型	突颌型	中颌型	平颌型		超平颌型
	男	10		3（30.0%）	4（40.0%）	2（20.0%）		1（10.0%）
	女	10		3（30.0%）	4（40.0%）	3（30.0%）		

194

显增厚，在枕后部形成发髻样的突起。眼眶的形态类型较多，以方形眶最多，长方形眶和圆形眶次之，另有少量椭圆眶。梨状孔的形态分属心形和梨形两类。梨状孔下缘以钝形和鼻前沟形两类为主，另有1例属鼻前窝形。鼻前棘不发达，均相当于 Broca Ⅰ级和Ⅱ级。犬齿窝以弱和缺如两个等级为多，合计约占观察总数的70%以上。鼻骨根部凹陷程度大多数较浅或不显鼻根凹陷，仅有一例鼻根凹较深。鼻骨形态包括两种类型，一类鼻骨相当宽而扁平，最宽的1例鼻最小宽达14.5毫米，上下宽度变化不显，或几乎相等；一类鼻骨上窄下宽变化较明显，中部呈束腰形，鼻梁稍隆起。颧骨大多数高而宽，转角处圆钝。颅顶部普遍具有较明显的矢状隆起。上腭形态大部分属椭圆形，腭圆枕出现率较高，在13例标本中仅1例无腭圆枕，腭圆枕的形态以丘状为最多。

下颌骨，男性下颌骨一般均较粗重，颏部形态多数呈方形和圆形，多数下颌骨角区呈外翻型，其次为直型，有两例呈内翻型。少数下颌骨内面，在左右犬齿至第一、二前臼齿部位出现大小不一的突起，即下颌圆枕，其出现率约占36%。部分下颌骨下缘下凸呈浅弧状，形成所谓摇椅形下颌，此种下颌在14例标本中占6例，约占42.9%。

女性颅骨及下颌骨的非测量性形态特征与男性的差异表现在下列几个方面。女性颅骨的眉弓发育弱，额骨平直者占多数，额骨倾斜的颅骨为少数，乳突发育程度都属小和极小型，梨状孔下缘以钝形与锐形居多，后者在男性颅骨中未观察到，鼻根部更趋扁平，均无鼻根凹陷出现，上腭圆枕的出现率低于男性组。

女性下颌骨的形态，颏部全都是尖形和圆形，下颌角区以内翻型为主，这两项特征与男性稍显不同，其余如下颌圆枕和摇椅型下颌的出现率等均与男性类似。

除上述这些特征女性与男性存在差别以外，在其他方面，如颅形以椭圆形和圆形为主、无额中缝、矢状缝顶段形态较复杂、枕外隆突不发达、低矮的鼻棘、不发达的犬齿窝、方形眶居多、矢状嵴的出现率等方面的特征均与男性颅骨的形态特征相似。

再分析男性颅骨颅面部分的测量特征。头指数所反映的颅型，以中、长颅型为主，两者约占85%，仅有2例属圆颅型，其指数值在分级中都属圆颅型的下限。长高指数属高颅型和正颅型的个体各占45%，低颅型仅1例。宽高指数以狭颅型最多占60%，中颅型次之占30%，阔颅型1例。鼻指数反映的鼻型以中鼻型的出现率最高，约占54%，其次为阔鼻型占31%，狭鼻型最少。鼻根指数绝大部分属低平等级，属中等的仅1例。以两种眶宽计算的眶指数所反映的眶型略有差异，以眶宽（mf-ek）计算之眶指数将近70%属中眶型，其余属低眶型；以眶宽（d-ek）计算的眶指数则几乎是中、低眶各占一半。两种眶指数所反映之眶型都没有高眶。最小额宽的绝对值并不小，但因该组颅骨的颅宽普遍较阔，所以额宽指数77%属于窄额型，另有阔额2例和中额1例，平洋组颅骨的最大颧宽和上面高的绝对值较大，上面指数有70%属中上面型，有2例属狭上面型，属于阔上面型的仅1例。面突指数和面角所反映的面突程度均属平颌型和超平颌型。齿槽面角所示之突颌程度的变异较大，约有 40％的个体属中颌型，30％属突颌型、余为平颌及超平颌型。鼻颧角普遍较大。

女性颅骨颅面部分的测量特征及出现频率，除颅型方面女性全部为中、长颅型，没有圆颅型，以及上面指数所反映的面型中没有阔上面型之外，其他各项特征的情况基本上与男性组相仿。

综合平洋组颅骨的形态特征，大致表现为中、长颅型结合正颅或高颅，以及中狭颅型为主。普遍的窄额型，中等的鼻型，眶型略偏低，面型以中上面型为主，面部平直，鼻骨低平，犬齿窝及鼻前棘均不发达，颧骨宽而转角圆钝者多，枕外隆突大部分不发达，但存在发髻样后枕。这些形态特征的组合呈现出明显的蒙古大人种的性质。

观察分析平洋组颅骨的形态特征时，感到若按次一级形态特征分析，存在着较大的个体变异。按照颅型及面型等特征的组合，大致可以区分出两个分组。

第一分组，包括编号 1～6 号共 6 例颅骨。该组颅骨整个形体硕大，颅骨的各项测量的绝对值明显大。头型以中、长颅型结合正颅型和偏阔的中颅型为主，最大颧宽即面宽特别宽阔，与头宽相比，面宽普遍大于头宽。面高中等，面指数大都为接近阔面的中面型。眉弓积发达，6 例颅骨的眉弓全部属于粗壮型。鼻骨普遍较宽，鼻梁低平，鼻型以阔鼻型居多。眶型偏低。上颌齿槽前缘点至鼻棘点间径普遍较短，齿槽突颌的出现率较高，额部倾斜，颅顶部都有明显的矢状隆起，整个面部扁平（图版六二）。

第二分组，包括 7～13 号共 7 例颅骨，该组颅骨的颅宽稍小于第一分组，颅型为中、长颅型结合正颅或高颅型以及偏狭的中颅型。面宽相对较狭，与头宽相比，面宽全部小于头宽，上面高中等，面指数反映为偏狭的中上面型。鼻骨稍窄鼻梁微隆起，鼻型大部分属中鼻型。眉弓发育程度较第一分组稍弱，本组以中等级和显著级为主。眶型亦属于偏低的中眶型。上齿槽前缘点至鼻棘点间径普遍较长，齿槽面角多数属中颌型。面部亦很扁平，面突指数和总面角除 1 例属中颌面型以外，其余全部属于平颌面型（图版六三）。

在女性颅骨中，最大颧宽（面宽）方面的个体差异并不明显，但在颅高方面存在着较明显的差异。10 例女性颅骨标本的颅高，有 4 例颅高显然偏低。以颅型特征的组合来分析，也可以区分为两个分组，并分别与男性的两个分组相对应。

女性第一分组，包含 23～26 号共 4 例颅骨，其体质特征表现为，中颅型结合接近低颅的正颅型和阔颅型。偏狭的中上面型，上面高值较大，面宽值小于头宽。中鼻型，中眶型、面突指数为接近中颌的平颌面型，齿槽突颌的出现率较高（图版六四，1～4）。

女性第二分组，包括 17～22 号共 6 例颅骨，该组颅骨的颅高明显高，颅型为中颅型结合高颅型和狭颅型。上面高值较小，面宽同样小于颅宽，上面指数属中上面型。中鼻型，眶型偏低为接近中眶的低眶型，面部扁平，面突指数属平颌面型，齿槽面角为中颌型（图版六四，5～8）。

依据颅面形态特征所划分出的两个分组，他们之间在体质特征上的差异究竟属于什么性质？是否达到异种系的差异程度？还是属于同种系范围内的变异？

现将平洋的两个男性分组的平均值作组间差异显著性测验——T 测验。选择 20 项线度测量、6 项角度测量的绝对值，及 11 项指数作 T 测验。测验结果列于表七。在该项测验中，若均数的相差小于标准误 2 倍，为差异不显著；若在 2～3 倍之间为相差显著；若大于 3 倍则表示被测验的两组相差非常显著。平洋两个男性分组 37 个项目 T 测验的结果，超过 2 倍的有头长、颅周长、面基底长、枕大孔宽及额宽指数等五项。超过 3 倍的有额宽、颧宽和齿槽面角三项。即在 37 个被测验项目中，属于差异显著和非常显著的仅占 8 项，为总数的 21.6%，其余 29 项即总数的 78.4% 均表现为差异不显著。全部 37 项 T 测验的平均值为 1.25，亦属差异不显著。

在研究殷墟中小墓头骨的种系纯度时，我们曾利用测量项目的变异性（标准差 σ）的大小来测定某组颅骨是否为同种系或异种系的（2）。

根据皮尔逊的报告，如果头骨的长和宽的标准差大于 6.5，被测试组可能是属于异种系的一组。如头长标准差小于 5.5，头宽标准差小于 3.3，则被测试组或许就是同种系的一组。

表七　　　　　　　　　　平洋第一、第二分组差异显著性测验值

项　目	T 值	项　目	T 值
头　长	2.25	总面角	0.26
头　宽	1.59	鼻面角	0.34
头　高	0.21	齿槽面角	3.07
最小额宽	4.77	鼻颧角	0.15
耳上颅高	1.69	颧上颌角	1.34
颅周长	2.70	鼻　角	1.21
颅横弧	1.92	颅指数	0.19
矢状弧	0.49	长高指数	0.80
面基底长	2.38	宽高指数	1.07
颅基底长	1.53	鼻指数	0.17
上面高	0.56	眶指数	0.02
颧　宽	3.69	腭指数	1.14
鼻　宽	1.15	面突指数	0.78
鼻　高	1.02	额宽指数	2.47
眶　宽	0.61	上面指数	1.45
眶　高	0.55	垂直颅面指数	0.36
腭　长	0.76	枕骨指数	0.61
腭　宽	0.39	三十七项平均值	1.25
枕大孔长	2.09		
枕大孔宽	0.57		

表八将平洋全组的头长、头宽及头指数三项的标准差，同皮尔逊计算过的五个同种系头骨组的标准差和莫兰特计算的五个同种系组标准差，以及殷墟中小墓组和祭祀坑组的标准差作一比较。

平洋全组的头长标准差4.72低于各对照组。头宽标准差除了略小于巴伐利亚组和殷墟祭祀坑组以外，均较其他各组为大。颅指数的标准差3.05，略小于殷墟祭祀坑组和莫兰特的英国莫菲尔德组之外，又都大于其余各对照组。

再用豪厄尔斯制定的多项头骨测量平均标准差百分比的方法进行比较，以豪氏计算的各项平均标准差为标准，与待测组的各项标准差作相应的比较，再以百分比值考察种系纯度，其百分比值越接近100，则种系成分相对越纯。从表九所列各项标准差看，平洋全组头骨的各项标准差，有23项小于欧洲同种系的平均标准差，约占全部34项的67%。平洋全组与欧洲同种系的26项线度测量的平均标准差百分比值为94.51，8项指数的平均标准差百分比值为88.06，全部34项线度测量和指数相加所得之平均标准差百分比值为92.99。这比之理论上同种系的百分比值100为低，比殷代祭祀坑组105.53，殷代中小墓组102.16为小。仅8项指数的平均标准差百分比比殷代中小墓组的91.97大。

从差异显著性的T测验结果看平洋墓葬的两个分组在37个测验项目中有78%的项

表八 　　　　　　　　　颅长、颅宽和颅指数标准差比较（男）

组　　别	颅长标准差（σ）	颅宽标准差（σ）	颅指数标准差（σ）
平洋全组	4.72	5.57	3.05
殷代中小墓组	5.79	4.44	2.85
殷代祭祀坑组	6.20	5.90	3.98
莫兰特　埃及E组	5.73	4.76	2.67
莫兰特　纳夸达组	6.03	4.60	2.88
莫兰特　英国怀特卡布组	6.17	5.28	2.97
莫兰特　英国莫菲尔德组	5.90	5.31	3.27
莫兰特　刚果尼格罗组	6.55	5.00	2.88
皮尔逊　阿依努组	5.94	3.90	
皮尔逊　巴伐利亚组	6.09	5.85	
皮尔逊　帕里西安组	5.94	5.21	
皮尔逊　纳夸达组	5.72	4.62	
皮尔逊　英国组	6.09	4.80	

198

平洋全组颅骨测量与指数的标准差与欧洲
同种系平均标准差百分比之比较

	平洋全组平均数标准差	欧洲同种系平均标准差	平洋全组与欧洲同种系标准差之百分比
头　　长	4.72	6.09	77.50
头　　宽	5.57	5.03	110.74
最小额宽	6.01	4.32	139.12
耳上颅高	4.43	4.24	104.48
颅　　高	2.67	5.12	52.15
颅基底长	4.67	4.22	110.66
面基底长	5.15	4.88	105.53
颅周长	10.98	14.14	77.65
颅横弧	9.77	10.02	97.51
颅矢状弧	12.22	12.71	96.14
额　　弧	5.47	6.01	91.02
顶　　弧	7.33	7.65	95.82
枕　　弧	4.82	7.46	64.61
颧　　宽	5.99	5.10	117.45
上　面　高	3.50	4.28	81.78
眶　　高	1.70	2.01	84.58
眶　　宽	2.51	1.82	137.91
鼻　　高	3.39	3.03	111.88
鼻　　宽	1.83	1.81	101.11
腭　　长	3.49	2.93	119.11
腭　　宽	2.54	3.19	79.62
下颌髁间宽	5.15	5.58	92.29
下颌角间宽	7.55	6.62	114.05
颏联合高	2.00	2.84	70.42
下颌枝最小宽	1.85	2.71	68.27
全　面　高	3.54	6.33	55.92
线度测量平均标准差百分比			94.51（26）
颅　指　数	3.05	3.22	94.72
颅长高指数	2.63	3.05	86.23
额宽指数	3.86	3.23	119.50
颅宽高指数	3.90	4.61	84.60
上面指数	3.00	3.30	90.91
眶　指　数	4.85	5.33	90.99
鼻　指　数	2.22	4.49	49.44
腭　指　数	5.82	6.61	88.05
指数平均标准差百分比			88.06（8）
全部项目的平均标准差百分比			92.99（34）

目为差异不显著,属于差异显著的项目仅占 21%,而全部项目的平均 T 测验值不超过 2 倍,反映这两个分组之间的差异并不显著。颅长、颅宽和颅指数标准差比较的结果,虽然平洋全组的颅宽标准差和颅指数标准差略大,但仍小于同种系的巴伐利亚组和英国莫菲尔德组,也小于殷代祭祀坑组。用平均标准差百分比方法测算,其百分比值均低于殷代祭祀坑组和殷代中小墓组。这可以说明平洋组的颅骨形态类型可能并未超越同种系的范围,甚至比安阳殷墟祭祀坑组的种系构成还要单纯一些。所以,平洋组颅骨在形态类型上的差异,可以认为是反映了这是一组同种系多类型人群的混合体。

(四) 种系类型分析

平洋组颅骨主要的形态特征,基本上反映出属于蒙古大人种。鉴于平洋组可能系一组同种系不同类型人群混合组成的群体,在此可将平洋组颅骨按照前述形态分类所划分的两个分组及平洋全组这样三个单元,分别与亚洲蒙古人种各类型作比较(见表一〇)。

表一〇所列 17 个比较项目中,平洋全组的各项平均值,有 14 项数值落入亚洲蒙古人种的变异范围内,颧宽、面角和眶指数 3 项虽略超出变异范围,但与亚洲蒙古人种变异范围的上限或下限极接近。如平洋全组的平均颧宽 144.90 毫米,较亚洲蒙古人种变异范围的上限 144.80 毫米,仅差 0.1 毫米;眶指数与下限仅差 0.43 毫米。这足以证明平洋全组颅骨的形态特征,基本上没有超越亚洲蒙古人种的变异范围。与亚洲蒙古人种各个类型相比较,平洋全组与各组接近或疏远的程度有所不同。

与北亚人种比较,平洋全组的平均值超越变异范围的有 4 项,其中 6 项与头高值有关。落入变异范围以内的有 10 项,颧宽一项虽略超出变异范围,但与上限极接近。

与东北亚人种比较,落入变异范围的有 8 项,有 2 项虽超越变异范围,但极接近变异范围的上限,完全超越变异范围的有 7 项。

与东亚人种比较,落入和超越变异范围的各有 7 项,另 3 项接近变异范围的上限或下限。

与南亚人种比较,明显超越变异范围的达 12 项,落入变异范围的仅 3 项,另有 2 项接近变异范围的上限或下限。

综合上述比较,平洋全组的各项平均值落入北亚人种变异范围的项目较多,但平洋组较高的头高值及长高指数、宽高指数和垂直颅面指数几项颅型特征,与具有低颅性质的北亚人种截然不同,这种具有较高头高的性质倒是同东北亚和东亚人种相接近。分析各比较项目,平洋全组落入或超越东北亚和北亚两组变异范围的数目相当,而落入东北亚人种变异范围的项目是与头型和面型有关的头长、头高、头指数、长高指数、宽高指

表一○　　平洋墓葬头骨测量与亚洲蒙古人种的比较

长度单位：毫米

马丁号	测量与指数	平洋全组	平洋第一分组	平洋第二分组	北亚人种	东北亚人种	东亚人种	南亚人种	变异范围
1	头长（g-op）	190.54	193.17	187.92	174.9 [14] 192.7	180.7 [12] 192.4	175.0 [19] 182.2	169.9 [13] 181.3	169.9～192.7
8	头宽（eu-eu）	144.60	147.00	142.20	144.4 [14] 151.5	134.3 [12] 142.6	137.6 [19] 143.9	137.9 [13] 143.9	134.3～151.5
8：1	头指数	75.89	76.08	75.72	75.4 [14] 85.9	69.8 [12] 79.0	76.9 [19] 81.5	76.9 [13] 83.3	69.8～85.9
17	头高（ba-b）	140.11	140.33	140.00	127.1 [14] 132.4	132.9 [12] 141.1	135.3 [16] 140.2	134.4 [13] 137.8	127.1～141.1
17：1	头长高指数	74.09	73.19	74.55	67.4 [14] 73.5	72.6 [12] 75.2	74.3 [16] 80.1	76.5 [13] 79.5	67.4～80.1
17：8	头宽高指数	97.30	94.89	98.51	85.2 [14] 91.7	93.3 [12] 102.8	94.4 [16] 100.3	95.0 [13] 101.3	85.2～102.8
9	最小额宽（ft-ft）	91.29	96.08	86.50	90.6 [13] 95.8	94.2 [7] 96.6	89.0 [16] 93.7	89.7 [13] 95.4	89.0～96.6
32	额角（n-m-FH）	83.00	82.75	83.17	77.3 [10] 85.1	77.0 [5] 79.0	83.3 [8] 86.9	84.2 [8] 87.0	77.0～87.0
45	颧宽（zy-zy）	144.90	149.50	140.30	138.2 [14] 144.0	137.9 [12] 144.8	131.3 [16] 136.0	131.5 [13] 136.3	131.3～144.8
48	上面高（n-sd）	77.08	77.67	76.50	72.1 [14] 77.6	74.0 [12] 79.4	70.2 [16] 76.6	66.1 [13] 71.5	66.1～79.4
48：17	垂直颅面指数	54.43	53.94	54.68	55.8 [14] 59.2	53.0 [12] 54.9	52.0 [16] 54.9	48.0 [12] 52.2	48.0～59.2
48：45	上面指数	53.06	51.77	54.36	51.4 [14] 55.0	51.3 [12] 56.6	51.7 [16] 56.8	49.9 [12] 53.3	49.9～56.8
77	鼻颧角（fmo-n-fmo）	147.13	146.92	147.33	147.0 [9] 151.4	149.0 [3] 152.0	145.0 [6] 146.6	142.1 [9] 146.0	142.1～152.0
72	面角（n-pr-FH）	90.89	90.00	91.17	85.3 [12] 88.1	80.5 [6] 86.3	80.6 [15] 86.5	81.1 [9] 84.2	80.5～88.1
52：51	眶指数（右）	77.77	77.80	77.75	79.3 [13] 85.7	81.4 [5] 84.9	80.7 [12] 85.0	78.2 [8] 81.0	78.2～85.7
54：55	鼻指数	49.40	49.52	49.28	45.0 [14] 50.7	42.6 [12] 47.6	45.2 [6] 50.2	50.3 [13] 55.5	42.6～55.5
ss：sc	鼻根指数	34.01	33.15	34.86	26.9 [9] 38.5	34.7 [3] 42.5	31.0 [3] 35.0	26.1 [9] 36.1	26.1～42.5

注：亚洲蒙古人种各项数字引自参考文献②，方括号中数字为组数。

201

数、垂直颅面指数、上面高和上面指数，颧宽和鼻颧角两项虽超越变异范围，但分别与上限和下限很接近。头高与宽高指数虽落入东亚人种变异范围，但平洋组较大的颧宽与上面高，与颧宽比较狭的东亚人种区别比较明显。鼻指数和鼻根指数虽落入东亚人种变异范围，同时也落入北亚人种变异范围。总的来看，平洋组颅骨的形态特征，可能反映了它们主要是东北亚人种、北亚人种和东亚人种相混合的群体。

再依据表一〇各项比较绘制图解予以说明，图解中实线部分是各人种类型颅骨测量项目的变异范围，虚线部分是据平洋各组平均值绘出的在各个比较组变异范围内的变化曲线。

平洋全组与各亚洲蒙古人种的比较图解（见图一），图中平洋全组曲线的波动范围，基本上在亚洲蒙古人种的变异范围内，面角和眶指数两项虽略超出，但超越变异范围的幅度很小。在与其余四个亚洲蒙古人种组的比较图形上可明显地看出，在与东北亚组比较中平洋全组曲线摆动的幅度最小；在北亚组中平洋组的曲线超出变异范围而且摆幅较大的区域正是与颅高有关的几个项目。

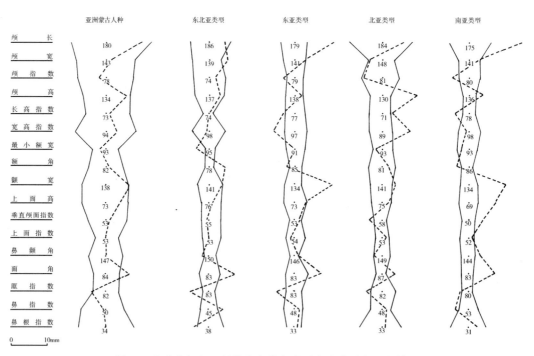

图一　平洋全组与亚洲蒙古人种各类型之比较图解（男性）

在东亚和南亚两组比较图解中，曲线的摆动幅度相对较大。从图解也证明平洋全组与东北亚组和北亚组关系密切，与东亚的关系次之，而与南亚组的关系疏远。

平洋两个分组与亚洲蒙古人种相比较的情况如下。

第一分组落入北亚人种变异范围的有头宽、头指数、长高指数、额角、上面指数、鼻指数和鼻根指数7项，虽超越变异范围但与上限或下限接近的项目有头长、颧宽、上面高、鼻颧角及面角5项，完全超越变异范围的亦有5项。落入东北亚人种变异范围的有头指数、头高、长高指数、宽高指数、额宽、上面高、垂直颅面指数、上面指数及鼻颧角等9项。头长虽超出上限但与之极接近，鼻根指数与下限极接近。落入东亚人种变异范围的仅5项，接近变异范围上限或下限的项目有2项，其余9项则完全超越东亚人种之变异范围。落入南亚人种变异范围的仅鼻根指数1项，其余16项全超越南亚人种变异范围。

从图二第一分组与亚洲蒙古人种的比较图解看，虽然没有一例曲线的波幅是完全限在各组的变异范围之内的，但论曲线的摆动幅度，则以与东北亚组比较的曲线摆幅较小，突破变异范围的项目也少。

分析第一分组男性颅骨的形态，其中长的头型、高的头高、很宽的面宽、较高的面高、颅顶部普遍具有明显的矢状隆起——矢状嵴，以及倾斜的前额等特征，都与东北亚人种的性状相似。但是，较大的头骨水平直径和横径、中等偏阔的鼻型、低平的鼻骨等项特征，又显示出接近北亚人种的因素。而很大的颧宽值则是东北亚人种和北亚人种共同的特征。因此，有理由认为平洋第一分组颅骨的主要体质特征，与东北亚蒙古人种最接近，同时又具有某些北亚人种的因素，而与东亚和南亚人种的关系较疏远。

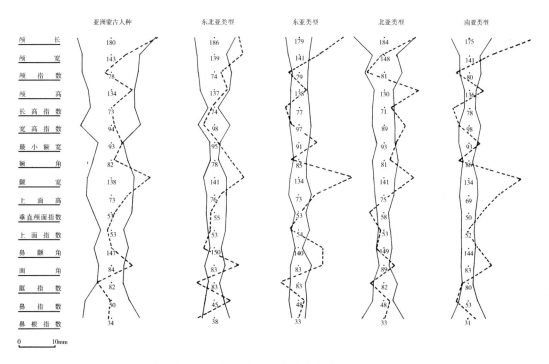

图二　平洋第一分组与亚洲蒙古人种各类型之比较图解（男性）

203

第二分组的 17 个比较项目中（图三），落入北亚人种变异范围的占 9 项，其余 8 项均超越变异范围。有 11 项落入东北亚人种的变异范围，越出变异范围的有 6 项。落入东亚人种变异范围的也有 9 项。另有 3 项接近变异范围的上下限，超越变异范围的有 5 项。落入南亚人种变异范围的只有 3 项，有 2 项接近变异范围的下限数值，其余 12 项则完全超越南亚人种的变异范围。

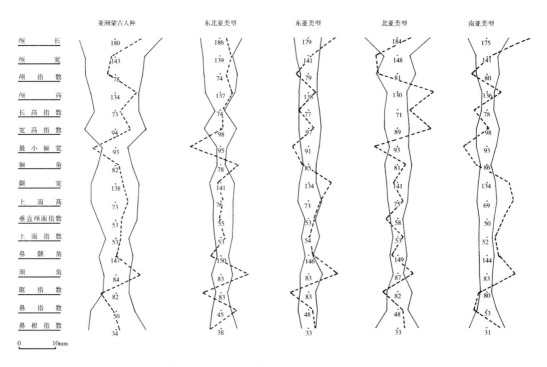

图三　平洋第二分组与亚洲蒙古人种各类型之比较图解（男性）

分析比较项目，以落入东北亚人种的项目最多，与头型和面型有关的各项绝对值和指数都是在东北亚人种的变异范围之内。额宽、眶指数、鼻指数、额角、总面角和鼻颧角等项虽超越变异范围，但是距离变异范围的上限或下限很小。落入北亚人种和东亚人种变异范围的项目虽相等，都是 9 项。但具体分析各比较项目，落入东亚人种变异范围的有头宽、头高、长高指数、宽高指数、上面高、垂直颅面指数、上面指数、鼻指数及鼻根指数。头指数、额角及鼻颧角 3 项虽超越变异范围，但极接近变异范围的上限或下限。与北亚人种的比较项目中，虽然头长、头指数、额角、颧宽、上面高、上面指数、鼻颧角、鼻指数和鼻根指数等项均落入北亚人种的变异范围内，其中有 7 项（上面高、上面指数、鼻指数、鼻根指数、头指数、额角及鼻颧角）同样落入或接近东亚人种变异范围的上下限。而头宽、头高及与之相关的 3 项指数及额角、面角和眶指数则均超

204

越北亚人种变异范围的上下限。就比较项目落入各人种组变异范围的多寡来衡量，平洋第二分组应与东北亚人种的关系最密切，其次与东亚和北亚人种也反映出有比较接近的关系，而与南亚人种很疏远。从第二分组的形态特征分析，其中长的头型，较高的颅高，偏狭的中颅型和垂直颅面指数等颅型方面的特征，与东北亚人种和东亚人种相接近，而不同于低颅性质的北亚人种。颧宽接近北亚人种，但同样也与东北亚人种相近。鼻颧角一项虽落入北亚人种变异范围且接近下限，同时亦与东亚人种鼻颧角变异范围的上限也很接近。综合第二分组与亚洲各蒙古人种的比较结果，其形态特征主要是呈现出与东北亚蒙古人种相接近的性状，并伴有某些东亚人种的因素。从图三平洋第二分组与亚洲蒙古人种的比较图解中也可看到，第二分组在东北亚人种和东亚人种两组中的曲线摆动幅度较小。这也反映了平洋第二分组与这两组的关系较密切。第二分组的头宽和颧宽与第一分组相比均相对变窄，这种变化很可能是东北亚人种的群体与东亚人种群体相融合所引起的变化。

再将平洋墓葬的三个组分别与华北、蒙古、通古斯和爱斯基摩四个近代组比较。依表一一所列的体质特征项目，采用平均数组差均方根值的计测方法进行比较，所获之组间差异均方根值见表一二。一般来说，组差均方根值越小，表明两个对照组之间的关系越接近，反之表示关系疏远。

由表一二所列平洋全组全部 17 个项目的平均组差均方根值与四个近代组的亲疏关系序列为：①蒙古近代组，②通古斯近代组，③爱斯基摩近代组，④华北近代组。这个顺序反映了平洋全组最接近属于北亚蒙古人种范畴的两个组。这与前面所述与东北亚人种最接近的结果似不甚一致。这可能是由于受到两种比较方法所选择的项目不同的影响所致，由于平洋组颅骨形体硕大，某些绝对值偏大可能会影响到比较结果。逐一分析平洋全组 17 项体质特征，其鼻宽的绝对值较大，如抽去鼻宽一项，则 16 项平均组差均方根值所反映的亲疏关系序列即发生变化。属东北亚人种的爱斯基摩近代组排列的位置，由原来的第三位上升为第一应，华北近代组的应置殿后未变。第一分组和第二分组与各近代组比较所得之组差均方根值也存在类似的现象。若以 16 项（不含鼻宽值）比较的组差均方根值所反映的亲疏顺序排列，第一分组与各组的序列为，①蒙古近代组，②爱斯基摩近代组，③通古斯近代组，④华北近代组。第二分组与各比较组的序列为，①华北近代组，②爱斯基摩近代组，③通古斯近代组，④蒙古近代组。用 16 项体质特征比较的结果，与前面的比较分析结果大体上是吻合的，即平洋全组和第一分组都与属东北亚人种的爱斯基摩近代组和属北亚人种的蒙古近代组接近；而第二分组则与属东亚人种的华北近代组和爱斯基摩近代组（东北亚人种）相接近。

平洋墓葬的年代相当于春秋晚期至战国晚期，按照文化内涵可分为早、中、晚三期。从人种类型方面分析，经观察测量研究的标本，大部分属早期和中期，晚期的仅 1

表一一　　　　　　平洋各组及其他各组颅骨测量平均值比较（男性）

单位：毫米，指数：百分率，角度：度

马丁号	项目 组别	平洋全组	平洋第一分组	平洋第二分组	宗工组③	札赉诺尔组③	南杨家营子组⑤	白庙Ⅰ组⑨	白庙Ⅱ组⑨	毛庆沟组⑥
1	头 长	190.54	193.17	187.92	184.25	183.90	179.36	185.38	181.13	179.86
8	头 宽	144.60	147.00	142.20	140.60	148.24	144.75	189.88	149.25	143.27
17	头 高	140.11	140.33	140.00	139.00	133.00	126.00	146.50	140.00	136.50
9	最小额宽	91.29	96.08	86.50	91.00	93.90	90.00	94.00	98.03	90.35
45	颧 宽	144.90	149.50	140.30	142.50	138.00	136.75	136.50	145.50	134.36
48	上面高	77.08	77.67	76.50	77.50	76.64	76.35	76.00	76.38	74.55
52	眶 高	33.91	34.18	33.63	33.75	33.34	34.33	33.13	33.15	33.39
51	眶 宽	43.74	44.30	43.27	43.25	42.30	41.80	42.80	44.25	43.64
55	鼻 高	58.38	59.37	57.38	59.00	57.22	57.50	54.63	54.50	54.94
54	鼻 宽	28.90	29.50	28.30	26.75	26.66	27.00	26.30	26.85	25.89
8：1	头指数	75.89	76.08	75.72	76.44	80.64	79.90	75.32	82.54	79.72
17：1	长高指数	74.09	73.19	74.55	75.54	72.53	70.20	79.09	77.31	76.13
17：8	宽高指数	97.30	94.89	98.51	98.94	89.70	87.06	104.83	93.84	95.59
48：45	上面指数	53.06	51.77	54.36	54.40	54.59	54.72	55.95	62.59	54.15
52：51	眶指数	77.77	77.80	77.75	78.01	79.79	81.96	77.43	77.47	76.54
54：55	鼻指数	49.40	49.52	49.28	45.41	46.66	47.16	48.15	49.23	47.37
9：8	额宽指数	63.19	65.46	60.92	64.89	63.37	62.51	67.45	65.72	63.47
72	总面角	90.89	90.00	91.17	88.01	86.50	91.16	87.75	89.75	88.00

续表一一

马丁号	项目 组别	西团山组⑦	南山根组④	郑家洼子组⑧	外贝加尔匈奴组⑩	华北近代组⑪	蒙古近代组⑪	通古斯近代组⑪	爱斯基摩近代组⑫
1	头 长	175.10	177.50	184.00	187.30	178.50	182.20	185.50	182.30
8	头 宽	133.10	134.50	151.50	145.50	138.20	149.00	145.70	141.20
17	头 高	132.00	139.00	141.00	131.00	137.20	131.40	126.30	135.20
9	最小额宽	86.20	89.75	90.00	91.90	89.40	94.30	90.60	96.90
45	颧 宽	148.20	136.50		141.00	132.70	141.80	141.60	138.40
48	上面高	76.10	75.50	79.50	76.40	75.30	78.00	75.40	77.60
52	眶 高	36.00	34.50	38.00	34.56	35.50	35.80	35.00	36.10
51	眶 宽	41.90	42.25	39.40	43.11	44.00	43.30	43.00	43.40
55	鼻 高	56.00	54.50	60.50	55.44	55.30	56.50	55.30	54.60
54	鼻 宽	27.00	27.50	32.00	27.67	25.00	27.40	27.10	24.40
8：1	头指数	75.16	75.85	82.30	77.80	77.56	82.00	78.70	77.40
17：1	长高指数	75.82	78.30	76.60	69.50	77.02	72.12	68.09	74.16
17：8	宽高指数	95.72	101.96	93.10	90.10	99.53	87.92	86.68	95.75
48：45	上面指数	51.28	55.32		54.20	56.80	55.01	53.25	56.07
52：51	眶指数	85.92	81.62	96.40	80.17	80.66	82.90	81.50	87.60
54：55	鼻指数	48.21	50.43	50.20	49.30	45.33	48.60	49.40	44.70
9：8	额宽指数	62.42	66.73	59.40	63.10	64.87	63.29	62.25	67.95
72	总角面	89.00	79.00	88.00	89.20				

206

表一二　平洋组与四个近代组平均数组间差异均方根值

组别 \ 均方根值项目数	项目数	平洋全组	平洋第一分组	平洋第二分组
华北近代组	17 项	1.32	1.47	0.91
	16 项	1.25	1.38	0.85
蒙古近代组	17 项	1.04	1.10	1.15
	16 项	1.05	1.09	1.18
通古斯近代组	17 项	1.09	1.20	1.13
	16 项	1.10	1.19	1.16
爱斯基摩近代组	17 项	1.15	1.28	1.19
	16 项	1.01	1.12	1.09

例，而且第一分组和第二分组两种类型的居民早、中期都有。男性颅骨中，属第一分组者早期占 30％，中期占 50％。女性颅骨中属第一分组者早期占 20％，中期占 60％。男、女两性颅骨中两个分组在各阶段所占的比例大体相同。这个现象反映了第一分组的个体在早期阶段所占的比例较少，而到中期阶段第一分组的个体在平洋墓葬中所占的比例有所上升。因此，以整个墓地的材料反映出的总的情况是，两种类型居民的比例基本持平。

（五）与有关古代组群的比较

平洋墓葬所处的年代起始于春秋晚，基本上与战国时代相始终。从出土遗物分析，当时人们的经济生活以畜牧业为主，兼事渔猎。据杨志军等同志分析，平洋文化是属于鲜卑族的遗存。因此，在选择用以对比的古代组群时，从时代、文化性质和地域等方面考虑，尽量挑选时代上与平洋文化接近，地域上与之相距不致过远的组群作对照。据此原则，选择了内蒙古陈巴尔虎旗的完工组和扎赉诺尔组[③]，内蒙古昭乌达盟巴林左旗宁城县的南山根组[④]和南杨家营子组[⑤]，内蒙古乌兰察布盟凉城县的毛庆沟组[⑥]，吉林省的西团山组[⑦]，辽宁省沈阳市郑家洼子组[⑧]，河北省宣化市白庙Ⅰ组和Ⅱ组[⑨]以及苏联外贝加尔地区的匈奴组[⑪]等十个古代组群进行比较（见表一一）。

运用平均数组间差异均方根值的比较方法，将平洋的三个组与上述十个对照组比较，计测所得的组差均方根值见表一三。依据表中组差均方根值的大小排列出（自小至大）平洋三个组与各比较组之间的亲疏关系的先后顺序如下：

第一分组	第二分组	全　组
1. 完 工 组	完 工 组	完 工 组
2. 匈 奴 组	毛 庆 沟 组	匈 奴 组
3. 白 庙 Ⅱ 组	匈 奴 组	毛 庆 沟 组
4. 扎 赉 诺 尔 组	西 团 山 组	扎 赉 诺 尔 组
5. 毛 庆 沟 组	白 庙 Ⅰ 组	白 庙 Ⅱ 组
6. 白 庙 Ⅰ 组	扎 赉 诺 尔 组	白 庙 Ⅰ 组

7. 西 团 山 组	南杨家营子组		西 团 山 组
8. 南杨家营子组	白 庙 Ⅱ 组		南杨家营子组
9. 南 山 根 组	南 山 根 组		南 山 根 组
10. 郑 家 洼 子 组	郑家洼子组		郑家洼子组

表一三　　平洋组与有关古代各组平均数组间差异均方根值

组别	项目数	平洋全组	平洋第一分组	平洋第二分组
完工组	18 项	0.64	0.84	0.58
	16 项	0.66	0.80	0.61
札费诺尔组	18 项	0.95	1.06	1.03
	16 项	0.95	0.96	1.09
南杨家营子组	18 项	1.16	1.43	1.11
	16 项	1.17	1.37	1.17
白庙Ⅰ组	18 项	1.02	1.25	0.97
	16 项	0.98	1.13	1.01
白庙Ⅱ组	18 项	0.96	0.97	1.14
	16 项	1.02	1.01	1.18
毛庆沟组	18 项	0.93	1.22	0.81
	16 项	0.85	1.07	0.82
西团山组	18 项	1.04	1.29	0.96
	16 项	1.08	1.37	0.92
南山根组	18 项	1.38	1.60	1.28
	16 项	1.40	1.56	1.34
郑家洼子组	18 项			
	16 项	1.53	1.58	1.56
匈奴组	18 项	0.93	0.89	0.84
	16 项	0.96	0.84	0.90

从上列各组的序列显示出，无论是第一分组或第二分组，还是平洋全组，他们与完工组的组间差异均方根值，在所有对照组中均处于最小的位置，所以在三个组的序列中都排在首位。而平洋三个组与南山根组和郑家洼子组的组差均方根值均较大，分别排在各对照组序列的最末两位。

平洋第一分组与各对照组的18项组差均方根值不超过1个单位的除完工组外，有匈奴组、白庙Ⅱ组。扎赍诺尔组的平均组差均方根值虽然超过1个单位，但超出仅0.06，在整个序列中所处的位置仍比较靠前，处于第四位。毛庆沟组排在第五位。

平洋第二分组与各对照组比较之组差均方根值，与完工组比较的函数值为0.58，比平洋第一分组和平洋全组与完工组的函数值均小。此外，平洋第二分组与毛庆沟组、匈奴组、西团山组和白庙Ⅰ组的函数值都未超过1个单位。

平洋全组与各对照组比较结果按亲疏关系排列的顺序，同第一分组的情况类似，该组与完工组、匈奴组、毛庆沟组、扎赍诺尔组及白庙Ⅱ组的均方根值都没有超过1个单位。

平洋全组和第一分组与各对照组之间的关系，依据比较结果所排列的顺序来看，各对照组在这两个组的序列中，处于前五位的组别是相同的。仅白庙Ⅱ组和毛庆沟组所处的位置稍有变动，在第一分组的序列中白庙Ⅱ组排在第三位，毛庆沟组在第五位；而在平洋全组的序列中，这两个组恰好互换了位置。

第二分组与各对照组的比较结果，排在前五位的组中有三个组——完工组、毛庆沟组和匈奴组，是与第一分组和平洋全组的前三位相同。而处于第四、五位的西团山组和白庙Ⅰ组，在其他两个组的序列中均处于相对靠后的位置。

综观比较结果，反映出平洋墓葬古代居民的体质特征，与完工组最接近，其次与外贝加尔的匈奴组、毛庆沟组和扎赉诺尔组也有一定的关系，而与南山根组及郑家洼子组的关系疏远。

（六）长骨测量与身高估算

平洋墓葬中出土的长骨数量虽然甚多，但保存完整可供测量的长骨为数并不很多。可供测量的各种长骨计有：

股骨：

男性，右侧 11 例，左侧 9 例。

女性，右侧 8 例，左侧 8 例。

胫骨：

男性，右侧 10 例，左侧 10 例。

女性，右侧 8 例，左侧 8 例。

肱骨：

男性，右侧 10 例，左侧 9 例。

女性，右侧 7 例，左侧 6 例。

尺骨：

男性，右侧 7 例，左侧 6 例。

女性，右侧 2 例，左侧 1 例。

桡骨：

男性，右侧 4 例，左侧 6 例。

女性，右侧 3 例，左侧 1 例。

由于平洋墓葬中所采集的长骨极少可与头骨相配合，所以也就无法将长骨作分组研究，只能合并一组作统计分析（平洋组男女两性各种长骨的测量及指数值列于附表七——一四）。

平洋男性之扁平指数（见附表七）全部属于扁型（Platymeric）和超扁型（Hyper-platymeric）。左右两侧股骨合计之扁平指数属于扁型。其股骨的各项指数与有关组的比较反映出（表一四），平洋组男性的扁平指数与西村周墓 A 组[12]、赤峰组[13]较接近，比半坡组的指数值大，半坡组属于超扁型，其余各对照组虽亦均为扁型，但数值都大于平洋组。平洋组女性股骨的扁平指数 88% 属于超扁型，其余属正型（Eurymeric）。在比较各组中，小于属扁型的大汶口 B 组，宝鸡 A、B 两组，西夏侯组，西村周墓 B 组，赤峰组和

| 表一四 | | | 平洋组股骨指数与其他各组之比较 | | | | | |

项目 指数 组别	性别	干中部指数		嵴指数		扁平指数	
		男	女	男	女	男	女
平洋组		92.93	106.52	107.98	94.07	76.64	71.02
大汉口组 A组		90.29	98.04	111.98	102.76	79.80	74.34
大汉口组 B组		92.76	103.67	109.02	97.74	82.34	75.54
华县B组		89.31	92.05	111.47	108.04	77.60	71.89
宝鸡组 A组		96.35	90.25	104.21	104.50	78.86	77.36
宝鸡组 B组		95.15	99.88	106.39	100.30	75.24	76.05
半坡组		111.58	111.10	91.34	90.38	70.55	72.08
仰韶组		90.80	101.60	110.10	89.00	75.50	67.70
西夏侯组⑭		99.50	103.00	100.90	97.50	75.80	75.00
西村周墓⑫ A组		100.17	94.32	99.83	105.69	76.81	70.01
西村周墓⑫ B组		102.11	107.62	97.90	92.39	73.73	75.99
赤蜂组⑬		91.92	104.88	108.60	96.10	77.10	75.50
华北近代组		94.30	101.60	106.70	98.50	79.80	75.40

注：表中数值除注明参考文献号之外全部引自参考文献⑮。

华北近代组。大于仰韶组和西村周墓A组，与华县B组和半坡组相当。

平洋男性股骨的嵴指数除有两例（左右各一）低于100，其余90％均超过100。干中部指数超过100的有4例，余均低于100。这说明平洋组男性股骨干中部的前后径一般均大于左右宽径，表示其股骨嵴较发达。平洋男性股骨的干中部指数接近大汶口B组和赤峰组，大于大汶口A组、华县B组和仰韶组，而小于宝鸡A、B两组，半坡组，西夏侯组，西村周墓A、B两组和华北近代组。嵴指数与宝鸡B组，赤峰组和华北近代组接近，略小于大汶口A、B两组，华县B组和仰韶组，而大于其余各组。

平洋女性股骨嵴指数超过100的仅有3例，其余占80％的个体均低于100。干中部指数低于100的仅两例，其余将近90％的个体均高于100。说明女性股骨干中部的前后径大部小于左右径，反映了女性的股骨嵴不发达。与有关各组比较，女性股骨嵴指数除了较半坡组、仰韶组和西村周墓B组略大以外，均小于其他各对照组。干中部指数则是较半坡组和西村周墓B组小，而大于其余各组。

平洋男性20例胫骨的胫骨指数（附表九）按分级标准，属扁胫型者5倒，属中胫型者8例，属宽胫型者7例。左右两侧胫骨合计之平均胫指数66.62属中胫型。与有关各组比较（表一五），男性胫指数小于大汶口A组、西夏侯组和华北近代组，大于半坡组，与大汶口B组接近。

16例女性胫骨中，有7例属扁胫型，4例属中胫型，5例属宽胫型（附表一〇）。

左右两侧胫骨指数的平均值 65.46 属中胫型。在表一五的比较各组中，平洋组女性的胫骨指数最小。

肱骨横断面指数的比较（表一六）。平洋男性组 77.46 小于西夏侯组和卡拉苏克组，而大于大汶口 B 组、仰韶组和阿依努组，与大汶口 A 组极接近。平洋女组则大于大汶口 A、B 两组和西夏侯组。

表一五	平洋组胫骨扁平 指数与其他组比较

指数　　　性　别 组别	男	女
平　洋　组	66.62	65.46
西　夏　侯　组	72.28	72.61
大　汶　口　组　A	69.88	70.91
大　汶　口　组　B	66.18	70.11
半　坡　组	61.10	68.01
华北近代组	71.30	76.20

表一六	平洋组肱骨横断面 指数与其他组之比较

指数　　　性　别 组别	男	女
平　洋　组	77.46	80.20
大　汶　口　组　A	77.71	75.34
大　汶　口　组　B	74.27	75.59
西　夏　侯　组	78.73	77.48
仰　韶　组	73.90	
卡拉苏克组[15]	79.00	
阿　依　努　组[15]	75.90	

身高的估算

用股骨最大长和胫骨最大长的测量绝对值估算男、女两性的身高。用 M. Trotter 与 G. C. Glesser 设计的计算蒙古人种男性身高的公式[16]：

身高＝股骨最大长×2.15＋72.57 厘米

身高＝胫骨最大长×2.39＋81.45 厘米

用上例公式计算的男性身高见表一七和表一八。用右侧股骨最大长估算的男性平均身高 165.54 厘米，用左侧股骨最大长估算的平均身高 164.75 厘米，左右两侧合计平均身高 165.18±0.69 厘米。男性身高的变异范围 162.01～174.70 厘米。

用胫骨最大长估算的男性身高，以右侧胫骨估算平均身高 163.43 厘米，以左侧胫骨估算之平均身高 162.30 厘米，左右两侧合计平均身高 162.87±0.54 厘米，身高变异范围为 159.13～168.45 厘米。

由于用来计算平洋组男性身高的股骨和颈骨，只有极个别是属于同一个体的，绝大部分出自多人二次葬墓的体骨都可能分别属于不同的个体。因此，用以估算身高的 40 例长骨标本（股骨和颈骨各 20 例）可以看作属于不同个体，综合股骨和颈骨估算的 40 例男性身高的平均值为 164.02±0.47 厘米，身高的变异范围为 159.13～174.70 厘米。

估算女性身高的公式[17]：

身高＝股骨最大长×3.71＋5 厘米

身高＝胫骨最大长×4.61＋5 厘米

表一七	用股骨最大长估算之身高（男性）		单位：厘米
右　侧	估算身高	左　侧	估算身高
M11：1	166.31	M11：8	163.52
M11：2	174.70	M11：9	165.67
M11：3	162.66	M11：10	162.01
M11：4	163.95	M11：11	161.01
M11：5	165.24	M11：12	162.23
M11：6	164.27	M1：A	167.60
M11：7	162.33	M24：A	164.59
M1	168.03	M53：1	165.56
M24：A	165.88	M85	169.54
M43	162.98		
M53	164.59		
右侧平均	165.54	左侧平均	164.74
左右侧合计平均身高 165.18±0.69			

表一八	用胫骨最大长估算之身高（男性）		单位：厘米
右　侧	估算身高	左　侧	估算身高
M1	165.82	M24：A	163.91
M24：A	163.91	M11：9	161.75
M11：1	168.45	M11：10	161.52
M11：2	161.75	M11：11	162.23
M10：3	165.10	M11：12	161.99
M11：4	165.34	M11：13	161.99
M11：5	159.36	M11：14	162.95
M11：6	161.99	M11：15	161.04
M11：7	162.71	M11：16	159.13
M11：8	159.84	佚号	166.53
右侧平均	163.43	左侧平均	162.30
左右侧合计平均身高 162.78±0.54			

以右股骨估算的女性平均身高为 156.81 厘米，以左股骨估算的平均身高为 154.28 厘米，左右两侧股骨合计的平均身高为 155.55±1.64 厘米，女性身高的变异范围 145.61～166.76 厘米（表一九）。

以右胫骨估算的女性平均身高 153.50 厘米，以左胫骨估算的平均身高为 156.84 厘米，左右两侧胫骨合计平均身高为 155.17±1.67 厘米，身高的变异范围为 142.38～166.35 厘米（表二〇）。

16 例女性股骨和 16 例女性胫骨合计的平均身高为 155.36±1.15 厘米，身高的变异范围为 142.38～166.76 厘米。

表一九	用股骨最大长估算之身高（女性）		单位：厘米
右　侧	估算身高	左　侧	估算身高
M11：13	160.08	M11：18	158.22
M11：14	151.55	M11：19	158.97
M11：15	157.85	M11：20	148.21
M11：16	158.04	M11：21	150.06
M11：17	145.61	M11：22	163.05
M70	166.76	M30	158.22
佚 1	164.53	M82	149.69
佚 2	150.06	M85	147.84
右侧平均	156.81	左侧平均	154.28
左右侧合计平均身高	155.55±1.64		

表二〇	用胫骨最大长估算之身高（女性）		单位：厘米
右　侧	估算身高	左　侧	估算身高
M11：17	142.38	M11：24	154.36
M11：18	163.58	M11：25	152.98
M11：19	151.14	M11：26	158.51
M11：20	163.12	M11：27	164.51
M11：21	157.13	M11：28	166.35
M11：22	151.14	M11：29	153.90
M11：23	146.07	M11：30	151.60
佚 2	153.44	佚 3	152.52
右侧平均	153.50	左侧平均	156.84
左右侧合计平均身高	155.17±1.67		

（七）骨骼病理及创伤

由于平洋墓地中多人二次葬墓较多，而这类二次迁葬墓中的骨骼零乱不全，保存情况亦不佳，因此，能够观察到的病理及创伤标本并不太多，也无法作出现率的统计。现仅将观察到的病理及创伤标本记录在案。

齿病　观察到的齿病有牙周病、根尖脓疡以及齿槽脓疡等。如 7 号及 22 号两例颅骨均患有较严重的牙周病，齿槽明显萎缩，齿根暴露 1/3 以上，臼齿齿根的分叉部分均外露。13 号上颌右侧第一、二臼齿根尖部分因脓肿溃烂损及颌骨，颊侧骨板被破坏出现空洞。14 号左上第二、三臼齿根部也有相类似现象。8 号右上第二前臼齿至第三臼齿部位，存在溃疡病灶区，大片颌骨骨质受损，使右侧上颌形成一大缺口，实际上已成为局部性骨髓炎。

经观察平洋组古代居民牙齿的磨耗程度一般都较深，𬎀合面釉质的磨耗程度往往与颅骨缝和其他骨骼部位反映的年龄不相符合，即牙齿的磨耗度大于实际年龄。如 21 号为一例女性，估计年龄不超过 35 岁，但臼齿的磨耗可达 V 度，臼齿的齿冠部分已磨蚀，暴露髓腔。2、12、19 号均有相同现象。牙齿磨耗程度的深浅与食性密切相关，由平洋组颅骨的牙齿磨耗度较深这点来推测，当时人们可能多食比较坚硬和粗糙的食品。

冬瓜头　8 号为一 30～35 岁之男性个体，其头形特殊极度狭长（头长 199 毫米，头宽 130 毫米），观察颅缝，其冠状缝和人字缝仍清晰可见，但矢状缝已完全愈合并且已经隐没不露痕迹。由于矢状缝过早愈合，迫使头骨在发育过程中只能向前后方向生长，从而形成狭长的畸形颅，俗称冬瓜头或船形头（图版六四，9）。

骨疣　13 号颅骨枕大孔左侧髁关节后方赘生一圆柱形骨疣，高 15、柱径 11 毫米。

骨关节病　在某些墓葬中零星发现的椎骨上，见有脊椎病变的标本。如 M151、M134 发现的腰椎骨，在椎体上下缘都有骨质增生（图版六四，11）。M173 一男性右髋残段，仅存髂骨、坐骨，耻骨部分已破失，其髂骨耳状关节处与骶骨已溶为一体，形成骶髂溶合。M135 有 1 例 40 岁左右女性的第十二胸椎已受损变形呈楔形，椎体前面高 16 毫米，椎体后面高 30 毫米，椎体上关节面塌陷出现凹坑（图版六四，12）。

上述之骨关节病可能与类风湿性关节炎或强直性脊柱炎有关。骶髂关节溶合可能与强直性脊柱炎有关，也可能与关节结核病有关。楔形胸椎一般可能是间接暴力引起的骨折所致，一般来讲，由于受到过度的垂直压缩力的冲击，可引起这种压缩性骨折，亦称楔形骨折。

耻骨枝骨折　在 111 号墓中采集到一块男性残髋，仅存左侧耻骨及部分髂骨。在耻骨上枝中部生成一片骨痂，为耻骨上枝骨折后错位愈合所形成。此类型之骨折一般多为暴力所致。

创伤　11号颅骨前额正中与额结节水平位置，有一穿透骨板的穿孔性骨折。创口外缘最宽处直径约19毫米，穿透骨板之创口内缘较小，为7×3毫米之椭圆孔，创缘由外板向内板呈坡状，且有明显的修复痕迹（图版六四，10）。据此现象推测，受创者并不是受伤后当场毙命的，而是在受创后至少10～15天以后才死去的。从创口的形状推测，凶器应是一种厚重带尖刃的器具。

还有一例标本为一40岁左右的女性，在该标本的枕骨矢状面正中，距人字点约32毫米部位，有一直径3毫米的圆孔穿透骨板，创缘周围光洁。形成此孔之原因不详（图版六四，4）。

（八）战斗墓地人骨

战斗墓地采集的可供观测研究的颅骨仅3例（测量值见附表一五）。

M219A　为一30～35岁之男性，残颅面骨部分完整，右侧颞骨、顶骨及后枕底部分破损。观察面部形态，眉弓显著，额骨倾斜，枕外隆突稍显，犬齿窝及鼻根凹均不发达，圆形眶、眶指数（mf-ek）为接近低眶的中眶型，眶指数（d-ek）为低眶型，鼻型狭长属狭鼻型，上面高较高，颧宽虽已无法测得，但中部面宽值不太大，鼻颧角较大。下颌骨颏部呈方形，下颌角外翻，无下颌圆枕。从上面高较高，不太宽的面，狭鼻型及低眶等特征分析，该颅的形态可能与平洋第二分组比较接近。

M204A　为一35岁左右女性。颅形卵圆，颅指数为偏长的中颅型，颅高低，长高指数属低颅型，颅宽较宽，宽高指数属阔颅型，眶指数为偏高的中眶型，阔鼻型，中等的上面高和面宽，上面指数属中上面型，鼻颧角较大，面部扁平，面突指数属平颌型，总面角也属平颌型，齿槽面角属突颌型。从中长的颅型结合低颅和阔颅，中眶型以及平颌面型等特征来看，与平洋女性第一分组相接近。

M217　为一35岁左右女性，颅骨的形态特征可以概括为，中颅型结合高颅型和偏狭的中颅型。上面高较高，颧宽较狭，上面指数属狭上面型，低眶型，狭鼻型。这些特征与平洋女性第二分组相类似。

战斗墓地人骨的身高估算　所采集的长骨中可供测量的仅有4例个体的长骨，测量数值见附表一六。依据股骨最大长和胫骨最大长估算的身高如下：

男性身高

M219用右侧股骨最大长估算身高165.67厘米

用右侧胫骨最大长估算身高 159.37 厘米

用左侧胫骨最大长估算身高 160.32 厘米

平均身高 161.79 厘米

M204 用右侧胫骨最大长估算身高 169.40 厘米

用左侧胫骨最大长估算身高 170.36 厘米

平均身高 169.88 厘米

两例战斗墓地的男性的平均身高 163.83 厘米

女性身高

M217 用右侧股骨最大长估算身高 164.42 厘米

用左侧股骨最大长估算身高 164.16 厘米

用右侧胫骨最大长估算身高 152.98 厘米

用左侧胫骨最大长估算身高 153.42 厘米

平均身高 158.75 厘米

M204 用左侧股骨最大长估算身高 156.93 厘米

用右侧胫骨最大长估算身高 154.90 厘米

用左侧胫骨最大长估算身高 153.97 厘米

平均身高 155.27 厘米

两例女性个体的平均身高为 157.01 厘米。

战斗墓地男女两性的身高均未超出平洋墓地男女两性身高的变异范围。

（九）结　语

1. 通过性别年龄统计，反映出平洋组男性个体数与女性个体数的比例为 1.32∶1，女性的平均寿命 32.16 岁，男性的平均寿命 36.89 岁，男女两性合并计算的平均寿命 32.54 岁。这个平均寿命是较低的，它也从一个侧面反映了平洋文化古居民的生活条件是比较艰苦的。此外，平洋组居民牙齿的磨耗程度普遍较重，说明他们的食物粗糙，这同样是生活艰辛的一项佐证。至于两性比例失调的现象，尚难推断其原因，是否可能与飘泊不定的游牧生活有关。

2. 依据形态观察及多种统计方法的定量测试，可以认为平洋组古居民是一组同种系多类型的群体，其人种类型主要与东北亚蒙古人种接近，同时也与北亚蒙古人种和东亚蒙古人种相关。按次一级形态特征分析，平洋组中尚存在两个不同的类型，第一分组的体质特征为东北亚蒙古人种和北亚蒙古人种的混合类型，第二分组系东北亚蒙古人种与东亚蒙古人种的混合类型。

3. 在北方草原地区各古代组群中，平洋组与完工组最接近。完工组的年代不晚于公元前3世纪[18]，时代与平洋墓群的中晚期相当，从文化内涵而言，两者亦大体相同。平洋组与完工组在体质上相接近的性质，从一个方面反映了两者可能来源于一个共同的祖先类型。同时，平洋组还与公元前3世纪至公元前后生活在北方草原地区的古代组群，如匈奴组、毛庆沟组和扎赉诺尔组等也存在程度不同的接近关系，这说明平洋文化的古居民在体质上与这些草原游牧民族存在着一定程度的联系。平洋组中存在的两个人种类型的分组，可能正是由于不同族属的人群相接触后在体质上引起的变异。

参 考 文 献

① 刘铮等：《人口统计学》，中国人民大学出版社，1981年。

② 韩康信，潘其风：《安阳殷墟中小墓人骨的研究》，《安阳殷墟头骨研究》，文物出版社，1985年。

③⑤ 潘其风、韩康信：《东汉北方草原游牧民族人骨的研究》，《考古学报》1982年1期。

④ 中国科学院考古研究所体质人类学组：《赤峰、宁城夏家店上层文化人骨研究》，《考古学报》1975年2期。

⑥ 潘其风：《毛庆沟墓葬人骨的研究》，《鄂尔多斯式青铜器》，文物出版社，1986年。

⑦ 贾兰坡、颜訚：《西团山人骨的研究报告》，《考古学报》1963年2期；潘其风、韩康信：《吉林骚达沟石棺墓人骨的研究》，《考古》1985年10期。

⑧ 韩康信：《沈阳郑家洼子的两具青铜时代人骨》，《考古学报》1975年1期。

⑨ 潘其风：《从颅骨资料看匈奴族的人种》，《中国考古学研究》二集，科学出版社，1986年。

⑩ 转引自③。

⑪ 转引自⑦。

⑫ 焦南峰：《凤翔南指挥西村周墓人骨的初步研究》，《考古与文物》，1985年3期。

⑬ 三宅宗悦等：《赤峰红山后石椁墓的人骨人类学研究》，《赤峰红山后》，1928年。

⑭ 颜訚：《西夏侯新石器时代人骨的研究报告》，《考古学报》1973年2期。

⑮ 颜訚：《大汶口新石器时代人骨的研究报告》，《考古学报》1972年1期。

⑯⑰ 陈世贤：《法医骨学》，群众出版社，1980年。

⑱ 宿白：《东北、内蒙古地区的鲜卑遗迹》，《文物》1977年5期。

标本号与原出土编号对照

1.84TPM104⑤	7.84TPM101①	13.84TPM153①	22.84TPM111㊷
2.84TPM111⑤	8.84TPM111㉑	17.84TPM104⑪	23.84TPM133①
3.84TPM135②	9.84TPM104⑫	18.84TPM141⑭	24.84TPM133③
4.84TPM187①	10.84TPM107	19.84TPM111㊲	25.84TPM135①
5.84TPM137②	11.84TPM111④	20.84TPM111⑯	26.84TPM111⑰
6.84TPM144①	12.84TPM153⑤	21.84TPM111㊵	

附表一　　　　　　　　　　　　　　平洋各组颅骨测量平均值（男性）

长度单位：毫米，角度：度，指数：百分率

马丁号	测量项目		全组			第一分组			第二分组	
		例数	平均数	标准差	例数	平均数	标准差	例数	平均数	标准差
1	头长（g-op）	12	190.54±1.36	4.72	6	193.17±1.64	4.01	6	187.92±1.65	4.05
8	头宽（eu-eu）	12	144.60±1.61	5.57	6	147.00±2.32	5.68	6	142.20±1.92	4.71
17	头高（ba-b）	9	140.11±0.89	2.67	3	140.33±0.82	1.53	6	140.00±1.31	3.22
21	耳上颅高（po-v）	12	119.83±1.25	4.43	6	121.83±2.01	4.93	6	117.83±1.25	3.06
9	最小额宽（ft-ft）	12	91.29±1.73	6.01	6	96.08±1.53	3.75	6	86.50±1.31	3.21
23	颅周长	12	529.00±3.17	10.98	6	536.00±4.02	9.84	6	522.80±3.28	8.04
24	颅横弧	10	330.40±2.82	9.77	4	337.50±5.85	11.70	6	325.67±1.93	4.72
25	矢状弧（arc n-o）	9	383.11±4.07	12.22	3	385.33±4.34	7.51	6	382.00±5.94	14.56
26	额矢弧（arc n-b）	12	129.83±1.58	5.47	6	130.83±1.89	4.62	6	128.33±2.65	6.49
27	顶矢弧（arc b-1）	12	130.25±2.12	7.33	6	128.00±2.29	5.62	6	132.50±3.52	8.62
28	枕矢弧（arc 1-o）	9	121.00±1.61	4.82	3	121.67±3.29	5.69	6	120.67±2.00	4.89
29	额矢弦（chord n-b）	12	117.58±1.19	4.11	6	117.83±1.26	3.08	6	117.33±2.14	5.24
30	顶矢弦（chord b-t）	12	116.17±1.32	4.56	6	116.42±2.02	4.94	6	115.92±1.88	4.61
31	枕矢弦（chord t-o）	9	101.44±1.42	4.25	3	110.67±1.77	3.06	6	101.33±2.05	5.02
5	颅基底长（ba-n）	9	105.72±1.56	4.67	3	108.33±1.46	2.52	6	104.42±2.09	5.12
40	面基底长（ba-pr）	9	99.00±1.72	5.15	3	103.17±1.74	3.01	6	96.92±1.97	4.82
48	上面高（n-sd）	12	77.08±1.01	3.50	6	77.67±1.82	4.46	6	76.50±1.02	2.51
	（n-pr）	12	74.02±0.96	3.32	6	74.45±1.64	4.02	6	73.58±1.12	2.75
45	颧宽（zy-zy）	10	144.90±1.90	5.99	5	149.50±1.67	3.74	5	140.30±1.67	3.73
46	中部面宽（zm-zm）	11	112.95±1.89	6.28	5	117.30±3.04	6.82	6	109.33±1.09	2.68
	中部面宽高（sub zm-zm）	11	21.08±0.86	2.84	5	20.68±1.01	2.26	6	21.42±1.46	3.58
54	鼻宽	12	28.90±0.53	1.83	6	29.50±0.76	1.86	6	28.30±0.71	1.74
55	鼻高（n-ns）	12	58.38±0.98	3.39	6	59.37±1.80	4.42	6	57.38±0.76	1.86
sc	鼻最小宽	12	9.70±0.66	2.27	6	10.87±0.80	1.95	6	8.53±0.85	2.07
ss	鼻最小宽高	12	3.27±0.23	0.81	6	3.53±0.18	0.43	6	3.00±0.43	1.05
51	眶宽（mf-ek）　右	11	43.74±0.76	2.51	5	44.30±1.61	3.60	6	43.27±0.52	1.28
	左	12	43.67±0.70	2.41	6	44.13±1.19	2.92	6	43.20±0.78	1.92
51a	眶宽（d-ek）　右	11	40.57±0.66	2.20	5	41.10±1.33	2.97	6	40.13±0.59	1.45
	左	12	40.39±0.65	2.26	6	40.90±1.12	2.75	6	39.88±0.71	1.74
52	眶高　　　　　右	11	33.91±0.49	1.70	5	34.18±0.64	1.57	6	33.63±0.78	1.92
	左	12	33.63±0.54	1.86	6	34.00±0.83	2.03	6	33.25±0.72	1.77
50	眶间宽（mf-mf）	12	19.06±0.61	2.10	6	19.98±0.98	2.40	6	18.13±0.56	1.36
	（d-d）	12	22.85±0.60	2.09	6	23.68±1.04	2.55	6	22.02±0.50	1.23
	两眶外缘宽（fmo-fmo）	12	99.52±1.48	5.12	6	101.92±2.58	6.33	6	97.12±0.79	1.93
	两眶外缘宽高（subfmo-fmo）	12	14.60±0.69	2.38	6	15.20±1.12	2.75	6	14.00±0.82	2.00
	颧骨高（zm-fmo）　右	11	47.63±0.96	3.20	6	49.38±0.86	2.11	6	46.17±1.37	3.36
	左	12	47.92±1.05	3.65	6	49.08±1.29	3.17	6	46.75±1.63	4.00
	颧骨宽（zm-rim orb）　右	11	28.77±1.07	3.54	5	31.40±0.70	1.56	6	26.62±1.33	3.26
	左	12	29.13±1.06	3.68	6	31.08±1.23	3.01	6	27.17±1.38	3.39
11	耳点间径（au-au）	10	133.70±1.68	5.32	4	138.00±2.35	4.69	6	130.83±1.47	3.61
	耳门上缘点间径（po-po）	10	125.80±1.61	5.08	4	129.63±2.16	4.31	6	123.25±1.62	3.97
60	齿槽弓长	11	53.91±0.95	3.14	5	54.90±1.23	2.75	6	53.08±1.40	3.44
61	齿槽弓宽	11	69.18±0.81	2.69	5	70.50±1.58	3.54	6	68.08±0.45	1.11

217

马丁号	测量项目		全　组			第　一　分　组			第　二　分　组	
		例数	平均数	标准差	例数	平均数	标准差	例数	平均数	标准差
62	腭长（ol-sta）	11	47.86±1.05	3.49	5	48.80±1.97	4.42	6	47.08±1.09	2.67
63	腭宽（enm-enm）	11	43.05±0.77	2.54	5	42.70±1.28	2.86	6	43.33±1.01	2.48
7	枕大孔长（ba-c）	9	37.56±0.89	2.67	3	39.50±0.87	1.50	6	36.58±1.09	2.67
16	枕大孔宽	8	30.69±0.78	2.22	2	32.00±9.00	4.24	6	30.25±0.63	1.54
47	全面高（n-gn）	2	116.50±3.22	3.54	1	114.00		1	119.00	
	角　　　度									
72	总面角（n-pr FH）	9	90.80±1.39	4.17	3	90.00±4.38	7.57	6	91.17±0.87	2.14
73	鼻面角（n-ns FH）	9	92.78±1.23	3.70	3	92.00±3.21	5.58	6	93.17±1.22	2.99
74	齿槽面角（ns-pr FH）	8	80.00±2.69	7.61	2	72.50±1.50	2.12	6	82.50±2.89	7.09
32	额角（n-m FH）	10	83.00±1.25	3.94	4	82.75±1.65	3.30	6	83.17±1.89	4.62
	（g-m FH）	10	76.50±1.27	4.01	4	75.25±1.02	2.06	6	77.33±2.01	4.92
	眉间前凸角（g-b FH）	10	48.60±0.93	2.95	4	48.75±1.93	3.86	6	48.50±1.06	2.59
77	鼻颧角（imo-n-fmo）	12	147.13±1.28	4.44	6	146.92±1.98	4.86	6	147.33±1.80	4.42
	颧上颌角（zm-ss-zm）	11	138.82±1.70	5.64	5	141.10±0.96	2.16	6	137.00±2.92	7.15
	鼻角（n-rhi FH）	9	71.11±2.18	6.53	3	68.00±2.52	4.36	6	72.67±2.94	7.20
	鼻骨角（rhi-n-pr）	11	17.77±0.68	2.25	5	18.99±0.23	0.65	6	16.83±1.11	2.73
	齿槽点角（n-pr-ba）	9	73.89±0.95	2.84	3	73.67±2.19	3.79	6	74.00±1.09	2.66
	鼻根点角（ba-n-pr）	9	64.33±1.18	3.53	3	66.33±2.19	3.79	6	63.33±1.33	3.25
	基底角（pr-ba-n）	9	41.78±0.71	2.14	3	40.00±0.58	1.09	6	42.67±0.82	2.02
	指　　　数									
8：1	颅指数	12	75.89±0.88	3.05	6	76.08±1.25	3.06	6	75.72±1.36	3.33
17：1	长高指数	9	74.09±0.88	2.63	3	73.19±1.23	2.13	6	74.55±1.19	2.92
21：1	颅长耳高指数	12	62.96±0.73	2.52	6	63.14±1.16	2.85	6	62.78±0.98	2.40
17：8	宽高指数	9	97.30±1.30	3.90	3	94.89±3.22	5.57	6	98.51±1.07	2.61
54：55	鼻指数	12	49.40±0.64	2.22	6	49.52±1.18	2.90	6	49.28±0.63	1.55
ss：sc	鼻根指数	12	34.01±1.80	6.23	6	33.15±2.41	5.90	6	34.86±1.16	6.98
54：51a	鼻眶指数　　右	12	70.56±1.23	4.26	5	71.08±0.58	1.30	6	70.56±1.82	4.47
	左	12	71.59±0.97	3.36	6	72.19±1.19	2.92	6	70.99±1.60	3.93
52：51	眶指数（mf-ek）　右	11	77.77±1.46	4.85	5	77.80±2.69	6.02	6	77.75±1.72	4.25
	左	12	77.01±1.15	4.00	6	77.18±1.83	4.49	6	76.84±1.58	3.87
52：51a	眶指数（d-ek）　右	11	83.77±1.27	4.23	5	83.74±2.36	5.28	6	83.80±1.50	3.67
	左	12	83.33±1.03	3.78	6	83.26±1.78	4.37	6	83.40±1.43	3.51
63：62	腭指数	11	90.19±1.75	5.82	5	88.05±3.00	6.72	6	92.14±1.96	4.79
9：8	额宽指数	12	63.19±1.11	3.86	6	65.46±1.00	2.46	6	60.92±1.55	3.80
40：5	面突指数	9	93.69±1.37	4.11	3	95.29±2.61	4.51	6	92.89±1.66	4.07
48：45	上面指数	10	53.06±0.95	3.00	5	51.77±1.28	2.86	5	54.36±1.26	2.80
47：45	全面指数	2	78.51±3.01	4.25	1	75.50		1	81.51	
48：17	垂直颅面指数	9	54.43±0.86	2.58	3	53.94±1.78	3.08	6	54.68±1.05	2.58
45：（1+8）/2	横颅面指数	10	86.59±0.90	2.84	5	88.12±1.08	2.41	5	85.06±1.13	2.53
17：（1+8）/2	高平均指数	9	83.13±1.59	4.77	3	79.73±4.18	7.20	6	84.83±0.93	2.29
16：7	枕孔指数	8	82.91±2.44	6.90	2	82.76±9.36	13.20	6	82.96±2.30	5.63
Oc.I	枕骨指数	9	61.19±1.17	3.51	3	60.40±0.83	1.44	6	61.58±1.74	4.27
21：8	颅宽耳高指数	12	82.93±0.73	2.51	6	82.98±1.23	3.02	6	82.96±0.89	2.18

平洋各组颅骨测量平均值（女性）

长度单位：毫米，角度：度，指数：百分率

马丁号	测 量 项 目		全 组			第 一 分 组			第 二 分 组	
		例数	平均数	标准差	例数	平均数	标准差	例数	平均数	标准差
1	头长（g-op）	10	180.20±1.11	3.50	4	181.25±1.67	3.33	6	179.50±1.52	3.73
8	头宽（eu-eu）	10	138.00±0.78	2.48	4	138.88±1.67	3.33	6	137.42±0.76	1.86
17	头高（ba-b）	9	133.89±2.28	6.83	4	127.25±0.78	1.55	5	139.20±1.56	3.49
21	耳上颅高（po-v）	10	116.50±0.85	2.69	4	115.00±0.61	1.22	6	117.50±1.23	3.02
9	最小额宽（ft-f）	10	89.85±0.80	2.52	4	92.00±1.08	2.16	6	88.33±0.49	1.21
23	颅周长	10	305.70±2.66	8.41	4	508.00±5.28	10.55	6	504.17±2.98	7.31
24	颅横弧	10	318.50±1.77	5.60	4	317.00±1.92	3.83	6	319.50±2.73	6.69
25	矢状弧（arc n-o）	9	362.56±3.69	11.06	4	358.25±5.11	10.21	5	366.00±5.15	11.54
26	额矢弧（arc n-b）	10	123.50±1.90	6.00	4	122.75±3.45	6.90	6	124.00±2.44	5.97
27	顶矢弧（arc b-1）	10	120.60±2.67	8.44	4	119.75±5.95	11.90	6	121.17±2.65	6.49
28	枕矢弧（arc 1-0）	9	118.11±2.04	6.13	4	115.75±4.19	8.38	5	120.00±1.58	3.54
29	额矢弦（chord n-b）	10	110.25±1.67	5.29	4	109.13±2.95	5.89	6	111.00±2.04	5.00
30	顶矢弦（chord b-1）	10	107.65±1.90	6.02	4	107.25±3.82	7.63	6	107.92±7.24	5.49
31	枕矢弦（chord 1-0）	9	99.89±1.68	5.04	4	96.13±2.67	5.33	5	102.90±0.90	2.01
5	颅基底长（ba-n）	9	103.00±1.12	3.35	4	100.50±1.33	2.65	5	105.00±1.09	2.45
40	面基底长（ba-pr）	9	97.61±2.22	6.67	4	97.50±4.09	8.18	5	97.70±2.77	6.21
48	上面高（n-sd）	10	72.81±1.54	4.88	4	73.75±2.66	5.32	6	72.18±2.03	4.97
	（n-pr）	10	69.90±1.46	4.61	4	70.75±7.78	5.56	6	69.33±1.76	4.32
45	颧宽（zy-zy）	8	133.63±1.72	4.87	3	193.67±3.48	6.03	5	133.60±1.97	4.83
46	中部面宽（zm-zm）	9	104.00±1.60	4.80	3	102.33±2.90	5.03	6	104.83±1.01	4.93
	中部面宽高（sub zm-zm）	9	22.08±1.19	3.57	3	22.00±1.89	3.28	6	22.12±1.64	4.02
34	鼻宽	10	27.02±0.46	1.41	4	26.69±0.78	1.56	6	27.25±0.58	1.41
55	鼻高（n-ns）	10	54.87±0.57	1.81	4	54.40±0.57	1.14	6	55.18±0.83	2.19
sc	鼻最小宽	10	8.31±0.70	2.20	4	7.33±0.87	1.73	6	8.97±0.97	2.37
ss	鼻最小宽高	10	2.62±0.24	0.75	4	2.65±0.35	0.70	6	2.60±0.35	0.85
51	眶宽（mf-ek）　右	9	42.27±0.62	1.85	3	42.20±1.96	3.40	6	42.30±0.38	0.92
	左	9	42.32±0.64	1.19	4	42.58±1.47	2.94	5	41.12±0.37	0.82
51a	眶宽（d-ek）　右	8	39.50±0.67	1.89	3	39.83±1.96	3.40	6	39.30±0.25	0.57
	左	9	39.58±0.67	2.02	4	40.25±1.48	2.96	5	39.04±0.41	0.91
52	眶高　右	10	32.93±0.60	1.89	4	33.80±1.13	2.25	6	32.35±0.63	1.54
	左	10	33.07±0.59	1.85	4	34.02±0.97	1.93	6	32.43±0.67	1.65
50	眶间宽（mf-mf）	10	17.78±0.53	1.63	4	17.33±0.80	1.60	6	18.08±0.74	1.80
	（d-d）	9	21.13±0.96	2.88	4	20.05±1.43	2.85	5	22.00±1.29	2.89
	两眶外缘宽（fmo-fmo）	9	94.71±0.92	2.75	4	94.38±1.97	3.94	5	94.98±0.81	1.81
	两眶外缘宽高（sub fmo-fmo）	9	15.17±0.60	1.80	4	14.50±0.79	1.58	5	15.70±0.88	1.96
	颧骨高（zm-fmo）　右	9	42.58±0.97	2.92	3	44.00±3.05	5.29	6	41.87±0.34	0.82
	左	8	42.00±0.62	1.75	3	42.50±1.76	3.04	5	41.70±0.30	0.67
	颧骨宽（zm-rim orb）　右	9	23.99±0.44	1.31	3	24.67±0.66	1.15	6	23.65±0.55	1.35
	左	8	24.28±0.25	0.72	3	24.00±0.58	1.00	5	24.44±0.25	0.56
11	耳点间径（au-au）	10	128.30±1.36	4.29	4	129.88±2.77	5.54	6	127.25±1.38	3.37
	耳门上缘点间径（po-po）	10	119.50±1.20	3.80	4	120.13±3.15	5.45	6	119.08±1.13	2.76
60	齿槽弓长	10	50.30±1.30	4.11	4	51.00±1.89	4.62	6	49.83±1.89	4.62

续附表二

马丁号	测量项目	全组			第一分组			第二分组		
		例数	平均数	标准差	例数	平均数	标准差	例数	平均数	标准差
61	齿槽弓宽	10	64.00±0.99	3.14	4	64.63±1.44	2.87	6	63.58±1.43	3.50
62	腭长（ol-sta）	9	44.14±1.09	3.27	4	45.20±1.44	2.87	5	43.30±1.62	3.63
63	腭宽（enm-enm）	9	40.11±0.57	1.71	3	40.00±1.53	2.65	6	40.17±0.56	1.37
7	枕大孔长（ba-o）	9	37.33±0 66	1.98	4	37.38±1.47	2.93	5	37.30±0.54	1.20
16	枕大孔宽	9	28.56±0.50	1.49	4	27.88±0.66	1.31	5	29.10±0.68	1.52
	角度									
72	总面角（n-pr FH）	10	90.00±0.82	2.58	4	90.75±1.70	3.40	6	89.50±0.85	2.07
73	鼻面角（n-ns FH）	10	93.70±0.79	2.50	4	94.25±1.55	3.10	6	93.33±0.92	2.25
74	齿槽面角（ns-pr FH）	10	82.50±1.68	5.30	4	81.00±3.88	7.75	6	83.50±1.38	3.39
32	额角（n-m FH）	10	85.60±1.20	3.78	4	84.50±2.33	4.65	6	86.33±1.36	3.33
	（g-m FH）	10	81.30±1.25	3.95	4	80.25±2.60	5.19	6	82.00±1.31	3.22
	眉间前凸角（g-b FH）	10	48.90±0.69	2.18	4	48.00±1.08	2.16	6	49.50±0.86	2.17
77	鼻颧角（fmo-n-fmo）	9	144.33±1.46	4.37	4	145.63±2.43	4.85	5	143.30±1.87	4.18
	颧上颌角（zm-ss-zm）	9	133.89±1.65	4.95	3	133.67±2.33	4.04	6	134.00±2.34	5.72
	鼻角（n-rhi FH）	8	74.50±1.04	2.93	3	75.00±1.53	2.65	5	74.20±1.50	3.35
	鼻骨角（rhi-n-pr）	8	16.88±1.30	3.68	3	16.67±0.88	1.53	5	17.00±2.12	4.74
	齿槽点角（n-pr-ba）	9	73.72±1.41	4.24	4	71.63±2.36	4.71	5	75.40±1.50	3.36
	鼻根点角（ba-n-pr）	9	65.17±1.39	4.16	4	66.50±2.44	4.88	5	64.10±1.64	3.68
	基底角（pr-ba-n）	9	41.11±0.85	2.56	4	41.88±1.56	3.12	5	40.50±0.97	2.18
	指数									
8:1	颅指数	10	76.63±0.55	1.73	4	76.62±0.65	1.30	6	76.63±0.85	2.09
17:1	长高指数	9	74.10±1.31	3.92	4	70.28±0.89	1.78	5	77.16±0.63	1.42
21:1	颅长耳高指数	10	64.66±0.47	1.48	4	63.46±0.57	1.13	6	65.46±0.46	1.12
17:8	宽高指数	9	97.11±1.91	5.73	4	91.67±1.13	2.26	5	101.47±1.29	2.88
54:55	鼻指数	10	49.25±0.76	2.39	4	49.06±1.56	3.11	6	49.38±0.86	2.11
ss:sc	鼻根指数	10	31.54±1.64	5.19	4	35.98±1.21	2.42	6	28.58±1.76	4.32
54:51a	鼻眶指数　右	8	68.99±1.89	5.36	3	68.21±4.99	8.64	5	69.45±1.57	3.51
	左	9	68.48±1.94	5.81	4	66.65±3.86	7.71	5	69.94±1.84	4.12
52:51	眶指数（mf-ek）　右	9	77.74±1.32	3.96	3	80.30±3.05	5.29	6	76.47±1.15	2.82
	左	9	77.68±1.22	3.67	4	80.02±1.52	3.04	5	75.81±1.42	3.19
52:51a	眶指数（d-ek）　右	8	82.51±1.34	3.78	3	85.07±2.95	5.11	5	80.97±0.89	2.00
	左	9	83.05±1.04	3.13	4	84.66±1.63	3.25	5	81.77±1.18	2.64
63:62	腭指数	8	91.46±2.88	7.59	3	89.62±5.68	9.84	5	92.57±3.10	6.95
9:8	额宽指数	10	65.10±0.62	1.97	4	66.36±1.02	2.03	6	64.26±0.64	1.56
40:5	面突指数	9	94.69±1.72	5.16	4	96.93±3.05	6.09	5	92.89±1.80	4.04
48:45	上面指数	8	53.86±0.93	2.63	3	54.55±1.51	2.61	5	53.44±1.27	2.85
47:45	全面指数									
48:17	垂直颅面指数	9	55.16±1.42	4.26	4	58.00±2.39	4.78	5	52.88±0.96	2.14
45:(1+8)/2	横颅面指数	8	83.99±1.06	3.01	3	83.18±1.64	2.67	5	84.47±1.52	3.40
17:(1+8)/2	高平均指数	9	84.04±1.53	4.60	4	79.52±0.91	1.82	5	87.65±0.80	1.78
16:7	枕孔指数	9	76.86±1.78	5.35	4	75.02±4.01	8.11	5	77.98±0.78	1.75
Oc.Ⅰ	枕骨指数	9	62.04±0.94	2.83	3	60.27±2.38	4.11	5	63.30±0.77	1.73
21:8	颅宽耳高指数	10	84.43±0.90	2.85	4	82.85±1.16	2.32	6	85.48±1.16	2.85

220

附表三　平洋组颅骨个体测量表（男性）

长度单位：毫米，角度：度，指数：百分率

马丁号	测量项目	1	2	3	4	5	6	7	8	9	10	11	12	13
1	头长（g-op）	190.00	188.50	197.00	198.00	195.00	190.50	185.00	199.00	195.00	184.50	187.50	186.00	190.00
8	头宽（eu-eu）	154.00	140.50	150.00	150.50	140.00	147.00	148.00	130.00	138.00	138.50	137.00	145.00	146.20
17	头高（ba-b）	139.00?	142.00	140.00				140.00	140.00	136.00	141.00	137.00	145.00	141.00
21	耳上颅高（po-v）	122.00	117.00	125.00	121.50	116.50	129.50	117.00	119.00	115.00	116.00	116.00	123.50	120.00
9	最小额宽（ft-ft）	96.00	89.00	100.00	98.50	97.00	96.50	83.00	93.00	91.00	87.00	86.00	89.00	83.00
23	颅周长	540.00	521.00	547.00	545.00	531.00	532.00	528.00	536.00	524.00	509.00	519.00	525.00	532.00
24	颅横弧		320.00	344.00	342.00		344.00	325.00	317.00	322.00	323.00	321.00	331.00	332.00
25	矢状弧（arc n-o）	381.00	381.00	394.00				378.00	394.00	370.00	371.00	373.00	395.00	405.00
26	额弧（arc n-b）	134.00	136.00	133.00	123.00	130.00	129.00	133.00	132.00	131.00	118.00	124.00	132.00	135.00
27	顶弧（arc b-l）	130.00	125.00	133.00	132.00	118.00	130.00	127.00	144.00	121.00	128.00	135.00	141.00	143.00
28	枕弧（arc l-o）	117.00	120.00	128.00				118.00	118.00	118.00	125.00	114.00	122.00	127.00
29	额矢弦（chord n-b）	121.00	121.00	117.50	113.00	116.00	118.50	117.00	117.50	119.00	108.00	116.00	123.00	121.00
30	顶矢弦（chord b-l）	119.00	111.50	120.00	121.00	109.00	118.00	115.00	127.00	109.50	113.00	117.00	118.00	123.00
31	枕矢弦（chord l-o）	99.00	101.00	105.00				105.00	98.00	94.50	107.00	96.00	103.50	102.00
5	颅基底长（ba-n）	108.00?	106.00?	111.00				102.00	112.00	110.50	107.00	109.00	100.00	98.00
40	面基底长（ba-pr）	106.00?	103.50?	100.00?				94.00	103.00	103.00	99.00	98.00	89.00	98.50
48	上面高（n-sd）	79.00	72.00	76.00?	85.00	79.00	75.00	74.00	76.00	80.00	75.00	78.00	78.00	74.00
	（n-pr）	75.00	69.50	73.00?	81.50	75.20	72.50	71.00	72.50	77.00	72.00	75.00	75.50	70.50
45	颧宽（zy-zy）		151.00	150.50?	154.00	148.00	144.00	146.00	138.50	137.00	137.50	142.00	108.00	139.00
46	中部面宽（zm-zm）	116.00	114.00		127.00	120.50	109.00	112.50	110.00	106.00	107.00	111.50	108.00	111.00
	中部面宽高（sub zm-zm）	20.00	21.00		23.00	22.20	17.20	18.00	22.00	21.00	26.50	25.00	18.00	20.00
54	鼻宽	27.50	29.50	31.00	30.60	31.40	27.00	28.00	27.00	28.00	30.50	29.80	28.00	25.00
55	鼻高（n-ns）	56.70	57.00	58.00	68.00	60.00	56.50	57.50	58.00	57.30	60.00	58.50	56.50	54.50
SC	鼻最小宽	14.50	10.50	10.50	8.70	11.00	10.00	6.00	10.00	9.00	6.00	11.00	9.50	9.70
SS	鼻最小宽高	3.80	3.50	3.50	3.20	3.0	4.20	1.50	5.00	3.00	2.00	3.50	4.00	4.00
51	眶宽（mf-ek）右	41.50	45.00		46.00	49.00	40.00	42.50	45.00	45.50	42.60	44.00	42.00	43.00
	眶宽（mf-ek）左	41.50	45.00	44.50	45.80	48.00	40.00	42.50	45.00	46.20	42.00	45.00	42.00	41.50
51a	眶宽（d-ek）右	39.00	42.50		43.00	44.00	37.00	39.00	43.00	42.00	39.20	42.00	39.40	39.20
	眶宽（d-ek）左	39.00	42.50	40.00	42.30	44.60	37.00	39.00	43.00	42.00	39.20	42.00	39.40	37.70

221

续附表三

马丁号	测量项目	个体号	1	2	3	4	5	6	7	8	9	10	11	12	13
52	眶高	右	34.00	35.20	33.50	36.80	33.00	32.60	30.50	35.00	33.70	33.40	36.50	34.20	33.50
		左	33.50	35.20	32.20	37.30	34.00	31.80	30.50	35.00	33.50	33.40	35.70	34.20	32.20
50	眶间宽（mf-mf）		22.30	17.20	17.00	22.40	21.00	20.00	15.50	19.00	18.00	19.00	19.00	18.30	19.00
	（d-d）		25.00	19.50	22.00	26.60	25.00	24.00	20.00	21.00	21.80	22.00	22.00	22.50	23.80
	两眶外缘宽（fmo-fmo）		99.00	100.90	101.50	107.00	111.00	93.00	94.50	99.00	100.00	96.00	97.20	98.50	96.50
	两眶外缘高（sub. fmo-fmo）		13.50	13.50	12.50	15.20	20.00	16.50	10.00	22.00	14.00	15.00	15.00	15.00	15.00
	颧骨高（zm-fmo）	右	47.50	49.00		53.00	48.40	49.00	44.00	48.00	46.00	41.00	50.50	48.50	47.00
		左	47.50	48.00	52.00	54.00	47.00	46.00	46.00	48.00	63.50	43.00	54.00	48.00	46.00
	颧骨宽（zm-rim. orb）	右	31.00	30.00	33.00	33.50	30.00	32.50	28.00	31.00	23.00	22.00	29.50	28.00	29.20
		左	31.00	28.00		36.00	28.50		28.00	30.00	22.50	23.50	31.00	29.00	29.00
11	耳点间径（au-au）			132.00	140.00	143.00		137.00	137.00	126.00	120.00	120.00	126.50	131.50	132.00
	耳门上缘点间径（po-po）			125.00	132.50	134.00		127.00	129.50	117.00	120.00	120.00	120.00	126.00	124.00
60	齿槽弓长		59.00	54.50		56.00	53.00	52.00	50.00	54.50	56.50	53.00	56.00	48.00	55.00
61	齿槽弓宽		69.50	73.00		75.00	69.00	66.00	67.00	66.50	68.00	70.00	67.00	68.50	68.00
62	腭长（ol-sta）		53.50	53.00		47.50	47.00	43.00	49.00	47.50	49.50	43.50	49.00	44.00	47.50
63	腭宽（enm-enm）		41.00	46.50		43.00	44.00	39.00	45.00	40.00	47.50	41.00	42.00	43.00	41.50
7	枕大孔长（ba-o）		41.00	38.00	39.50				37.50	38.00	38.50	40.00	35.00	36.00	32.50
16	枕大孔宽			35.00	29.00				31.00		33.00	29.00	29.50	30.00	29.00
47	全面高（n-gn）			114.00					119.00						
	角度														
72	总面角（n-pr FH）			85.00		87.00		99.00	90.00	93.00	91.00	89.00	92.00	95.00	90.00
73	鼻面角（n-ns FH）			87.00	98.00	91.00		102.00	97.00	97.00	89.00	91.00	93.00	96.00	93.00
74	齿槽面角（ns-pr FH）			74.00		71.00		93.00	71.00	84.00	81.00	81.00	89.00	91.00	82.00
32	额角（n-m FH）			83.00	85.00	78.00		85.00	87.00	85.00	76.00	82.00	80.00	87.00	87.00
	（g-m FH）			74.00	77.00	73.00		77.00	79.00	81.00	71.00	76.00	73.00	84.00	81.00
	眉间前囟角（g-b FH）			45.00	49.00	47.00		54.00	49.00	49.00	47.00	50.00	44.00	51.00	50.00
77	鼻颧角（fmo-n-fmo）		149.00	149.00	153.00	148.50	141.00	141.00	156.00	136.50	148.00	144.50	145.50	145.0	145.00
	颧上颌角（zm-ss-zm）		141.50	139.50		141.00	139.00	144.50	145.50	136.00	136.00	127.00	131.00	143.50	139.00
	鼻角（n-rhi FH）			63.00	71.00	70.00			87.00	74.00	72.00	70.00	70.00	70.00	67.00

续附表三

马丁号	测量项目	侧	1	2	3	4	5	6	7	8	9	10	11	12	13
	鼻骨角(rhi-n-pr)		18.00	18.50	19.50	19.50	19.00		14.50	13.00	13.50	20.00	16.00	17.00	20.00
	齿槽点角(n-pr-ba)		71.00	72.00	78.00				74.50	76.50	74.00	76.00	76.50	74.00	69.00
	鼻根点角(ba-n-pr)		68.00	69.00	62.00				63.00	64.50	64.00	63.50	61.00	59.50	69.00
	基底角(pr-ba-n)		41.00	39.00	40.00				42.50	39.00	42.00	40.50	42.50	46.50	42.00
指数															
8:1	颅指数		81.05	74.54	76.14	75.76	71.79	77.17	80.00	65.32	70.76	75.27	73.33	77.96	76.95
17:1	长高指数		73.16	75.33	71.07	61.36	59.74	67.98	75.68	70.35	69.74	78.63	73.07	77.96	74.21
21:1	颅长耳高指数		64.21	62.07	63.45				63.24	59.80	58.97	63.04	61.87	66.40	63.16
17:8	宽高指数		90.26	101.07	93.33				94.59	107.69	98.55	101.81	99.64	100.00	96.44
54:55	鼻指数		48.50	51.75	51.72	45.00	52.33	47.79	48.70	46.55	48.87	50.83	50.94	49.56	46.79
SS:SC	鼻根指数		26.21	33.33	33.33	36.78	27.27	42.00	25.00	50.00	33.33	33.33	31.82	44.44	41.24
54:51a	鼻眶指数	右	70.51	69.41		71.16	71.36	72.97	71.79	62.79	66.67	77.81	70.95	71.07	65.05
54:51a	鼻眶指数	左	70.51	69.41		72.34	70.40	72.97	71.79	62.79	66.67	77.81	70.95	71.07	67.64
52:51	眶指数(mf-ek)	右	81.92	78.22	77.50	80.00	67.35	81.50	71.76	77.78	74.07	78.40	82.95	81.43	77.91
52:51	眶指数(mf-ek)	左	80.72	78.22	72.36	81.44	70.83	79.50	71.76	77.78	72.51	78.40	79.33	81.43	77.59
52:51a	眶指数(d-ek)	右	87.18	82.82	80.50	85.58	75.00	88.11	78.21	81.40	80.24	85.20	86.90	86.80	85.46
52:51a	眶指数(d-ek)	左	85.90	82.32	66.67	88.18	76.23	85.95	78.21	81.40	79.76	85.20	85.00	86.80	85.41
63:62	腭指数		76.64	87.74	90.09	90.53	93.62	90.70	91.80	84.21	95.96	94.25	85.71	97.73	87.37
9:8	额宽指数		62.34	63.35	50.50	65.45	69.28	65.65	56.08	71.54	65.94	62.82	62.55	61.38	56.77
40:5	面突指数		98.15	97.64					92.16	91.96	93.21	92.52	89.91	89.00	100.51
48:45	上面指数		56.83	47.68	54.29	55.19	53.38	52.08	50.68	54.87	58.39	54.55	54.93		53.24
47:45	全面指数			75.50					81.51						
48:17	垂直颅面指数			50.70					52.86	54.28	58.82	53.19	56.93	53.79	52.48
45:1/2	(1+8)横颅面指数			91.79	86.74	88.38	88.36	85.33	87.69	84.19	82.28	85.27	87.38	87.61	82.69
17:1/2	(1+8)高平均指数			86.32	72.50				84.08	85.11	81.68	87.44	84.31	83.33	83.88
16:7	枕孔指数		80.81	92.10	73.42				82.67	91.54	85.71	72.50	84.29		89.23
Oc:I	枕骨指数		61.41	61.04	58.75				68.88	59.50	57.18	62.94	61.13	61.85	57.51
21:8	颅宽耳高指数		79.32	83.27	83.33	80.73	83.21	88.09	79.05		83.33	83.75	84.36	85.17	82.08
C	颅容量I		1606.46	1524.96	1625.04	1680.85	1520.20	1683.00	1544.23	1488.00	1498.96	1480.96	1464.12	1564.83	1566.44
C	颅容量II		1662.29	1490.35	1707.56	1680.85	1520.20	1683.00	1528.60	1483.00	1488.89	1438.89	1450.92	1575.08	1576.02

223

长度单位：毫米，角度：度，指数：百分率

马丁号	测量项目	个体号 17	18	19	20	21	22	23	24	25	26
1	头长（g-op）	176.00	175.00	180.00	179.00	182.00	185.00	178.50	181.00	186.00	179.50
8	头宽（eu-eu）	139.00	139.00	137.50	134.00	137.00	138.00	137.00	135.00	143.00	140.00
17	头高（ba-b）	137.00		139.00	139.00	136.00	145.00	126.00	127.00	126.50	129.50
21	耳上颅高（po-v）	118.00	112.00	117.00	119.00	118.00	121.00	113.50	116.50	115.00	115.00
9	最小额宽（ft-ft）	87.00	87.00	90.00	89.00	89.00	88.00	89.00	94.00	93.50	92.00
23	颅周长	495.00	496.00	511.00	503.00	510.00	510.00	497.00	509.00	522.00	504.00
24	颅横弧	320.00	309.00	320.00	320.00	318.00	330.00	312.00	320.00	316.00	320.00
25	矢状弧（arc n-o）	351.00		377.00	367.00	358.00	377.00	346.00	362.00	370.00	355.00
26	额矢弧（arc n-b）	116.00	124.00	133.00	123.00	120.00	128.00	120.00	117.00	132.00	124.00
27	顶矢弧（arc b-l）	118.00	117.00	125.00	126.00	112.00	129.00	120.00	136.00	115.00	108.00
28	枕矢弧（arc l-o）	117.00		119.00	118.00	126.00	120.00	108.00	109.00	123.00	123.00
29	额矢弦（chord n-b）	107.00	107.50	117.50	113.00	105.50	115.50	106.00	103.50	117.00	110.00
30	顶矢弦（chord b-l）	106.00	104.00	112.00	109.50	100.50	115.50	105.00	118.00	106.00	100.00
31	枕矢弦（chord l-o）	100.50		102.00	103.00	106.00	103.00	91.00	94.00	96.00	103.50
5	颅基底长（ba-n）	105.00		103.00	103.00	109.00	105.00	104.00	99.00	101.00	98.00
40	面基底长（ba-pr）	96.50		91.50	92.50	106.00	102.00	105.00	89.00	104.00	92.00
48	上面高（n-sd）	69.00	65.00	70.5	76.00	74.00	78.60	75.00	76.00	78.00	66.00
	（n-pr）	66.00	83.00	69.00	72.00	71.00	75.00	71.00	73.00	76.00	63.00
45	颧宽（zy-zy）	138.00	126.00	132.00		135.00	137.00	133.00		140.00	128.00
46	中部面宽（zm-zm）	107.00	95.50	106.00	106.00	104.50	110.00	107.00		103.00	97.00
	中部面宽高（sub zm-zm）	17.50	17.50	25.00	23.00	22.00	27.50	25.00		22.50	18.50
54	鼻宽	29.00	25.00	28.50	27.00	27.00	27.00	25.00	25.70	28.00	28.00
55	鼻高（h-ns）	54.20	52.00	58.50	56.00	54.40	56.00	54.00	55.00	55.60	53.00
SC	鼻最小宽	13.50	9.50	7.50	8.50	7.30	7.50	7.80	6.50	5.50	9.50
SS	鼻最小宽高	4.00	2.80	2.20	3.0	1.80	1.80	2.80	2.50	1.80	3.50
51	眶宽（mf-ek）　右	42.50	41.50	42.00	44.00	42.30	41.50	43.80		44.50	38.30
	左	42.50	40.80	43.00		42.30	42.00	43.00	44.50	44.50	38.30
51a	眶宽（d-ek）　右	39.50	39.00	40.00		38.50	39.50	41.00		42.50	36.00
	左	38.00	38.40	40.30		39.00	39.50	40.50	42.00	42.50	36.00
52	眶宽　　　　右	31.00	31.00	32.60	35.00	31.50	33.00	32.50	33.70	37.00	32.00
	左	31.00	31.30	31.80	35.00	31.50	34.00	32.80	35.30	36.00	32.00
50	眶间宽（mf-mf）	21.00	16.00	18.00	16.50	18.00	19.00	18.50	15.00	17.50	18.30
	（d-d）	27.00	19.50	21.00		21.50	21.00	23.00	16.20	21.00	20.00
	两眶外缘宽（fmo-fmo）	96.00	92.00	96.20		96.20	94.50	96.00	94.00	98.00	89.00
	两眶外缘宽高（sub，fmo-fmo）	18.00	14.50	13.50		15.00	17.50	15.00	13.00	13.50	16.50
	颧骨高（zm-fmo）　右	42.20	42.00	42.00	43.20	41.00	41.00	42.00		50.00	40.00
	左	42.20	42.00	41.00		41.00	42.50	41.00		46.00	40.50
	颧骨宽（zm-rim.orb）右	24.70	24.00	23.00	21.20	24.50	24.50	24.00		26.00	24.00
	左	24.70	24.50	23.50		24.50	25.00	23.00		25.00	24.00
11	耳点间径（au-au）	131.00	123.50	127.00	123.00	130.00	129.00	133.00	128.00	135.50	123.00
	耳门上缘点间径（po-po）	122.00	116.00	121.00	116.00	121.50	118.00	123.00	119.00	125.50	113.00
60	齿槽弓长	47.00	46.00	45.00	52.00	52.00	57.00	56.00	50.00	51.00	47.00

续附表四

马丁号	测量项目	个体号 17	18	19	20	21	22	23	24	25	26
61	齿槽弓宽	63.00	61.00	60.00	64.00	63.50	70.00	64.50	61.00	65.00	68.00
62	腭长 (ol-sta)		41.50	39.00	46.00	42.00	48.00	47.50	46.00	46.30	41.00
63	腭宽 (enm-enm)	41.50	38.50	40.00	39.00	40.00	42.00	42.00		37.00	41.00
7	枕大孔长 (ba-o)	37.00		36.00	39.00	38.00	36.50	36.50	38.00	34.00	41.00
16	枕大孔宽	29.00		27.00	31.00	30.00	28.50	26.50	29.00	29.00	27.00
	角　度										
72	总面角 (n-prFH)	91.00	86.00	90.00	91.00	88.00	91.00	88.00	95.00	88.00	92.00
73	鼻面角 (n-ns FH)	94.00	91.00	91.00	97.00	93.00	94.00	90.00	97.00	94.00	96.00
74	齿槽面角 (ns-pr FH)	79.00	84.00	89.00	82.00	82.00	85.00	84.00	90.00	72.00	78.00
32	额角 (n-m FH)	81.00	90.00	88.00	85.00	85.00	89.00	80.00	83.00	84.00	91.00
	(g-m FH)	77.00	87.00	82.00	81.00	82.00	83.00	78.00	78.00	77.00	88.00
	眉间前凸角 (g-b FH)	51.00	49.00	47.00	48.00	49.00	53.00	46.00	47.00	48.00	51.00
77	鼻颧角 (fmo-n-fmo)	139.00	145.00	148.50		145.00	139.00	145.00	149.50	149.00	139.00
	颧上颌角 (zm-ss-zm)	142.00	139.00	130.00	132.50	134.00	126.50	130.00		133.00	138.00
	鼻角 (n-rhi FH)	78.00	70.00	77.00		74.00	72.00	72.00		76.00	77.00
	鼻骨角 (rhi-n-pr)	11.00	19.00	22.00		13.00	20.00	18.00		15.00	17.00
	齿槽点角 (n-pr-ba)	78.00		79.00	76.00	73.00	71.00	69.50	75.00	66.00	76.00
	鼻根点角 (ba-n-pr)	64.00		60.00	61.00	68.50	67.00	70.50	60.00	70.00	65.50
	基底角 (pr-ba-n)	38.00		41.00	43.00	38.50	42.00	40.50	45.00	44.00	38.50
	指　数										
8：1	颅指数	79.98	79.43	76.39	74.86	75.55	74.59	76.75	74.86	76.88	77.99
17：1	长高指数	77.84		77.22	77.65	74.73	78.38	70.59	70.17	68.01	72.34
21：1	颅长耳高指数	67.05	64.00	65.00	66.48	64.84	65.41	63.59	64.36	61.83	64.07
17：8	宽高指数	98.56		101.09	103.73	98.91	105.07	91.97	93.73	88.46	92.50
54：55	鼻指数	53.51	48.00	48.72	48.21	49.63	48.21	46.30	46.73	50.36	52.83
ss：sc	鼻根指数	29.63	29.47	29.33	35.29	24.66	23.08	35.90	38.46	32.72	36.84
54：51a	鼻眶指数 右	73.42	64.10	71.25		70.13	68.35	60.98		65.88	77.78
	左	76.32	65.10	70.72		69.23	68.35	61.73	61.19	65.88	77.78
52：51	眶指数 (mf-ek) 右	72.94	74.69	77.62	79.55	74.47	79.52	74.20		83.15	83.55
	左	72.94	76.72	73.95		74.47	80.95	76.28	79.33	80.90	83.55
52：51a	眶指数 (d-ek) 右	78.48	79.49	81.50		81.82	83.54	79.27		87.06	88.89
	左	81.58	81.51	78.91		80.77	86.08	80.90	84.05	84.71	88.89
63：62	腭指数			92.77	102.56	84.78	95.24	87.50	88.42		89.43	100.00
9：8	额宽指数	62.59	62.59	65.45	66.42	64.73	63.77	64.96	69.37	65.43	65.71
40：5	面突指数	91.43		88.83	89.81	87.25	97.14	100.96	89.90	102.97	93.88
48：45	上面指数	50.00	51.59	53.41		54.81	57.37	56.39		55.71	51.56
47：45	全面指数										
48：17	垂直颅面指数	50.36		50.72	54.68	54.41	54.21	59.52	59.84	61.66	50.97
45：(1+8)/2	横颅面指数	87.62	80.25	83.15		84.51	84.83	84.31		85.11	80.13
17：(1+8)/2	高平均指数	86.98		87.56	88.82	85.13	89.78	79.87	80.25	76.90	81.06
16：7	枕孔指数	78.38		75.00	79.49	78.95	78.08	72.60	76.32	85.29	65.85
Oc. I	枕骨指数	63.05		63.19	65.84	60.97	63.45	61.22	63.83	55.77	61.01
21：8	颅宽耳高指数	84.89	80.58	85.09	88.81	85.82	87.68	82.85	85.97	80.42	82.14
C	颅容量 I	1334.84		1348.68	1332.11	1342.93	1389.49	1292.68	1297.90	1336.88	1319.68
	颅容量 II	1378.93	1318.05	1382.31	1366.78	1403.76	1454.82	1337.24	1367.86	1443.44	1358.40

225

附表五

平洋组下颌骨个体测量统计（男性）

长度单位：毫米

标本号 测量项目		M11①	M11②	M11③	M11④	M11⑤	M11⑥	M7	M21	M1A	M35③	M35④	M44②	M90②	供号	总数	例数	平均数	标准差
65	髁间径	133.50	136.00	134.00	122.00	129.00	132.00	130.00	124.00	134.00	129.00	132.00	125.00	119.00	133.50	1813.00	14	129.50	5.15
66	角间径(go-go)	110.00	108.00	125.50	103.00	109.00	113.00	108.00	115.00	95.00	109.50	117.00	99.00	106.50	106.00	1524.00	14	108.86	7.55
67	颏孔间径	46.00	53.00	53.00	51.00	55.00	56.00	54.00	51.50	50.00	50.00	48.50	47.00	52.00	48.00	715.00	14	51.07	3.01
	颏孔弧	51.00	62.00	61.00	57.00	65.00	68.00	64.00	60.00	58.00	60.00	56.00	55.00	61.00	56.00	834.00	14	59.57	4.47
68(1)	颏额长	108.50	112.50	107.00	100.00	112.50	112.50	106.00	107.00	102.00	100.00	99.00	104.00	107.00	109.00	1487.50	14	106.25	4.64
69	额联合高	37.00	36.00	37.00	35.00	34.00	38.00	33.00	36.00	34.50	30.50	34.00	39.50	36.00	35.00	494.00	14	55.29	1.99
70	枝高 右	48.00	55.00	61.00	49.00	51.00	56.50	54.00	54.00	65.00	53.00	70.00	55.00	46.00	51.50	769.00	14	54.93	6.58
	枝高 左	48.00	55.00	58.00	46.00	49.50	57.50	52.50	55.00	64.00	51.50	66.00	55.00	44.00	50.00	752.00	14	53.71	6.32
71a	枝最小宽 右	39.50	40.00	35.50	36.00	39.50	37.50	34.50	36.00	38.50	37.00	39.50	39.00	35.00	38.50	525.50	14	37.54	1.85
	枝最小宽 左	38.80	40.50	33.00	37.00	39.00	37.00	35.00	36.00	40.00	37.00	40.50	39.00	35.00	38.00	525.80	14	37.56	2.26
	体高(M1.2平面) 右	32.00	33.50	34.50	30.50	32.00	31.50	30.50	30.00	29.50	30.00	32.50	31.00	29.00	31.20	437.70	14	31.26	1.54
	体高(M1.2平面) 左	28.00	32.00	33.00	29.00	29.00	27.00	29.50	30.00	28.50	29.50	33.00	31.00	27.00	31.50	418.00	14	29.86	1.99
	体厚 右	18.00	16.50	15.00	18.50	18.50	16.00	16.50	14.00	12.50	15.50	17.00	18.00	14.50	17.00	227.50	14	16.25	1.79
	体厚 左	18.00	17.00	15.00	19.00	19.50	17.50	17.00	14.00	14.00	15.50	17.00	18.00	15.00	18.50	235.00	14	16.79	1.81
79	下颌角 右	126.00	128.00	116.50	118.00	129.00	125.00	119.50	125.00	108.00	118.50	104.50	121.00	132.00	129.00	1699.50	14	121.39	8.20
	下颌角 左	118.00	125.50	119.50	119.00	128.00	125.00	119.50	121.00	108.00	116.50	104.50	121.00	127.50	129.00	1682.00	14	120.14	7.13

附表六

平洋组下颌骨个体测量统计（女性）

标本号	测量项目	左右	M7	M30	M33①	M33②	M33③	M33④	佚①	佚②	佚③	佚④	总数	例数	平均数	标准差
65	髁间径		121.50	115.00	133.00	133.00	128.50	118.20	122.00	128.00	124.00	131.00	1254.20	10	125.42	6.25
66	角间径(go-go)		95.00	99.00	102.00	99.00	108.00	93.00	96.00	102.00	98.50	100.00	992.50	10	99.25	4.22
67	颏孔间径		48.00	49.50	49.00	49.00	47.00	52.00	51.00	52.00	54.00	49.50	501.50	10	50.15	2.07
68(1)	颏孔弧		55.00	58.10	56.00	58.00	55.00	62.00	60.00	58.00	62.00	58.00	582.00	10	58.20	2.53
69	髁颏长		96.00	111.00	105.00	108.00	105.50	102.50	108.00	109.50	110.00	105.00	1059.50	10	105.95	4.30
70	颏联合高		34.50	34.00	36.00	38.30	31.50	32.00	35.00	31.00	35.00	31.00	338.30	10	33.89	2.42
71a	枝高	右	46.00	43.00	43.50	48.50	55.00	46.00	48.00	47.50	52.00	47.00	476.50	10	47.65	3.63
		左	45.00	44.00	43.00	45.00	51.00	47.50	47.50	47.50	48.00	54.00	472.50	10	47.25	3.32
	枝最小宽	右	32.00	38.50	38.20	38.00	39.00	38.00	36.50	37.00	37.00	35.00	369.00	10	36.90	2.07
		左	33.00	39.50	36.50	37.00	39.00	37.50	37.50	38.20	37.00	37.00	371.70	10	37.17	1.76
	体高(M1,2平面)	右	32.00	29.00	31.00	32.00	27.00	29.00		29.00	31.00	30.00	270.00	9	30.00	1.66
		左	29.50	30.50	31.00	31.00	26.00	27.00	29.00	30.00	30.00	29.50	293.50	10	29.35	1.65
	体厚	右	14.00	14.00	13.00	14.00	15.00	16.00	17.00	16.50	15.00	14.00	132.00	9	14.67	1.15
		左	14.80	15.00	13.00	14.50	15.50	16.00		16.00	15.00	12.50	148.80	10	14.88	1.35
79	下颌角	右	129.00	130.00	128.00	132.00	127.00	125.50	127.50	130.00	130.00	123.50	1282.50	10	128.25	2.50
		左	131.00	130.00	128.00	134.00	122.00	121.00	127.50	128.00	127.00	123.50	1272.00	10	127.00	4.07

附表七

男性股骨个体测量表

长度单位：毫米，指数：百分率

右侧

右　侧	M11：1	M11：2	M11：3	M11：4	M11：5	M11：6	M11：7	M1	M24：A	M43	M53	总　数	例数	平均数
最大长	436.00	475.00	419.00	425.00	431.00	426.50	417.50	444.00	434.00	420.5	428.00	4756.50	11	492.41
生理长	434.00	470.00	411.00	420.00	428.00	425.00	415.00	439.00	431.00	418.0	424.00	4715.00	11	428.64
体上部横径	33.00	33.40	32.00	32.50	34.00	35.00	34.00	33.00	34.00	35.0	31.00	366.90	11	33.35
体上部矢径	27.00	26.20	26.00	28.00	24.00	26.00	24.00	25.00	24.00	26.5	23.00	279.70	11	25.43
体中部横径	28.00	29.00	26.00	28.00	28.00	28.50	29.00	27.00	27.00	27.5	26.50	304.50	11	27.68
体中部矢径	29.50	27.50	31.00	31.00	28.00	30.00	31.00	31.00	28.50	29.5	30.00	327.00	11	29.73
头最大径	49.00	54.00	47.00	47.00	48.00	48.50	50.00	48.20	47.50	46.0	46.00	531.20	11	48.29
两髁宽	86.00	91.00	82.00	82.00	82.00	81.00	79.00	84.00	81.00	77.0	78.00	903.00	11	82.09
颈体角	124.00	119.00	120.00	116.50	118.00	115.50	115.00	116.00	115.00	118.0	115.50	1292.50	11	117.50
扁平指数	81.82	78.44	81.25	86.15	70.59	74.29	70.59	75.76	70.59	75.71	74.19	839.38	11	76.31
嵴指数	105.36	94.83	119.23	110.71	100.00	105.26	106.69	114.81	105.56	107.27	113.21	1183.14	11	107.56
干中部指数	94.92	105.45	83.87	90.32	100.00	95.00	93.55	87.10	94.74	93.22	88.33	1026.50	11	93.32

左侧

左　侧	M11：8	M11：9	M11：10	M11：11	M11：12	M11：A	M24：A	M53：1	M85	总　数	例数	平均数
最大长	423.00	433.00	416.00	416.00	417.00	442.00	428.00	432.50	451.00	3858.50	9	428.72
生理长	418.50	430.00	411.00	414.00	411.00	436.00	425.00	429.00	444.00	3818.50	9	424.28
体上部横径	33.50	34.00	34.00	37.00	34.00	35.00	37.00	31.00	37.00	312.50	9	34.72
体上部矢径	26.50	27.00	28.00	26.00	25.50	29.50	25.50	26.00	26.00	240.00	9	26.67
体中部横径	26.20	27.20	28.00	28.00	26.00	29.00	29.00	27.50	28.50	249.40	9	27.71
体中部矢径	30.50	30.00	31.00	32.00	26.20	32.00	30.00	31.00	28.00	270.70	9	30.03
头最大径	47.00	47.50	47.50	49.50	45.00	47.00	49.00	46.00	48.50	427.00	9	47.44
两髁宽	83.00	82.00	82.00	80.00	80.00	81.00	83.00	80.00	82.00	733.00	9	81.44
颈体角	113.00	117.50	114.00	114.00	117.50	116.00	116.00	116.00	122.00	1046.00	9	116.22
扁平指数	79.10	79.41	82.35	70.27	75.00	84.29	68.92	83.87	70.27	693.48	9	77.05
嵴指数	116.41	110.29	110.71	114.29	100.00	110.34	103.45	112.73	98.25	976.47	9	108.50
干中部指数	85.90	90.67	90.32	87.50	100.00	90.63	96.67	88.71	101.79	832.19	9	92.47

附表八

女性股骨个体测量表

长度单位：毫米，指数：百分率

右 侧	M11：13	M11：14	M11：15	M11：16	M11：17	M70	侧：1	侧：2	总数	例数	平均数
最大长	418.00	395.00	412.00	412.50	379.00	436.00	430.00	391.00	3273.50	8	409.19
生理长	415.00	394.00	409.00	409.00	376.00	431.00	427.00	389.00	3250.00	8	406.25
体上部横径	41.50	32.00	31.00	34.50	32.00	32.00	31.00	34.00	268.00	8	33.50
体上部矢径	26.00	22.00	21.00	23.00	22.50	22.50	27.50	20.50	185.00	8	23.13
体中部横径	24.50	27.50	26.00	27.00	24.00	27.50	26.00	27.00	209.50	8	26.19
体中部矢径	22.00	24.00	24.00	26.00	23.00	24.50	26.00	26.00	195.50	8	24.44
头最大径	43.50	43.20	43.00	43.50	41.00	43.00	43.00	43.50	343.70	8	42.96
两髁宽	72.00	76.00	73.00	74.00	72.00	77.00	70.00	75.00	589.00	8	73.63
颈体角	118.00	116.00	119.00	119.00	117.00	117.00	118.00	116.50	940.50	8	117.56
扁平指数	62.65	68.75	67.74	66.67	70.31	70.31	88.71	60.29	555.43	8	69.43
嵴平指数	89.80	87.27	92.31	96.30	95.83	90.74	100.00	96.30	748.55	8	93.57
干中部指数	111.36	114.58	108.33	103.85	104.35	110.20	100.00	103.85	856.52	8	107.07

左 侧	M11：18	M11：19	M11：20	M11：21	M11：22	M30	M82	M85	总数	例数	平均数
最大长	413.00	415.00	386.00	391.00	426.00	413.00	390.00	385.00	3219.00	8	402.38
生理长	412.00	411.00	383.00	390.00	420.00	410.00	389.00	383.00	3198.00	8	399.75
体上部横径	35.00	31.00	31.00	30.50	31.00	30.00	30.50	29.50	248.50	8	31.06
体上部矢径	21.50	23.00	23.00	20.00	23.00	20.00	28.50	21.00	180.00	8	22.50
体中部横径	29.50	27.00	26.00	26.00	26.50	24.00	28.00	24.00	211.00	8	26.38
体中部矢径	26.50	24.50	24.00	23.50	27.00	23.00	26.20	24.50	199.20	8	24.90
头最大径	43.50	42.50	42.50	40.00	43.00	46.00	39.00	38.50	335.00	8	41.88
两髁宽	73.00	72.00	72.00	71.00	71.00	70.00	69.00	65.00	564.00	8	70.50
颈体角	108.50	119.00	117.50	120.00	119.00	116.00	113.00	115.00	928.00	8	116.00
扁平指数	61.43	74.19	74.19	65.57	74.19	66.67	93.44	71.19	580.87	8	72.61
嵴平指数	89.83	90.74	92.31	90.38	101.89	95.85	93.57	102.08	756.63	8	94.58
干中部指数	111.32	110.20	108.33	110.64	98.15	104.35	106.87	97.96	847.82	8	105.98

附表九　男性胫骨个体测量表

右侧

	M1	M24：A	M11：1	M11：2	M11：3	M11：4	M11：5	M11：6	M11：7	M11：8	总数	例数	平均数
最大长	353.00	345.00	364.00	336.00	350.00	351.00	326.00	337.00	340.00	328.00	3430.00	10	343.00
生理长	332.00	324.00	351.00	314.00	332.00	334.50	309.00	320.50	321.00	306.00	3244.00	10	324.40
中部最大径	36.20	30.00	37.00	32.50	32.00	32.00	29.00	31.00	36.00	31.00	326.70	10	32.67
中部最小径	20.00	20.00	26.00	22.00	23.50	22.00	19.00	23.00	21.00	21.00	217.50	10	21.75
胫骨指数	55.25	66.67	70.27	67.69	73.44	68.75	65.25	74.19	58.33	67.74	668.15	10	66.82

左侧

	M24：A	M11：9	M11：10	M11：11	M11：12	M11：13	M11：14	M11：15	M11：16	佚1	总数	例数	平均数
最大长	345.00	336.00	835.00	338.00	337.00	358.00	341.00	333.00	325.00	356.00	3404.00	10	340.40
生理长	325.00	317.00	314.50	319.00	320.00	340.00	324.00	310.00	308.00	335.00	3212.50	10	321.25
中部最大径	30.00	30.00	35.00	35.00	33.00	37.00	32.50	33.00	31.00	31.00	327.50	10	32.75
中部最小径	21.00	22.00	20.50	21.00	22.00	22.00	22.50	21.00	22.00	22.50	216.50	10	21.65
胫骨指数	70.00	73.33	58.57	60.00	66.67	59.46	69.23	63.64	70.96	72.58	664.44	10	66.44

附表一〇　女性胫骨个体测量表

右侧

	M11：17	M11：18	M11：19	M11：20	M11：21	M11：22	M11：23	佚2	总数	例数	平均数
最大长	298.00	344.00	317.00	343.00	330.00	317.00	306.00	322.00	2577.00	8	322.13
生理长	286.00	329.00	302.00	326.00	312.00	298.00	292.50	303.00	2448.50	8	306.06
中部最大径	26.00	27.00	27.50	29.50	29.00	25.00	27.00	27.00	218.00	8	27.25
中部最小径	17.00	19.00	17.00	19.00	17.00	16.00	16.00	20.00	141.00	8	17.63
胫骨指数	65.38	70.37	61.82	64.41	58.62	64.00	59.26	74.07	517.93	8	64.74

左测

	M11：24	M11：25	M11：26	M11：27	M11：28	M11：29	M11：30	佚3	总数	例数	平均数
最大长	324.00	321.00	333.00	346.00	350.00	318.00	320.00	323.00	2635.00	8	329.38
生理长	306.00	301.00	317.00	327.00	328.50	301.00	300.00	306.00	2486.50	8	310.81
中部最大径	27.00	26.00	29.00	28.50	25.50	28.00	26.00	29.00	219.50	8	27.44
中部最小径	19.00	17.50	18.00	20.00	19.50	17.00	16.00	18.00	145.00	8	18.13
胫骨指数	70.37	66.04	62.07	70.18	76.47	60.71	61.54	62.07	529.45	8	66.18

男性肱骨个体测量表

长度单位：毫米·指数：百分率

右侧	M1	M11：1	M11：2	M11：3	M11：4	M11：5	M11：6	M11：7	M11：8	M11：9	总数	例数	平均数
最大长	317.00	333.00	333.00	298.00	305.00	307.00	303.00	323.00	295.00	346.00	3169.00	10	316.00
全长	312.00	328.00	329.00	293.00	301.00	304.00	297.00	319.00	291.00	340.00	3114.00	10	311.40
中部最大径	24.50	23.00	22.00	24.20	24.50	22.50	26.00	23.00	23.00	27.00	239.70	10	23.97
中部最小径	19.50	19.50	17.00	20.00	18.50	19.00	18.00	16.00	19.50	19.50	186.50	10	18.65
肱骨头纵径	49.00	49.00	54.00	44.00	47.00	48.50	48.00	44.00	47.00	49.00	479.50	10	47.95
肱骨头横径	46.50	43.00	47.50	42.00	44.00	43.00	45.00	41.00	44.00	45.00	441.00	10	44.10
横断面指数	79.59	84.78	77.27	82.64	75.51	84.44	69.23	69.56	34.78	72.22	780.02	10	78.00

左侧	M1	M11：10	M11：11	M11：12	M11：13	M11：14	M11：15	M73	佚：1		总数	例数	平均数
最大长	322.00	299.00	320.00	311.00	313.00	308.00	309.00	302.00	351.00		2835.00	9	315.00
全长	316.00	294.00	315.00	308.00	307.00	302.00	304.00	297.00	346.00		2789.00	9	309.89
中部最大径	26.00	22.50	22.00	24.00	22.50	24.50	23.50	26.50	28.50		220.00	9	24.44
中部最小径	19.00	19.00	17.50	18.00	17.00	19.00	19.00	20.00	20.00		168.50	9	18.72
肱骨头纵径	48.00	46.00	46.00	47.00	46.00	47.50	45.00	46.00	50.50		422.00	9	46.89
肱骨头横径	44.50	43.50		43.50	43.50	45.50	43.00		45.00		308.50	7	44.07
横断面指数	73.08	84.44	79.55	75.00	75.56	77.55	80.85	75.47	70.18		691.68	9	76.85

附表一二　　女性肱骨个体测量表　　长度单位：毫米，指数：百分率

右　　侧	M11：20	M11：21	M11：22	M11：23	佚4	佚5	佚6	总　数	例数	平均数
最　大　长	296.00	287.00	273.00	263.00	288.00	295.00	272.00	1974.00	7	282.00
全　　　长	293.00	285.00	270.00	261.00	285.00	293.50	269.00	1956.50	7	279.50
中部最大径	19.00	19.00	19.00	18.00	18.50	19.00	18.50	131.00	7	18.71
中部最小径	14.50	16.50	15.00	15.00	13.00	15.00	15.00	104.00	7	14.86
肱骨头纵径	40.00	44.50	37.50	38.00	38.50	40.00	40.50	275.00	7	39.29
肱骨头横径	38.50	37.00	34.50	34.00	37.00	38.50	37.00	256.50	7	36.64
横断面指数	76.32	86.84	78.95	83.33	70.27	78.95	81.08	555.74	7	79.39
左　　侧	M11：16	M11：17	M11：18	M11：19	佚2	佚3				
最　大　长	304.00	271.00	284.00	284.00	278.00	308.00		1729.00	6	288.17
全　　　长	300.00	268.00	281.50	281.00	275.00	303.00		1708.50	6	284.75
中部最大径	20.50	17.50	19.00	19.00	18.00	20.50		114.50	6	19.08
中部最小径	15.50	15.00	15.00	16.00	16.50	14.50		92.50	6	15.42
肱骨头纵径	43.00	41.00	39.50	38.50	42.00	45.50		249.50	6	41.58
肱骨头横径	38.00	37.00	37.20	37.50	37.50	40.50		227.70	6	37.95
横断面指数	75.61	85.71	78.94	84.21	91.67	70.73		486.87	6	81.15

附表一三　　男、女两性尺骨个体测量表　　长度单位：毫米

♂右　侧	M11：3	M11：5	M11：6	M11：7	M11：8	M1	总　　数	例数	平均数
最　大　长	253.00	281.00			274.00	256.00	1064.00	4	266.00
生　理　长	225.00	244.00	232.00	245.00	241.00	230.00	1417.00	6	236.17
体最小周长	40.00	35.00	38.00	37.00	34.00	36.00	220.00	6	36.67
体　矢　径	21.00	18.00	19.00	16.00	16.00	17.00	107.00	6	17.83
体　横　径	15.50	13.00	14.00	13.50	11.00	15.00	82.00	6	13.67
♂左　侧	M11：1	M11：2	M11：4	M11：9	佚：1	佚：2			
最　大　长	274.00	261.00	259.00	258.00	247.00		1299.00	5	259.80
生　理　长	243.50	232.50	228.00	227.00	218.00	232.50	1381.50	6	230.25
体最小周长	37.00	35.00	36.00	40.00	37.00	38.00	223.00	6	37.17
体　矢　径	16.00	16.50	20.00	19.50	17.50	21.00	110.50	6	18.42
体　横　径	13.20	14.50	13.50	12.50	12.00	13.50	79.20	6	13.20
♀右　侧	M11：10	M11：11	佚：3	♀左侧	佚：4		♀左右合并总数	例 数	左右合并平均数
最　大　长	256.00		263.00		231.00		750.00	3	250.00
生　理　长	224.00	212.00	230.00		207.00		873.00	4	218.25
体最小周长	30.00	29.00	34.00		29.00		122.00	4	30.50
体　矢　径	14.00	16.50	16.50		16.00		63.00	4	15.75
体　横　径	12.00	11.00	12.50		11.00		46.50	4	11.63

附表一四　　男、女桡骨个体测量表　　长度单位：毫米

♂右　侧	M11：1	佚：1	佚：2	佚：3			总　　数	例　数	平均数
最　大　长	238.00	262.00	247.00	265.00			1012.00	4	253.00
生　理　长	223.00	244.00	232.00	250.00			949.00	4	237.25
♀左　侧	M11：2	M11：3	佚：4	佚：5	佚：6	佚：7			
最　大　长	249.00	246.00	253.00	247.00	243.00	245.00	1483.00	6	247.17
生　理　长	233.00	232.00	238.00	231.50	226.50	228.00	1389.00	6	231.50
♀右　侧	M11：4	M11：5	M11：6	♀右侧	M30		♀左右合并总数	例　数	♀左右合并均平数
最　大　长	214.00	234.00	230.00		229.00		907.00	4	226.75
生　理　长	202.00	222.00	220.00		215.00		859.00	4	214.75

232

附表一五　战斗组男女两性颅骨个体测量　长度单位：毫米

马丁号	测量项目	M219A ♂	M204A ♀	M217A ♀
1	头长（g-op）		185.00	173.00
8	头宽（eu-cu）		142.00	135.00
17	头高（ba-b）		129.00	132.00
9	耳上颅高（po-v）	122.50	111.50	116.00
21	最小额宽（ft-ft）	86.00	85.00	93.00
23	颅周长		502.00	509.00
24	颅横弧		317.00	319.00
25	矢状弧（arc n-o）		362.00	342.00
26	额矢弧（arc n-b）	128.00	121.00	114.00
27	顶矢弧（arc b-l）		102.00	113.00
28	枕矢弧（arc l-o）		139.00	115.00
29	额矢弦（chord n-b）	113.00	107.00	104.00
30	顶矢弦（chord b-l）		95.00	98.50
31	枕矢弦（chord l-o）		113.00	98.50
5	颅基底长（ba-n）		101.50	106.00
40	面基底长（ba-pr）		93.00	106.00
48	上面高（n-sd）	76.00	70.00	79.50
	（n-pr）	73.20	67.00	77.00
45	颧宽（zy-zy）		138.00	131.00
46	中部面宽（zm-zm）	105.00	111.00	108.00
	中部面宽高（sub zm-zm）	21.00	16.00	24.50
54	鼻宽	24.70	30.00	26.50
55	鼻高（n-ns）	56.20	56.50	57.30
SC	鼻最小宽	6.60	10.00	7.00
SS	鼻最小宽高	2.20	4.00	2.00
51	眶宽（mf-ek）　右	42.30	41.60	45.50
	左	42.30	41.60	45.50
51a	眶宽（d-ek）　右	38.00	38.00	41.50

续附表一五

马丁号	测量项目	个体号	M219A ♂	M204A ♀	M217A ♀
52	眶高	左	39.50	37.00	41.50
		右	32.30	35.00	33.60
		左	32.30	34.70	34.30
50	眶间宽（mf-f）		14.50	17.00	16.00
	（d-d）			24.20	21.00
	两眶外缘宽（fmo-fmo）		94.00	93.00	99.00
	两眶外缘宽高（sub. fmo-fmo）		9.00	13.50	15.00
	颧骨高（zm-fmo）	右	48.00	51.00	47.00
		左	48.00	48.00	47.00
	颧骨宽（zm-rim, orb.）	右	27.50	32.00	26.20
		左	27.50	30.00	26.00
11	耳点间径（au-au）			133.00	121.00
	耳门上缘点间径（po-po）		114.00	124.00	114.00
60	齿槽弓长		53.00		56.50
61	齿槽弓宽		69.00	61.00	67.00
62	腭长（ol-sta）		43.00		51.00
63	腭宽（enm-enm）		43.00		39.50
7	枕大孔长（ba-o）			32.00	38.00
16	枕大孔宽				
47	全面高（n-gn）		124.80	115.00	121.50
	下颌骨				
65	髁间径		127.00	131.00	117.50
66	角间径（go-go）		103.00	96.00	97.00
67	颏间径		53.50	49.50	47.00
	额孔宽		64.00	58.00	55.00
68(1)	颏弧	右	106.50	105.00	106.50
69	额联合高（id-gn）		34.00	31.00	34.50
70	枝高	右	55.00	54.00	45.00

续附表一五

马丁号	测量项目	个体号	M219A ♂	M204A ♀	M217A ♀
71a	枝最小宽	左	57.50	47.00	46.50
		右	33.00	37.00	35.50
	体高（M1平面）	左	33.50	35.00	35.00
		右	32.00	30.00	28.00
	体厚	左	30.00	29.50	28.00
		右	14.50	14.00	15.00
			14.50	12.50	16.00
79	下颌角	右	124.00	123.50	129.50
		左	124.00	123.50	129.55
	角度				
72	总面角（n-pr FH）			90.90	88.00
73	鼻面角（n-ns FH）			96.00	90.00
74	齿槽面角（ns-pr FH）			70.00	83.00
32	额角（n-m FH）			83.00	80.00
	额角（g-m FH）			78.00	76.00
77	眉间前囟角（g-b FH）			48.00	49.00
	鼻颧角（fmo-n-fme）		158.00	148.00	146.50
	颧上颌角（Zm-ss-Zm）		137.00	148.50	131.00
	鼻角（n-rhi FH）			72.00	70.00
	鼻骨角（rhi-n-pr）		19.00	17.50	17.00
	齿槽点角（n-pr-ba）			77.00	68.50
	鼻根点角（ba-n-pr）			63.00	68.50
	基底角（pr-ba-n）			40.00	43.00
	指数				

续附表一五

马丁号	测量项目	个体号	M299A ♂	M204A ♀	M217A ♀
8:1	颅指数			76.76	78.30
17:1	长高指数			69.73	76.30
21:1	颅长耳高指数			60.27	67.05
17:8	宽高指数			90.85	97.78
54:55	鼻指数		43.95	53.10	46.25
SS:SC	鼻根指数		33.33	40.00	28.57
54:51a	鼻眶指数			81.08	63.86
52:51	眶指数（mf-ek）	右	76.36	78.95	63.86
		左	76.36	84.13	73.85
52:51a	眶指数（d-ek）	右	81.77	83.41	75.38
		左			80.96
63:62	腭指数		100.00	92.10	82.65
9:8	额宽指数			93.78	77.45
40:5	面突指数			59.86	68.89
48:45	上面指数			91.63	100.00
47:45	全面指数			50.72	60.69
48:17	垂直颅面指数			83.33	92.75
45:1/2(1+8)	横颅面指数			54.26	60.23
17:1/2(1+8)	高平均指数			54.40	85.06
16:7	枕孔指数			78.90	87.71
Oc.I	枕骨指数			58.05	63.05
21:8	颅宽耳高指数			78.52	85.93

个体号 骨别及测量项目	M211♂ 右	M211♂ 左	M219♂ 右	M219♂ 左	M204♀ 右	M204♀ 左	M217♀ 右	M217♀ 左
股骨								
最大长			433.00			423.00	427.00	429.00
生理长			430.00			421.00	423.00	425.00
体上部横径			31.00			33.00	34.00	32.00
体上部矢径			23.00			21.50	20.00	20.50
体中部横径			26.50			26.00	26.50	26.00
体中部矢径			27.00			25.00	24.50	24.50
头最大径			47.00			42.00	45.50	44.00
两髁宽			80.00			71.00	75.00	75.00
颈体角			119.00			117.00	117.00	119.00
胫骨								
最大长	368.00	372.00	326.00	330.00	336.00	334.00	321.00	322.00
生理长	349.00	350.00	308.00	307.00	314.00	310.50	302.00	301.00
中部最大径	33.00	32.50	30.00	29.50	28.00	27.00	28.00	28.00
中部最小径	21.00	21.00	20.00	18.50	16.00	16.50	17.00	17.50
腓骨								
最大长			326.00				319.00	318.00
中部最大径			16.00				16.00	16.00
中部最小径			13.50				11.00	11.50
肱骨								
最大长	325.00	323.00	305.00	308.00	302.00	302.00	309.00	304.00
全长	320.00	322.00	301.00	304.00	298.00	298.00	305.00	301.00
中部最大径	21.00	21.00	24.00	21.50	21.00	21.00	21.50	21.00
中部最小径	18.50	15.00	19.00	18.50	14.50	14.20	15.00	16.00
头纵径	46.50	41.00	44.00	45.20	41.00	41.50	42.00	42.00
头横径			42.50	42.50	37.50	37.50	39.00	40.00
尺骨								
最大长			251.00			252.00		243.00
生理长			222.00			226.00	217.00	212.00
体最小周长			35.00			32.00	33.00	34.00
体矢径			17.00			13.20	16.00	16.50
体横径			12.50			11.50	12.00	11.20
桡骨								
最大长					235.00		225.00	223.00
生理长					224.00		313.50	209.00

附录二

平洋墓葬出土的动物遗存

周 本 雄

　　1984 年 8 月，笔者应黑龙江省文物考古研究所负责同志之约，在平洋镇砖厂墓地现场鉴定了出土的动物遗存；后来又承他们送来战斗村墓地的动物标本，作了补充鉴定。砖厂墓地出土的动物种类较多，战斗村墓地仅发现殉牲用的狗一种。

　　泰来县平洋镇砖厂墓地出土的动物除少数野生动物以外，绝大多数是家畜的遗骨，是殉牲的遗存（图版六一）。动物种类如下：

马 *Equus caballus* L.

牛 *Bos taurus* L.

羊 *Ovis aries* I. /*capra hircus* L.

猪 *Sus domestica* L. /*Sus scrofa* L.

狗 *Canis familiaris* L.

黄臀马鹿 *Cervus elaphus xanthopygus*

东北兔 *Lepus mandschuricus* Radde

草原鼢鼠 *Myospalax aspalax* Pallas

鸟类

鲶鱼 *Silurus asotus* L.

　　以上所列动物中，马、牛、羊、猪和狗均为家畜。墓地出土的殉牲数量以马和狗为最多，牛和猪次之，羊较少。其中马是我国北方常见的蒙古马，牛是黄牛。羊骨可能包括绵羊和山羊两种，因为这两个种虽有一系列骨骼特征的区别，但因出土的羊骨残破不易区别。猪的遗存中有些巨大的獠牙显然属于野猪，其他一些猪骨则可能是家猪的，至于是否是当地居民所饲养的，尚不能确定。松嫩平原这一带的气候寒冷，年内零下气温期长达 3～5 个月，草原与沟谷林地的自然条件在夏秋较温和的月份里尚适于游牧民族放牧，所以马、牛、羊等可能是当时的主要家畜。当时是否已发展农业经济尚待研究。墓地西距大兴安岭林区较远，这一带的野生动物以草原的鼠类及兔类为主。墓地出土的动物中有较大经济价值的，仅东北常见的黄臀马鹿一种。黄臀马鹿是分布在林区的鹿类，冬季栖息在山谷密林中，春季到丘陵地带活动，墓葬中所见者估计是春夏季当时居民狩猎所获。东北兔及草原鼢鼠均为当地草原所产，此外尚有一些鸟骨出土，说明当时的居民也兼营狩猎经济，作为游牧经济的补充。墓地距嫩江不远，故出土的鲶鱼和几种淡水蚌类可能均为嫩江的水产。至于墓地出土的一些海产贝类则显然是与沿海地区的居民交换所获。

　　平洋镇砖厂墓地及战斗村墓地出土的动物骨骼遗存均为人们有意识随葬的殉牲。无论是马、狗、牛或者猪，大多只放置头骨或者下颌骨及肢端的蹄，以代替全牲。这样做既表达了宗教意识也可使经济上不致蒙受较大的损失，殉牲所用以外的躯体多肉部分仍可食用，这在经济不甚充裕的条件下是一举两得的事。在东北地区一直到关内燕山附近的春秋战国时期的不少种少数民族的墓地内都能见到与此相同的葬俗现象。例如黑龙江省富裕县小登科、齐齐哈尔市三家子的墓地，以及最近在燕山脚下发现的少数民族墓地出土的殉牲，均以头蹄代替全牲。

平洋墓葬陶器工艺初探

王 利

平洋墓葬随葬陶器的造型和制陶工艺方法在其所在地区带有一定普遍性。笔者主要以砖厂墓地的陶器为对象，在当地慢轮制陶工人的协助下，进行了模拟实验，本文在此基础上对制陶原料的来源、制作方法等问题进行初步探讨。

（一）制陶原料的来源

通过体视显微镜观察陶器的陶质，其结构由较多的细砂组成，也有黏土的成分。二者十分均匀地混合在一起，质地细腻，无杂质。这一地区的土壤结构均属亚黏土，土质疏松。耕土的可塑性差，如直接取耕土用于制陶，陶胚成品率低，用手工很难成形。用于制陶，还需加入适量的黏土，调整细砂和黏土的比例。我们认为该墓地制陶的陶土不是采用一般的耕土，而是经过一定的选择。

现在当地慢轮制陶所用的原料，来源于距墓地3公里的一片低洼的河滩地中天然形成的淤泥土。根据这一线索，我们着重对河滩地进行了调查，发现河水的边缘处淤泥的土质可分两层，第一层厚约0.03米左右，颜色呈灰白色，土质细腻；第二层厚约0.15米左右，含砂量多于第一层，因为砂属流体，砂与砂之间结构松散，其中夹杂第一层沉积下来的黏性淤泥。该层土质呈黄色，应含有铁的成分。第二层淤泥下面即是生土。根据出土陶器质地分析，对第二层沉积淤泥土进行现场成形试验，分别采取砂性土2份，黏土1份合成陶泥。结果证明，质地非常细腻，手感柔和，并有较好的可塑性，陶坯胎在干燥过程中无裂缝出现，很适合于制陶。考虑其原因是，河滩地的沉积泥土，长时期经过水的自然冲刷过滤，已把泥土中的杂质逐渐滤掉，再经过人为加工，使黏土和细砂均匀混在一起即成为陶土。该墓地制陶原料的来源，有可能是河滩地的沉积泥土。至于具体选择哪一层泥土，我们认为使用第二层淤泥的可能性大。陶土的成分中，黏土大约为40%，细砂土大约为60%。

（二） 制陶原料的加工

制陶原料须经加工才能进一步使用，原料的加工构成制陶程序的一个重要环节。从当地陶工加工制陶原料得到启示，我们把取回的沉积泥土放到室内阴凉处，根据干湿程度适量洒些水，经过 7～10 天左右的充分陈腐湿润过程，使陶土改性。使用前要经过揉炼，用脚在上面反复踏踩，不断翻倒，直至大体上均匀为止。然后分成若干块（以人能随意翻动为标准），在固定的台案上继续摔、搓、揉，目的是使陶泥内部结构更严密，增加可塑性。经过上述加工的陶泥就可用于制陶了。

平洋的陶器质地确有一定特殊性，表现在细砂比例大于黏土，这是沉积土本身含量决定的。在加工过程中，调整陶泥的干湿度时撒进一些细砂性土，无形中更加大了砂的比例。从出土陶器的质地上看，细砂比重大于黏土。又这一地区的土质和以往出土陶器的陶质均含细砂比例大，不同于夹砂粗陶。因此，我们不能不顾及当地土质存在的实际情况和特殊性，笼统地称为“泥质黄褐陶”。我们认为把平洋的陶系称作“细砂黄褐陶”更确切一些。这种陶质虽然也有人为加砂的因素，但不能叫夹砂陶，它们在使用功能上和夹砂粗陶不相同，有本质区别。

（三） 陶坯的成形

一般情况下，墓葬出土的陶器比遗址出土的大多要完整些。随葬陶器大都是生活实用品或专门制作的明器。由于制作精良，绝大部分器物从外表很难发现制作痕迹。在修复陶器过程中，我们对每个遗留痕迹都进行了仔细观察分析。陶器的易残、易断部位往往是由于制作过程中的疏忽和技巧问题而引起的接触不良造成的，大部分是关键部位，如折腹壶的折腹部位和壶的肩部，还有明显的附加物件的脱落。从中我们可以找到有关制作方法的可靠依据。该墓地陶器的制作方法，都是手制成形，大体上分为两类。

（1）捏塑法

该墓地出土一些小型陶器，如小三足器、罐、支座等。其器形并不规整，有的通体凹凸不平，并留有捏压痕迹，系手捏制成形。

（2）泥片盘塑法

这种工艺是该墓地制作技术的一大特点，不同于黄河流域古代文化的泥条盘塑法。

1. 陶壶的制作

陶壶类型较多，有直颈、束颈、曲颈、鸭形壶等，直颈壶较多。不论哪种类型的壶，制作方法均一样，都是从底部做起。根据器物本身的大小，用适量的陶泥做出厚薄适度的器底并规圆。围绕圆周四边捏塑起由下至上接塑的坯胎。视向上接塑圆径的大小，将搓成条状的陶泥压成片状，其长度约能围绕上方圆径一周半至两周左右。泥片的宽度据出土陶器存留痕迹看约 2～3 厘米左右。泥片的厚薄大体是陶器壁厚的 2 倍以上。右手持泥片，左手拇指放器内，食指在外，将泥片的一端和向上接塑的一端捏成斜面，务要接牢、压实。同时，左手拇指向下方推动泥片（约占泥片的 1/4），食指向上推动，把前次接塑时留下的边缘，包住泥片下接的边缘，这样就形成了上面泥条被压包在下面泥条内上侧的螺旋叠压形式。据器物的大小，盘塑到一定高度时（以陶坯不变形为标准），用和器物内弧度形状相应的工具，从器物内部进行刮挤，其位置应是上下泥条的接缝处。刮去多余的陶泥，一定要有挤压动作，以便使接缝处扣合严实。再在器物内部垫上和陶器内弧相似的内垫工具，用大小合适的陶拍从器物外面进行拍打，以期收到调整形体的效果和使接缝处成为一体，加强接缝结构的严密性。经过拍打挤压的陶坯，盘塑痕迹基本上消失。这样依序反复向上盘塑直至所需的高度为止。每段盘塑到什么位置合适，完全视器物大小而定，小件可一次盘塑成形；大件则需分段成形：从器底向上盘塑，盘到适当高度时将坯胎放在通风处稍加吹晾，待坯胎内水分蒸发变硬后继续向上盘塑。壶形器口小，盘塑不便，分成口、腹两部分，坯胎定形后组合成整器。成形后需压光，坯胎硬度合适才会出现光亮，过干再压易脱皮。经反复磨压至出现光泽为止。经过磨压的陶器外表美观，经久耐用。磨光后仍放在室内阴干，陶坯内含水分充分蒸发掉后，可放在室外晾一天，便可入窑烧制。

2. 陶鬲的制作

鬲的质地与一般陶器有所不同，即在加工陶泥的过程中需加进适量的粗砂，成为加砂粗陶，这种陶质在加热过程中膨胀系数大和耐水性能好。根据鬲的造型不同，制作方法也有所不同。首先，用泥片盘塑方法做出和鬲形相似的罐形器。其次，按照腹部的圆径划分三等份，把三等份规圆，就是三个空心袋足的圆径。依照三个袋足的圆径，顺序盘塑，分别制成三个鬲腿，直至空心袋足的底部，多余的泥留作锥状足跟。等陶坯稍干时，用工具把三个袋足修整好，并把三个足跟朝上，分成三足鼎立位置，用一根泥条做成人字形，镶入三个空心袋足相接触的中间，接牢压实使之合成一体。当拿起不变形时，把连接好的三个空心袋足翻过来，用泥条沿周壁捏出和腹部相接的斜边，把腹部和下接空心袋足的斜面，稍抹上泥浆并将三个袋足的斜面放在外侧，对接腹部斜面，以下包上接牢。经过修整、压光，鬲的制作基本完成。我们经过几种制作方法的反复试验，只有上述制作方法趋向合理。由于鬲本身结构的特点，决定了它制作方法的特殊。即采用分段制作、分部位组装的工艺方法。

（四）彩绘陶器

该墓地出土彩绘陶器较多，约占总数的一半，器物表面颜色呈深红或浅红色。我们对彩绘的颜料质地进行了化学成分分析，结果表明它是一种含铁较多的土类或赭石，并初步认为彩绘原料系就地取材。前面提到沉积泥土中有含铁成分较多的淤泥，这种物质被混入陶泥中制成陶器，经烧造氧化，其颜色和没有含铁成分的差别很大：含铁成分高成红色，相反则为黄褐色。人们经过实践认识到含这种物质的泥土经过熔炼可变成红色，而后有意识地把含铁成分较高的红色泥土挑选出来经过人为加工，饰于陶器的表面，再行烧造，就出现了这一地区常见的彩绘陶（俗称"红衣陶"）。关于红衣颜料加工、施绘方法，我们做了一些实验，摸索到一些经验。把经过挑选过滤加工后的泥土泡到容器中，待溶开后进行搅拌，稍稍沉淀倒向另一个容器。几经反复，滤掉粗杂质，剩下的就是一种细腻的红色泥浆。如泥浆过稀，还需加入适量黏土起黏着作用。陶坯制成后将其施于要涂彩的部位，不等陶坯干透便进行压光，使之和陶器浑然一体。彩绘的质量同陶坯的干湿度和彩料的稀稠有直接关系；如陶坯过干，绘彩接合不好容易脱落；如彩料过厚，烧成后彩绘则浮在器物表面相互脱节。

（五）焙烧工艺

由于缺乏窑址资料，我们只能采用同一地区早于该窑址的肇源白金宝青铜时代遗址的残窑结构修建简易陶窑，参照当地以柴草为燃料的习惯进行复原试验。结果，陶器在氧化还原中烧成。总计烧18件陶器进行试验，出窑的成品效果和墓葬出土陶器基本相同。

以上是我们对平洋墓地陶器工艺进行的初步分析，由于原始材料所限，加上缺乏这方面的经验，故难免会有疏漏之处，望有关专家学者指正。

　　　　砖厂墓地石器质料、物理性质特征统计表

名称	标本号	质料	物理性质特征				
			断口	硬度	透明度	光　泽	颜　色
石　镞	107：178	碧玉	贝壳状	7级	微透明	玻璃光泽	暗绿色
	107：84	花岗岩	贝壳状	7级	不透明	油脂光泽	暗黑褐色
	140：25	玄武岩	贝壳状	7级	微透明	油脂光泽	黑紫色
刮削器	142：21	碧玉	贝壳状	7级	半透明	油脂—玻璃光泽	蛋青—灰绿色
	154：2	碧玉	贝壳状	7级	半透明	油脂—玻璃光泽	黄褐—灰绿色
	141：9	碧玉	贝壳状	7级	微透明	油脂—玻璃光泽	灰绿—灰褐色
石核	132：1	碧玉	贝壳状	7级	不透明	油脂光泽	微带黄的灰褐色
石叶	141：3	玛瑙	贝壳状	7级	透明	油脂光泽	无色
珠　管　饰	140：34	玛瑙	贝壳状	7级	透明	玻璃—金刚光泽	乳白—红褐色
	111：59	辉石		7级	微透明	玻璃—油脂光泽	白色
	107：257	绿松石		7级	透明	油脂—玻璃光泽	黑绿色
	182：6	斜长石		7级	微透明	油脂—玻璃光泽	灰白色
	140：399	天河石	阶梯状	7级	透明	玻璃—金刚光泽	微带蓝绿色
	155：5	玛瑙	贝壳状	7级	透明	玻璃—金刚光玻	桔红色
	107：70	玛瑙	贝壳状	7级	透明	玻璃—金刚光泽	红褐色
	107：22	绢云母岩		5级	透明	油脂光泽	暗绿色
	153：3	天河石	阶梯状	7级	透明	玻璃—金刚光泽	微带蓝绿色
	107：221	天河石	阶梯状	7级	透明	玻璃—金刚光泽	微带蓝绿色
	107：40	蛇纹岩		1级	透明	油脂光泽	暗绿—黑绿色
	107：74	天河石	阶梯状	7级	透明	玻璃—金刚光泽	微带蓝绿色
	107：122	钾长石	阶梯状	7级	透明	玻璃光泽	微带蓝的绿色
环饰	108：12	钾长石	阶梯状	7级	透明	玻璃光泽	微带蓝的绿色

附录五

砖厂墓地墓葬登记表

期别	墓号	方向	墓穴结构（长宽深）	葬具	埋葬人数	年龄 性别	一次葬	二次葬	备注
中	101	30°	台 248×163-160		2	45±♂　56♂	仰		
早	102	350°	台 190×80-40		3	45♀	仰①	②③	上部扰乱，仅鉴定1人
早	103	341°	台 170×100-110		1	成♂		①	
中	104	350°	台 295×90-126 145		16	18~20♂　18~20♂　35±♂　40~45♂　35~45♂　40~45♂　20~22♀　55±♀　18~20♀　16±♂　22~24♀　18~20♀　20±♀　4~5岁小孩　10岁小孩　成♂		①~⑯	⑤⑯头骨呈黑色，有火烧痕迹
晚	105	345°	凸 102×43-23		1	2岁婴儿	仰		
晚	106	317°	凸 室290×95-75 道122×138		9	50±♂　45±♂　40~45♂　45±♀　50~55♀　成年?　40±♀?		①~⑨	
中	107	320°	凸 室227×184-144 204 甬40×80-114 道217×200-144		17	35~40♂　35~40♂　45±♂　15±♂?　40±♂　成年♂　未成年?　成年♂　成年?　未成年?　成年♂　成年♂　成年♀　40±♀　30~35♀　45±♀　成年♀　55十♀		①~⑰	
中	108	336°	209×100-40		2	40±♂　40±♀　13~14♀?	仰		
	109	330°	90 240×142-30		8	40~45♂　45±♂　25~30♂　35~40♂　25~30♂　25~30♀　20±♀　2~3岁小孩		①~⑧	
早	110	325°	台 250×108-130	墓底有火烧过的桦树皮残片	10	40~45♂　40~45♂　20~22♂　成年♂　成年?　35~40♀　25~30♀　56十♀　4~5岁小孩　14±♀?　2~3岁小孩		①~⑩	个别头骨有火烧痕迹
早	111	330°	252×200-96		45	20~24♀?　50~55♀?　14±♀?　3岁小孩　45±♂　6~7岁小孩　25~30♂　45~50♂　20±♂　5~6岁小孩　50±♂　40±♂　45±♂　18±♀　40±♀　20±♀　12~13岁小孩　2岁婴儿　45±♀?　35±♀?　40±♂　1岁内婴儿　45±♂　25~30♀　25~30♂　初生婴儿　30~35♀　6月以内婴儿　40±♀　4~5月婴儿　20±♀　35~40♀　35±♀?　35~40♀　40±♀　20~24♀　45~50♀　50~55♀?　未成年?		①~⑭	分层摆放，每层肢骨在下，头骨在上

243

续附录五

期别	墓号	方向	墓穴结构(长宽深)	葬具	埋葬人数	年龄性别	一次葬	二次葬	备注
中	112	335°	243×(7/122)-94		2			①②	年龄性别不详
中晚	113	255°	180×90-80		13	40±♂ 40±♂ 30~35♂ 35~40♂ 45~50♂ 56+♀ 20~22♀ 20~24♀ 4±小孩 11~12岁小孩 6月以内婴儿		①~⑬	骨骼在墓底填土内
	114	348°	180×45-15		1		仰		年龄性别不详
	115	345°	274×(120/190)-105		5	22~24♂ 22~24♂ 25~30♀ 1岁内婴儿 成年?		①~⑤	
中	116	315°	210×52-21		1	40±♀	仰		
早	117	335°	205×80-15		1	成年♂?	仰		
早	118	344°	220×80-17	头骨下有桦树皮残片	2	45±♂ 成年♀	仰		
	119	350°	残60×?-16		1	成年♂?	仰		肋骨、股骨、胫骨上有红色颜料
早	120	353°	210×(55/80)-42		1	成年♂? 1岁内婴儿	仰		掌骨、腓骨上涂红色
早	121	339°	245×135-35		12	成年♀? 成年♀ 成年♂?	仰	①~⑫	6具年龄性别不详
	122	346°	残150×57-20		1	17±♀	仰		
	123	338°	残70×70-40		1?	成年♂?	仰	①	出少量木炭
早	124	340°	220×100-60		2	22~24♂ 成年♂	仰		
晚	125	336°	132×76-93		1	6月内婴儿	仰		
晚	126	338°	台 226×145-182		1	14±♀?	仰	①	
晚	127	345°	160×52-120		1	45±♀	仰?		
晚	128	343°	226×144-125		3	40~45♀ 16~17♀	仰		仅存指骨、白齿

续附录五

期别	墓号	方向	墓穴结构（长×宽深）	葬具	埋葬人数	年龄 性别	一次葬	二次葬	备注
	129	342°	180×130-80		2	40±♂ 22~24♀?		①②	
	130	340°	230×130-94		1	22~24♀		①	
	131	276°	210×76-30						
	132	288°	250×66-70		1	成年♂			
中	133	340°	205×130-67		13	40~45♀? 45±♀ 40~45♀ 40±♂ 成年♂ 15±♂ 40±♂ 35~40♂ 4~5岁小孩 成年♀? 40~45♀? 1岁内婴儿 1岁内婴儿		①~⑬	
早	134	355°	210×60-45		1	45~50♂	仰		
中	135	320°	凸 室220×123-23 道150×210	东壁南端有木板痕	7	40±♀ 56±♀? 20±♀? 1~1.5岁婴儿 30±♂ 20~24♂ 40~45♂		①~⑦	
晚	136	335°	台 228×113-175		2	45±♂ 22~24♂?	②	①	
晚	137	344°	台 165×122-165		3	22~24♂ 45~50? 40±♂		①~③	
中	138	347°	台 220×128-160		2	成年♂ 17~18♀		①②	
中	139	340°	台 150×85-30		1	20~22♀			
中	140	337°	台 350×256-176	木棺	10	45~50♀ 50±♂ 35±♀ 45±♀ 56+♀ 成年♂ 2~3岁小孩 6~7岁小孩? 小孩		①~⑩	扰乱。葬式不明
中	141	335°	台 333×263-110	木棺	14	40±♂ 45~50♂ 45~50♀ 15~16♂ 30±♂ 20~22♀ 20~22♀ 成年♂ 22~24♀ 22~24♀ 成年♀? 30±♂		①~⑭	木棺连同骨骼经火烧过
	142	275°	残50×75-35	"	1?	40±♀			破坏。葬式不明
中	143	328°	凸 室残40×53-75 道219×150		3?	50±♂ 22~24♀ 2岁婴儿		①~③	北部被破坏
早	144	330°	凸 室162 138 38 -70 道185×188 -70		5	45~50♂ 45±♀ 13±♀ 成年♀ 成年♂		①~⑤	

续附录五

期别	墓号	方向	墓穴结构（长宽深）	葬具	埋葬人数	年龄　性别	一次葬	二次葬	备　注
早	145	340°	200×75—40		1			①	年龄性别不详
中	146	323°	220×100—59		4	35±♀　12±♀?　20～22♀　8～9岁小孩	仰		
早	147	5°	210×60—43		1	50±♂	仰		
	148	350°	124×53—10		1	30～35♀		①	
中	149	345°	215×78—50		1	22～24♂	仰		
早	150	358°	230×85—80		1	40±♂	仰		
中	151	323°	235×92—60		1	35～40♂?		①	
	152	335°	210×119—90		4	40～45♂　40±♀　20～22♀　12±♀?　56+♂		①～④	年龄性别不详
早	153	320°	220×140—110		7	2岁婴儿　2岁婴儿		①～⑦	
早	154	345°	210×70—65		1	成年♂?		①	
	155	346°	残 180×105—35		6	成年♂　成年♀　13±? 2岁婴儿		①～⑥	
	156	320°	残 150×110—60						
中	157	330°	219×100—90		4	成年♀　1.5岁小孩　成年♀		①～④	
早中	158	0°	190×140—110		8	30～35♂　45～50♂　50±♂　25～30♀　25～30♀ 22～24♂　未成年　成年♀		①～⑧	
早	159	10°	270×130—95		2	18±♀　20～22♀		①②	
	160	330°	台 230×181—100		6	22～24♂　22～24♂　25～30♀　1年内婴儿　成年? 成年?		①～⑥	
	161	345°	残 195×80—35		1	25～30♂	仰		
中晚	162	280°	225×65—48		1	25±♂		①	

246

续附录五

期别	墓号	方向	墓穴结构（长宽深）	葬具	埋葬人数	年龄 性别	一次葬	二次葬	备注
中	163	345°	205×57—55		1	22～24♀	仰		
早中	164	349°	180×60—40	有桦树皮痕，西南壁经火烧烤	1	成年♂	仰		
	165	273°	220×60—30						
早中	166	340°	200×80—30		1	成年♂	仰		
	167	345°	150×87—69		1	3岁小孩	仰		
	168	317°	230×140—50		3	成年？ 婴儿 婴儿		①～③	年龄性别不详
	169	5°	174×140—144		3	45～50♂		①～③	
早	170	305°	210×80—48		1	40±♀	仰		
晚	171	330°	210×80—70		5	成年♂ 40±♂ 15±♀? 35～40♂ 45～50♀		①～⑤	
	172	340°	台 残70×95—42		1？	22～24♂		①	
早	173	300°	残40×80—80		2？	40～45♂ 40～45♀		①②	
早	174	352°	215×80—60		2				年龄性别不详
	175	265°	210×110—85				仰		填土中出指骨
	176	265°	180×150—80						
	177	340°	240×120—67			成年♂			有少许肢骨
	178	355°	210×110—60						
	179	16°	台 250×84—46		2	6月内婴儿 成年？		①②	
	180	288°	132×80—30						有少量肢骨
	181	15°	248×128—10						有少量肢骨

247

续附录五

期别	墓号	方向	墓穴结构(长宽深)	葬具	埋葬人数	年龄性别	一次葬	二次葬	备注
	182	300°	凸 室127×80—45 道123×140		5	6岁小孩 6岁小孩 4~5岁小孩 22~24♀ 成年♀?		①~⑤	
中	183	340°	台 205×110—75		3	成年♂ 22~24♀		①②	
	184	340°	台 231×82—40		1	30±♂		①	
	185	335°	台 210×70—55		2	35±♂ 56±♀	仰②	①	
	186	340°	双 215×80—15		2				有少量肋、椎骨
	187	330°	凸 室238×91 道103×116—53		2	25±♂ 12~13♀		①②	
中	188	330°	230×70—12		1	50~55♀	仰		
	189	330°	180×63—10		1?	成年♀?			有肱骨、胫骨
早	190	340°	190×69—37		2	20~22♀? 35~40♂	仰①	②	
早	191	340°	207×69—43		1	成年♂?	仰		
晚	192	342°	180×71—85		1	成年♀?	仰	①	
	193	5°	155×54—13		1	5.5~6岁小孩	仰		
	194	280°	160×84—26						有少量小孩肢骨
	195	281°	260×115—32						有少量人骨
	196	255°	210×76—30						有少量人骨
	197	282°	残120×100—35						

说明:1. 表内墓穴结构一栏,"凸"代表凸字形墓,"台"代表有二层台的墓,"双"代表双室墓,未标明者均为长方形墓。 2. 表内年龄性别一栏,"♂"代表男性,"♀"代表女性。
3. 表内一次葬一栏,"仰"代表仰身直肢葬,仰①号人架为仰身直肢葬。 4. 尺寸单位:厘米。

附录六

砖厂墓地随葬器物统计表

墓号	陶器	铜器	铁器	金器	骨器	石器	蚌器	海贝	其他	小计
101	直颈壶B、碗A	泡AⅠ、AⅡ、AⅢ5、管AⅡ2、BⅠ			镞A2、BⅢ2、珥7	珠3	残1			27
102	曲颈壶Ⅰ	泡AⅠ2、AⅡ	管A			管				5
103	曲颈壶口沿、支座Bb				镞链、珥、匕、扣3、管饰					11
104	直颈壶AⅡ6、AⅢ、口沿2、束颈泡AⅠ17、AⅡ、耳环		管B2		镞BⅢ、CⅡ、珥	珠3				42
105	壶Ⅱ2、矮颈壶AⅡ、钵AⅡ、盏	泡AⅠ2								4
106	矮颈壶BⅢ、碗B	泡AⅠ3、AⅡ、饰针			镞CⅢ	珠3		1		11
107	直颈壶AⅡ2、AⅢ2、B3、曲颈壶A3、B2、矮颈壶BⅢ3、高颈壶BⅡ、碗A	泡AⅠ142、AⅡ、AⅢ、BⅠ15、管BⅠ3、BⅢ3、铃AⅢ、节约、单贝泡2、贝4	耳饰、管A、B4、镞A6、B4、矛、削3、管A4		镞BⅢ5、BV、CⅢ7、镞链、珥6、锥、哨、贝	镞A3、B、刮匕、削器、石片4、珠124、管20、饰	管5、匕、扣2、贝饰2	8	鸭形石器4、螺饰2	601
108	盆Ⅰ2、钵B	泡AⅠ、AⅡ3、AⅢ3、节约			镞BⅢ	珠环	匕		石料2	16
109		泡AⅠ3	镞B							4
110	直颈壶AⅠ、曲颈壶口沿、残支座、彩绘陶腹片	泡AⅠ6、BⅠ、三翼镞A	削、管A、B、圆形器		镞BⅢ、CⅢ、CV、珥2、刮刮器				鱼骨饰	24
111	束颈壶AⅠ、曲颈壶Ⅰ、直颈壶Ⅰ、口沿2、矮颈小壶AⅠ2、钵B	泡AⅠ33、AⅡ2	削2		镞BⅡ3、CⅣ、CV12、珥3	镞A、珠19、扣6、贝、管5		3		98
112	曲颈壶Ⅱ	泡AⅠ6			镞BⅡ	珠				8
113	三足罐	泡AⅠ3、铃AⅢ			匕	片				7
114		铃BⅠ、单贝泡					饰			2
115	直颈壶口沿3、束颈壶口沿、矮颈壶AⅠ	泡AⅠ3、铃BⅠ、单贝泡			镞CⅢ	珠3				14
116	壶口沿	耳环								3
118	圈足碗、钵AⅡ	圆牌、耳环2								7
119	碗B、大底杯、口沿2									1
120	直颈壶口沿3、指甲纹陶片、绳纹陶双联泡		削、管A4		镞A、BⅢ3、D、镞链4、管、珥、纺轮	匕				17
121	直颈壶口沿3、碗A、小三足器、彩绘陶片	泡AⅠ21			镞CⅢ4、CV、镞链2、珥6、带孔珠2、板	饰	饰	1		50
122	束颈壶口沿	泡AⅠ、耳环2、镯								5

墓号	陶器	铜器	铁器	金器	骨器	石器	蚌器	海贝	其他	小计
123						珠	残1			2
124	鬲B	泡BⅢ、管D、双孔饰、箍			镞BⅠ、镞铤3	珠	匕			10
125	矮颈壶AⅢ	泡AⅠ3				珠	残1		石块2	6
126	直颈壶AⅣ、碗A	泡AⅣ、耳环4、铃BⅢ								14
127	直颈彩绘壶、带把罐				匕、纺轮、管、针	刮削器				3
128	敞口壶、盏Ⅱ、钵B	泡AⅢ、双联泡、耳环5、管BⅡ5、齿状饰43、片、鹿纹牌饰B				珠2	匕2、残8			76
129	直颈壶C	泡BⅠ			玤					3
130	三足罐、残支座	管BⅠ					匕	1		5
132						核、珠				2
133	直径壶AⅠ、口沿2、曲颈壶Ⅱ、篦点纹口沿、高颈壶A、B、碗B、篦点纹陶片、残支座	泡AⅠ18、BⅠ、耳环AⅡ				镞A、管2				62
134	直颈壶AⅠ、鬲A	泡AⅠ2					匕			5
135	直颈壶AⅢ、AⅢ、矮颈壶BⅢ、碗B、支座Bb2	泡AⅠ26、BⅠ、耳环2、蚌形饰、管AⅠ2			镞BⅢ、CⅡ、玤	珠6	匕	1		47
136	直颈壶AⅣ、束颈壶Ⅲ、曲颈壶口沿、残壶片	泡AⅠ2			镞CⅢ、管	珠2				14
137	直颈壶AⅣ、束颈壶Ⅲ、双耳三足罐	双耳三足刀B、泡AⅠ3、箍			镞A4、BⅠ5、CⅠ、CⅣ、CⅤ、镞铤斧形器5、玤、纺轮、鸟头形饰	镞、镞斧形器	匕			29
138	钵AⅡ				镞BⅡ、纺轮					3
139		双联泡5、管BⅡ5、齿状饰9、箍2			镞BⅡ、BⅤ、镞铤、玤、饰	珠3				30
140	直颈壶AⅠ2、AⅢ、带流壶、深腹罐Ba2、Ⅱ、盏、小三足器Ba2、Bb18、支座Aa2、Bb18	三翼镞A239、镞矛A、镞AⅡ4、AⅢ、管B6、铃AⅡ7、耳环AⅡ13、AⅠ、AⅢ、BⅠ、BⅡ2、C、C扁方管饰	管A3、削		镞AⅠ0、BⅢ22、CⅡ17、CⅣ3、玤CⅢ、镞铤、鸣镝9	镞C、珠15、管饰2	匕	1	牙饰2	402
141	直颈壶AⅡ、AⅢ、口沿11、矮颈壶口沿、曲颈壶口沿、小三足器A2、BⅡ、口沿2、钵B、小三足器A2、Bb2、支座Ab4、Ba、Bb、陶片	双翼镞BⅡ2、束颈双翼镞BⅡ2、口沿、曲颈壶矛B、管C4	A2、丝		镞A、BⅡ2、BⅢ3、CⅢ、镞铤、剔石叶、刮削器、刮石叶、珠6	石叶、刮削器、刮石叶、珠6	残	1		70

续附录六

墓号	陶器	铜器	铁器	金器	骨器	石器	蚌器	海贝	其他	小计
143	直颈壶 AⅠ,口沿 2,残支座	泡 AⅠ3	削 3,管 A3		镞 A2,BⅢ3,CⅢ,镞链 2,环	刮削器,珠 2				21
144	直颈壶 AⅠ2,口沿 2,矮颈壶 BⅠ,口沿,AⅢ,双联泡 碗 B	双翼镞 BⅠ,泡 AⅠ5,AⅢ,BⅠ	削,管 A2,B		镞 A,BⅢ2,CⅢ2,珥 2	珠 9			石料	33
145	直颈壶 AⅠ2,矮颈壶 BⅠ,口沿,碗 B	泡 AⅠ,AⅢ,双联泡								8
146	直颈壶 AⅡ,AⅢ,C2,碗 B,瓮口沿	泡 AⅠ2,AⅡ4,BⅠ,耳环	管 A4			珠 3	残 1	5		28
147	直颈壶口沿,深腹罐	泡 AⅡ,双联泡,齿状饰 锥,圆牌					残 1			6
149	直颈壶 AⅢ,碗 A,钵 B				镞 BⅢ,CⅠ,CⅣ 3					10
150	直颈壶 AⅠ,匜 A	双翼镞 A,刀 A,锥,泡 BⅢ3,管 BⅠ8,BⅡ,D17,齿状饰,虎纹牌饰 AⅠ		片饰 2	镞 BⅠ5,BⅡ,BⅢ,BⅣ,CⅠ14,CⅢ,CⅣ7,镞链 5,环 2,针 2,鸣镝	珠 5	匕			83
151	钵 AⅡ,B,彩绘陶腹片				镞 BⅢ3,CⅣ2,镞链,珥					11
152	小三足器 A,支座 Bb				珥,鸣镝		匕			2
153	直颈壶 AⅠ,口沿 3,矮颈壶 AⅠ,管 BⅡ 圈足碗,带把杯	泡 AⅠ,AⅢ			珥,鸣镝,片	珠 2				14
154	瓮 AⅠ				镞 A	刮削器				4
155	小三足器 A,支座 Aa3				楷孔板	珠				5
157	直颈壶 AⅡ,AⅢ,口沿,矮颈壶 B管 BⅠ Ⅱ,碗 B,小三足器,支座 Aa,Bb3	泡 AⅠ,AⅢ						1		13
158	直颈壶口沿 3	泡 AⅠ5			镞 BⅡ,BⅢ2,珥					12
159	直颈壶 AⅠ									1
160	直颈壶口沿,碗 A2,口沿	泡 AⅡ,贝								5
161	带把杯				镞链 2,珥			1		6
162	三足杯									1
163	直颈壶 AⅡ,矮颈壶口沿,器钮									3
164	残直颈壶									1
166	直颈壶口沿,曲颈壶口沿,矮颈壶口沿,箟点纹陶片,三足罐,器钮,残小 三足器					片	匕			10

251

续附录六

墓号	陶器	铜器	铁器	金器	骨器	石器	蚌器	海贝	其他	小计
167	折腹罐	泡AⅡ2、铃AⅠ			镞CⅢ	珠4	匕		螺饰2	11
168	直颈壶口沿2	泡AⅠ	丝		镞BⅢ	珠	残3			8
169	束颈壶口沿2、小三足器Ba	泡AⅠ5、AⅢ	丝			珠3	匕			12
170	鸭形壶					刮削器、珠				5
171	直颈壶AⅣ、口沿、碗A2、环	泡AⅠ4、双联方管2、箍3			镞CⅡ、匕、鸣镝2	片			石料	20
172			削		镞BⅠ	珠2				3
173	碗A、纺轮				镞铤	珠	匕			6
174	折腹罐、篦点纹陶片	泡AⅡ、耳环、双孔饰								9
175	折腹罐、三足罐、圈足碗									1
179	支座Bb									1
180	碗A	泡AⅡ、双孔饰			鸣镝	刮削器、珠2	残2		石料2	5
182	直颈壶口沿、碗A、支座Bb3	泡AⅠ4、BⅠ				珠2	匕			6
183	绳纹壶、盆、三足罐	泡AⅠ				珠	残1	1		12
184	直颈壶口沿、碗B、小三足器Bb				圆形饰					7
185	支座Bb2、陶片	泡Bb泡AⅠ3、箍			镞	珠2				13
186		三翼镞A、泡AⅠ			镞BⅢ2、镞铤2、纺轮					7
187	直颈壶口沿	泡AⅠ3、AⅡ								5
188	绳纹壶、盆	泡AⅡ2、耳环2、双联泡3、齿状饰2、箍14、虎纹牌饰AⅡ			纺轮	珠	匕2、环		石块	32
190	束颈壶口沿Ⅰ	泡AⅠ								1
191	残陶盆、杯AⅠ、匜B									4
192	瓮Ⅱ									1
193					鱼镖、匕		残1		鱼椎骨饰	4

说明：随葬器物器栏中，拉丁文为类型，罗马数字为式别，阿拉伯数字为件数，未注明者为1件。

	墓号	方向	墓穴结构（长宽深）	葬具	埋葬人数	年龄　性别	葬式	备注
	201	320°	残 125×50-40		1	? ♂	仰	
	202	315°	残 105×60-10		1		仰?	
晚	203	345°	168×63-25		1	12～13♀?	仰	
晚	204	320°	201×80-32		2	35±♀ 6～12月婴儿	仰	
早	205	327°	125×$\frac{20}{70}$-21		2	6～7岁小孩　6月内婴儿	仰	
	206	310°	190×135-125	北壁自东往西立5块木板				填土中有人肢骨，上颌骨
晚	207	330°	凸室 218×80道 185×131^{-62}		2	30～35♀　婴儿	仰	
	208	330°	200×130-100					仅少量人骨
	209	350°	240×128-144		1	成年?		仅有两块指骨
	210	310°	202×107-132	贴北壁自西向东立8根木柱				
晚	211	300°	双前室 195×130甬道 50×65-80后室 171×107		5	40±♂　50～55♀? 婴儿　未成年? 45±♂		
	212	320°	190×80-130					有少许指骨
	213	320°	165×80-50					
晚	214	312°	90×42-6			1岁左右婴儿		
	215	318°	230×110-140	贴西北壁立4根木柱	1		仰	
	216	318°	240×120-140					
晚	217	305°	凸室 210×87道 116×127^{-45}		1	35±♀	仰	骨骼上有红颜料痕
	218	315°	残 140×80-90					
晚	219	328°	凸室 218×100道 166×150^{-50}		2	30～35♂　40±♀	仰	
	220	327°	210×100-105					
	221	315°	220×120-120					

注：本表说明同砖厂墓地墓葬登记表说明。

253

战斗墓地随葬器物统计表

墓号	陶　器	铜　器	骨　器	石　器	蚌器	海贝	其他	小计
201	支座I	泡III、管AI 2、AII	镞C、珥2					8
203	束颈壶II	泡I 2、耳环					石块	5
204	矮颈壶、粗颈壶、盏、小三足器AII、支座B4	泡I、II 2、耳环、铃B、管AI、AII 2、BII、匙A		珠3		4	鸭形石器	26
205	直颈壶I、束颈壶B	泡I 2、II 3、耳环		珠3			石块2	14
206	壶口沿6	泡II						7
207	直颈壶III、长颈折口壶、小三足器BII、支座A	泡I 3、II 12、耳环2、管BII、铃A	珠2、背饰	珠6		3		35
210		泡III	镞B				石块	3
211	直颈壶III 4、碗C、小三足器AI 2	双翼镞B、泡I 7、II 2、耳环6、铃B2、饰针2、管BII 2、C2、镳5、匙B	镞C3、珥2、锥	镞、穿孔器、珠3	刀、饰		石块	53
212		泡II		珠				1
214	曲颈壶	泡I、耳环4		珠				7
217	直颈壶II、III、碗A、小三足器BI	泡I 2		珠				6
219	直颈壶II、III、碗B、小三足器BII 2、支座A7	双翼镞A、三翼镞A、B、泡I 26、II 11、耳环、带钩、管AI、AII 5、BII、C10、铃B4、叶形饰、条2	镞A、B、C3、珥	管4、珠8		2		98

说明：随葬器物栏中，拉丁文为类型，罗马数字为式别，阿拉伯数字为件数，未注明者为1件。

Pingyang Cemetery

(Abstract)

Pingyang cemetery, located in Pingyang Town, Tailai County, on the right bank of the Nunjiang River, southwest Heilongjiang Province, consists of two graveyards, Zhuanchang and Zhandou. Graveyard Zhuanchang, consisting of 97 burials, was excavated from the end of June to the beginning of September, 1984, and graveyard Zhandou, consisting of 21 burials, was excavated from the middle of September to the middle of October, 1985, by the archaeologists of Heilongjiang Province. Both of these two graveyards, not far from each other and with very close dates, belonging to the same cultural type, are the remains from the Bronze Age to the early phase of the Iron Age, corresponding to the time from the end of the Spring and Autumn Periods to the middle and late phase of the Warring States in Central China, i. e. from the beginning of 5th c. to the later part of 3rd c. B. C.. The cemetery can be divided into four Phases.

Most of the 118 burials are oblong shaft pit tombs with northwest-southeast direction, of which only two can be identified with burial coffins. Parts of the burials have two-step terraces on one to four sides or round-spade-shaped and square slope grave passage, both of which have not be discovered in Heilongjiang so far. The burial system can be divided into two forms, single graves and group graves. First, secondary and first-secondary mixed burials are all adopted. All the first burials are extended supine and most with heads to the northwest direction. The group burial are very prevail. The amount of persons is not the same in burials, two persons at least and 45 at most, while most consist of 3 persons. The age of persons in the same tombs has a phenomenon as follows: 1) adults with opposite sex and children; 2) adults; 3) female adults and children; 4) adults with the same sex; 5) children. Most of the joint burials are secondary ones.

The burial articles consist of pottery utensils for daily life, tools of production and ornaments in various materials, such as bronze, iron, gold, stone, agate, turquoise, bone, mussel, etc. Among them the bronze wares are large in amount, then come bone objects. Most of the pottery wares are made of fine sandy yellowish-brown clay, and all are hand-made. The shape of pots, bowls are very common. About one half of the pottery are red-painted. The tools of production consist of bronze knives, arrow heads, spears, awls, adzes, iron arrow heads and knives, stone arrow heads and scrappers, bone arrow heads, *Mi* (弭), fish spear, needles, spindles etc. One of the cultural characteristics is that metal tools are few and stone ones are fewer, while the bone arrow heads and *Mi* are large in amount. The ornaments possess a huge parts of the burial objects and in a great variety. Some suite of the wearing are complete and inlact. The custom of buring living animals is prevalent, and the buried animals consist of dogs, horses, oxen, pigs, sheep and goats, deer, rabbits, *Myospalax*, birds and fishes. Among them dogs and horses are common, normally only the heads and hoofs buried as a whole animal. The daily life at that time depend mainly on husbandry, fishing and hunting as subsidiary. People led a nomadic life, so-called "moving about in search of pasture without permanent settlements".

Based on the research on the layout of cemetery, the social structure represented by Zhuanchang site can be divided into two levels at least. The lower one consists of some communities divided by their distributed positions, while the upper one are represented by the whole site. Zhandou site can be divided into three levels, single families, family clans, clan or tribe.

Accordance with the literature documents, the nomadic nationality known as Donghu lived in east Inner Mongolia Plateau and west Northeast China from the beginning of 5 c. to the end of 3 c. B. C.. It can be inferred that there existed a very close relation between the national groups represented by the remains of Pingyang cemetery and Donghu. Perhaps these remains are of Tuoba Xianbei.

The Pingyang remains possess their own cultural elements. On the other hand, they have cultural contents roughly similar to the remains from Xiaodengke, Fuyu County, Sanjiazi, Qiqihar City, Heilongjiang Province, Xinglongshan, Tongyu County, Jilin Province, and Wangong, Chenbarhu banner, Inner Mongolia, They can be regarded as the same type or Culture. If the origin of the Pingyang remains is to be traced back, the common elements shared by it and Baijinbao Culture, Hanshu phase II Culture and the cemetery Erkeqian, Nahe County, Heilongjiang Province, should not be neglected.

Pingyang site is a cemetery with a relatively big size discovered so far in Heilongjiang Province. The excavation, one important result of the archaeological works in Heilongjiang Province, provides the research on the Bronze Age and early Iron Age archaeological cultural contents, chronological seriation and the relations between each other in the Songhuajiang River and the Nunjiang river plains with true and reliable scientific information, and at the same time fills the historic gaps in the document records for Heilongjiang during the pre-Qin period.

M150

陶鸭形壶（M170：1）

砖厂墓地M170

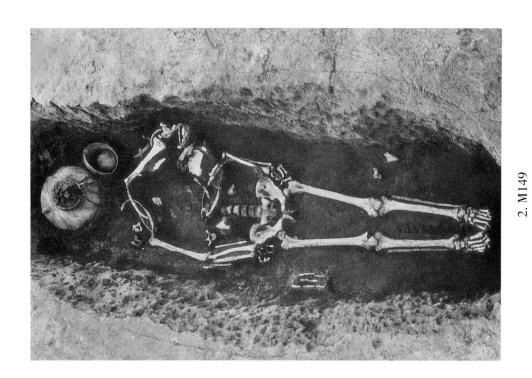

2. M149

1. M188

砖厂墓地墓葬

2. M153

1. M126

砖厂墓地墓葬

2. M125

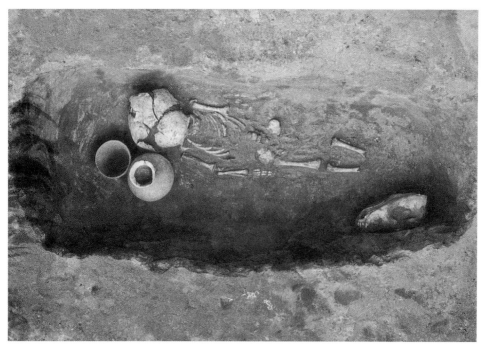

1. M105

砖厂墓地墓葬

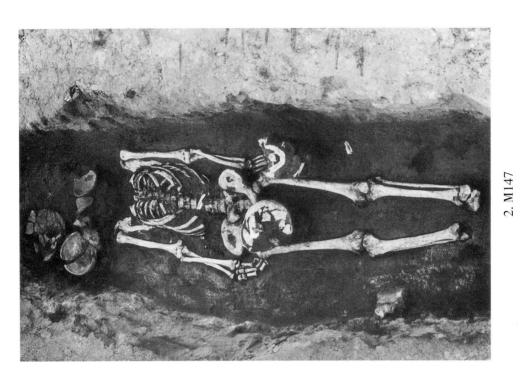

2. M147

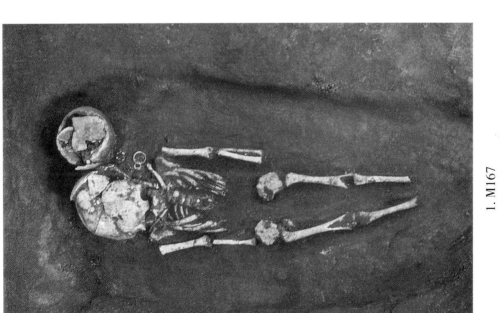

1. M167

砖厂墓地墓葬

砖厂墓地M128

砖厂墓地M101

砖厂墓地M108

砖厂墓地M106

2. M185 第一层

1. M140

砖厂墓地墓葬

砖厂墓地M104

砖厂墓地M111　第一层

1. M136

2. M141

砖厂墓地墓葬

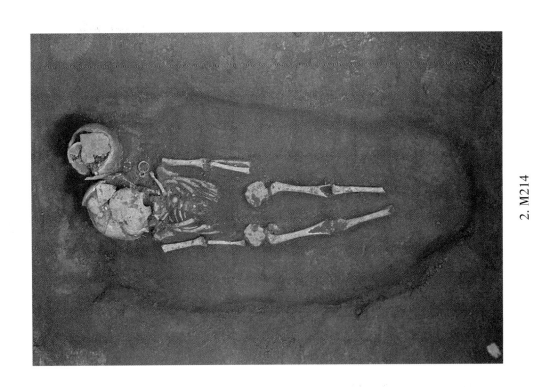

2. M214

1. M203

战斗墓地墓葬

战斗墓地M217

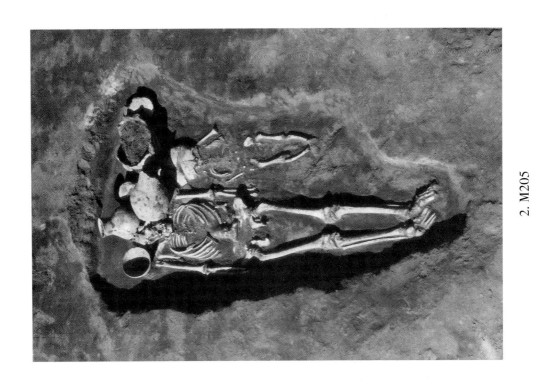

2. M205

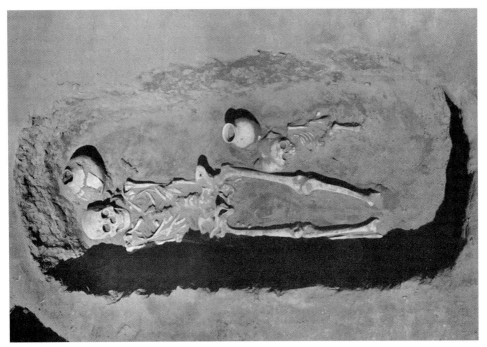

1. M204

战斗墓地墓葬

战斗墓地M207

战斗墓地M219

战斗墓地M211

1. Ⅰ式（159：1）

2. Ⅱ式（104：9）

3. Ⅲ式（141：50）

4. Ⅲ式（149：2）

A型直颈陶壶

1. AⅢ式（107：589）

2. AⅣ式（126：8）

3. B型（107：97）

4. B型（107：590）

直颈陶壶

1. C型直颈壶（146：15）

2. 直颈小壶（111：34）

3. AⅠ式矮颈壶（153：8）

4. Ⅰ式束颈壶（190：1）

陶　壶

1. Ⅱ式束颈壶（104∶33）

2. Ⅲ式束颈壶（136∶7）

3. Ⅱ式曲颈壶（107∶90）

4. Ⅱ式瓮（128∶15）

陶　　器

1. AⅡ式矮颈壶（104：3）

2. A型高颈壶（133：14）

3. B型高颈壶（133：36）

4. 敞口壶（128：14）

陶　壶

1. 圈足碗（153：10）

2. 盆（188：2）

3. 圈足碗（116：3）

4. 圈足碗（174：2）

陶　器

1. A Ⅱ 式钵（138：3）

2. B型碗（185：4）

3. A型碗（171：17）

4. A型碗（101：15）

陶　器

1. A I 式钵（191：2）

2. B型钵（128：13）

3. 带把杯（153：9）

4. B型钵（149：4）

陶　器

1. 带流壶（140：9）

2. Bb型小三足器（185：5）

3. Ba型小三足器（140：16）

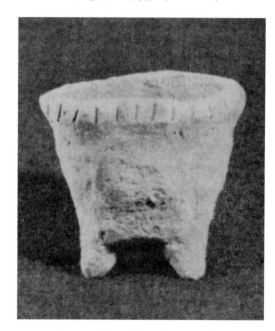

4. Ba型小三足器（169：2）

陶　器

1. 深腹罐（146：13）

2. 折腹罐（167：5）

3. 折腹罐（174：9）

4. Ⅱ式瓮（192：1）

陶　器

1. 三足罐（137：14）

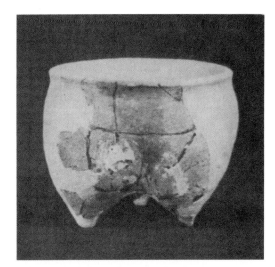

2. A型鬲（134：2）

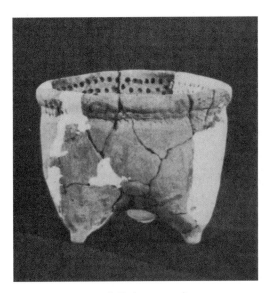

3. B型鬲（124：6）

4. 三足罐（174：1）

陶　器

1. 折口壶（207：3）

2. 三足杯（162：1）

3. A型匜（150：44）

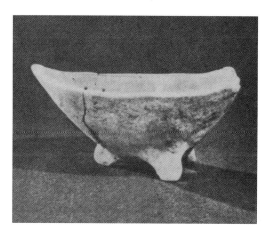

4. B型匜（191：3）

陶　器

1. Ⅰ式直颈壶（205：2）

2. Ⅱ式直颈壶（219：2）

3. Ⅲ式直颈壶（207：1）

4. Ⅰ式束颈壶（205：1）

陶　壶

1. Ⅱ式束颈壶（203∶5）

2. 矮颈壶（204∶1）

3. 粗颈壶（204∶2）

4. 曲颈壶（214∶7）

陶　壶

1. 盅（204：10）

2. C型碗（211：7）

3. B型碗（205：3）

4. A型碗（217：3）

陶　器

1. BⅡ式（207：2）

2. BⅡ式（219：63）

3. AⅠ式（211：4）

4. BⅠ式（217：2）

陶小三足器

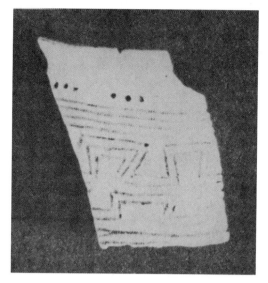

1. 篦点纹（103∶5）

2. 齿状堆纹（采∶201）

3. 网格三角划纹（121∶13）

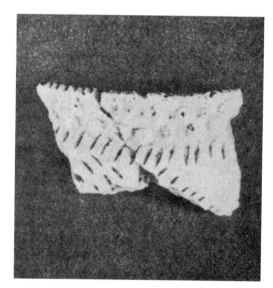

4. 戳印纹（118∶4）

纹饰陶片

1. 几何彩绘壶（127：1）

2. BⅢ式矮颈壶（105：1）

3. AⅢ式矮颈壶（125：8）

4. BⅡ式矮颈壶（135：38）

陶　壶

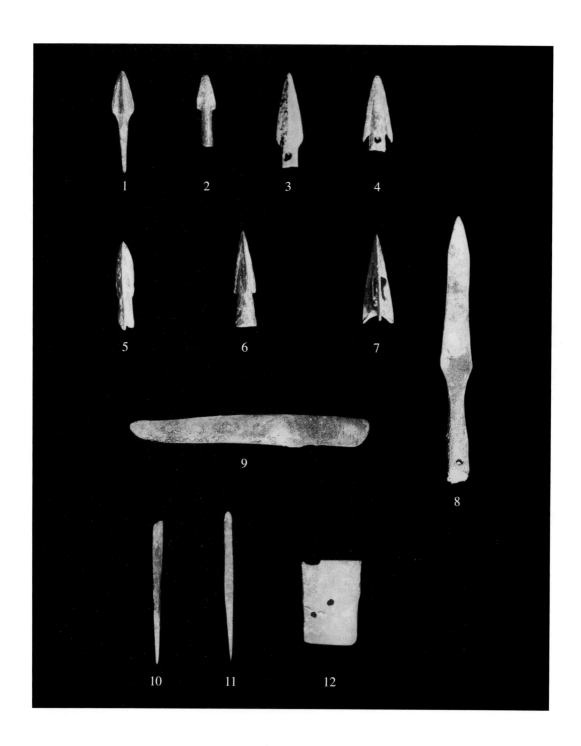

铜　器

1. A型双翼镞（150：40）　2. BⅠ式双翼镞（144：5）　3、4. BⅡ式双翼镞（141：30、31）　5、6. A型三翼
镞（186：1、140：27）　7. B型三翼镞（采：101）　8. A型矛（140：19）　9. A型刀（150：38）　10、11. 锥
（150：37、149：1）　12. 锛（140：1）

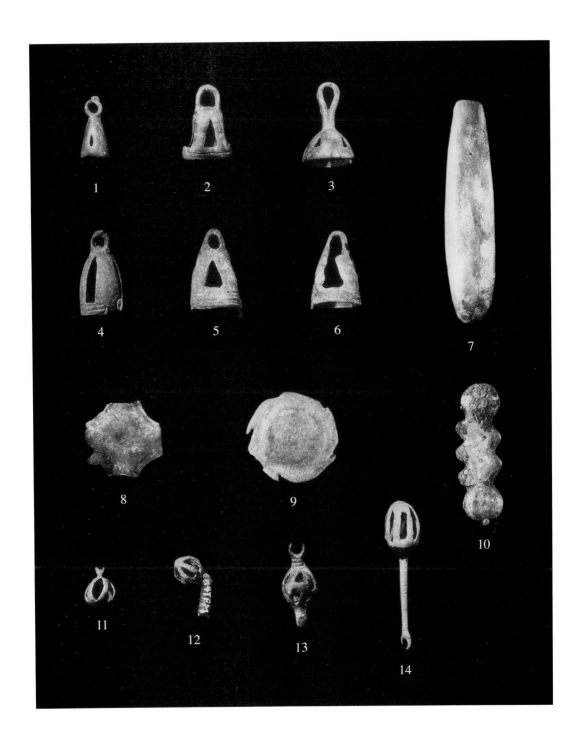

铜　器

1. AⅡ式铃（140∶33）　　2、4、5、6. AⅢ式铃（107∶64、113∶1、140∶20、30）　3. AⅠ式铃（167∶1）　7. 蚌
形饰（135∶23）　8. 节约（108∶6）　9. BⅢ式泡（124∶1）　10. 齿状饰（150∶23）　11. BⅠ式铃（115∶1）
12. BⅡ式铃（140∶21）　13. 饰针（141∶1）　14. BⅢ式铃（126∶1）

铜牌饰

1. A I 式虎纹牌饰（150∶5）　　2. A II 式虎纹牌饰（188∶26）　　3. B型鹿纹牌饰（128∶10）

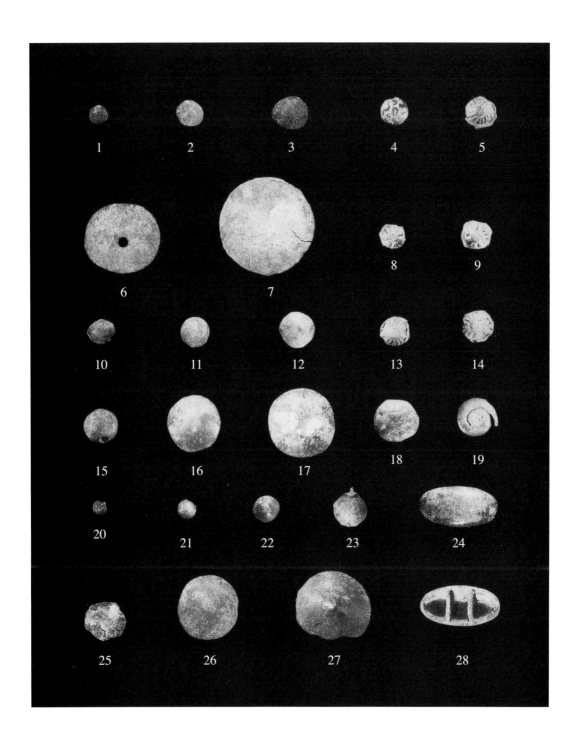

铜泡饰

1～3、6、7. AⅢ式（128∶6、134∶5、108∶1、采∶104、101∶2） 4、5、8、9、13、14、18. BⅠ式（135∶1、107∶181、193、191、185、186、133∶3） 10～12、15～17. AⅡ式（140∶117、167∶2、147∶1、108∶7、5、188∶25） 19. BⅡ式（150∶2） 20～23、25～27. AⅠ式（111∶22、140∶169、130、125∶1、111∶86、137∶3、107∶108） 24、28. 单贝泡（107∶56、85）

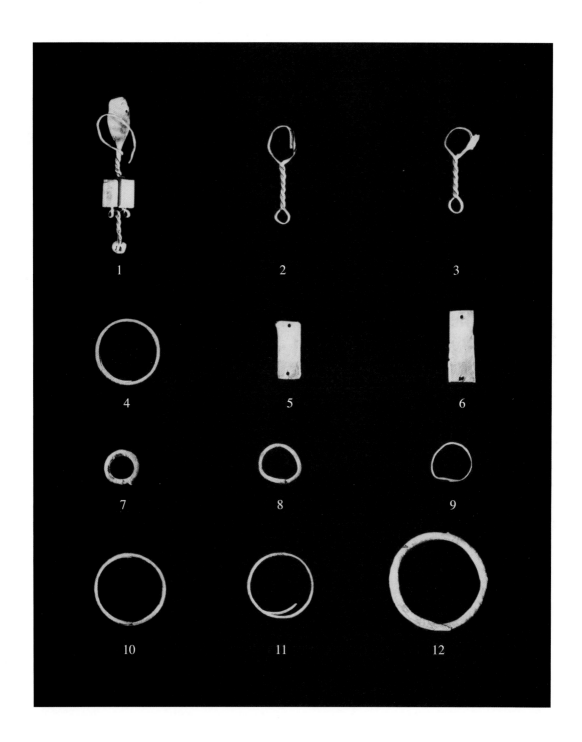

耳饰、金片

1. Ⅰ式金耳饰（107：228）　2、3.Ⅱ式金耳饰（107：71、79）　4、10～12. A型铜耳环（188：7、104：11、188：6、140：28）　5、6.金片饰（150：33、7）　7～9. B型铜耳环（140：70、141：19、140：44）

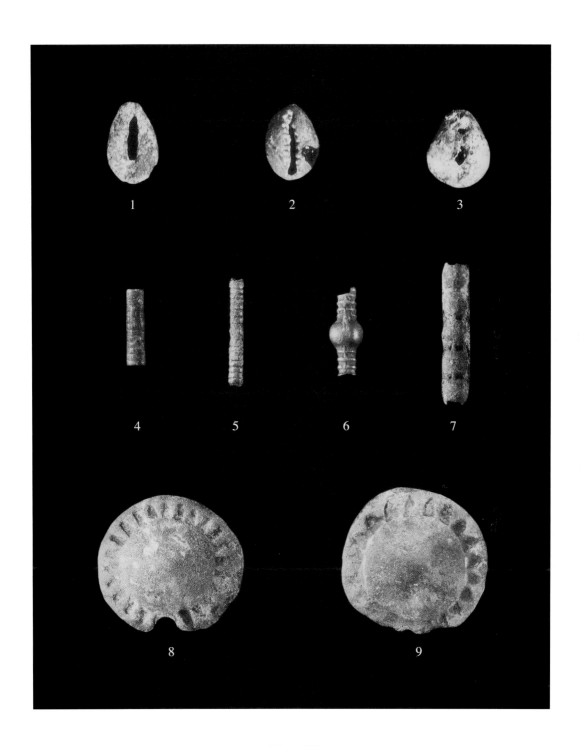

铜　器

1～3. 贝（161：3、107：42、38）　　4、5. B I 式管饰（150：26、157：1）　　6. D型管饰（150：27）　　7. A I 式管饰（140：26）　　8、9. 圆牌（118：3、149：11）

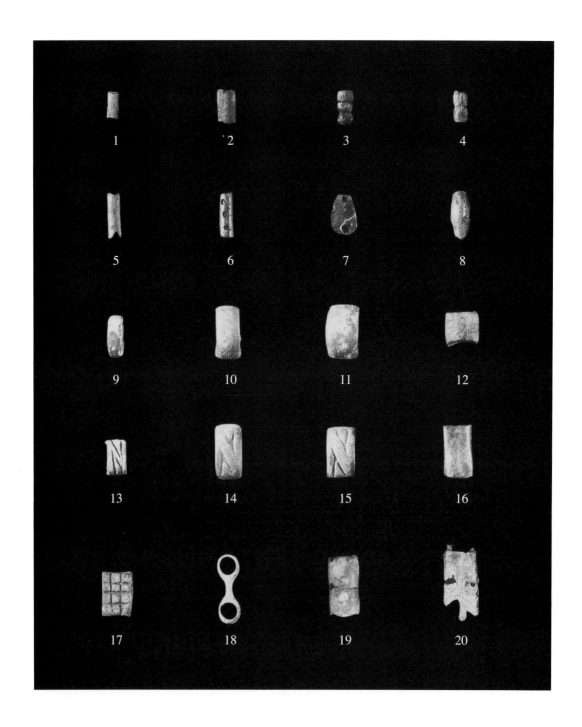

铜　器

1、5. ＢⅠ式管饰（140：72、107：43）　　2、6、16.ＢⅡ式管饰（139：26、128：42、107：129）　　3、4.ＡⅡ式管饰（140：74、135：32）　　7. 片饰（128：17）　　8.Ｃ型管饰（171：7）　　9～11.ＡⅠ式箍形饰（137：2、188：8、9）　　12、14、15.ＡⅡ式箍形饰（124：5、188：12、13）　　13.Ｂ型箍形饰（139：4）　　17. 扁方管饰（140：69）　　18. 双孔形饰（124：7）　　19、20. 双联方管饰（171：1、2）

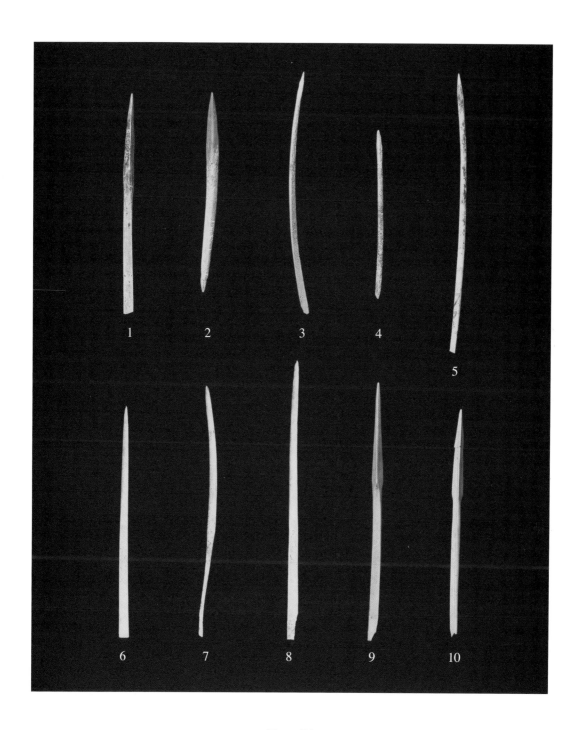

骨　镞

1、2、9、10.BⅡ式（158：8、150：65、111：14、141：20）　　3、4、5.BⅠ式（137：10、124：4、139：8）
6～8.A型（101：11、140：89、101：12）

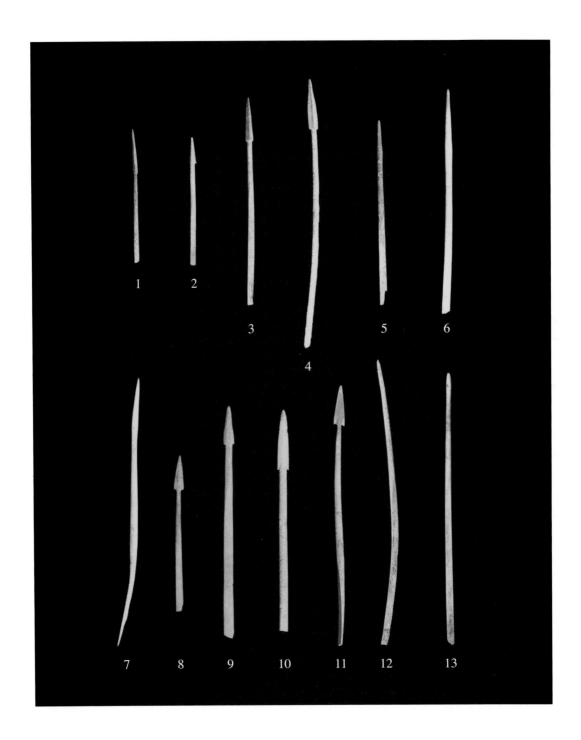

骨 镞

1～4. BⅢ式（140：97、85、101：10、120：5） 5～7. CⅡ式（171：11、140：98、88） 8～11、CⅣ式（140：80、151：5、149：5、140：94） 12、13. CⅠ式（150：82、81）

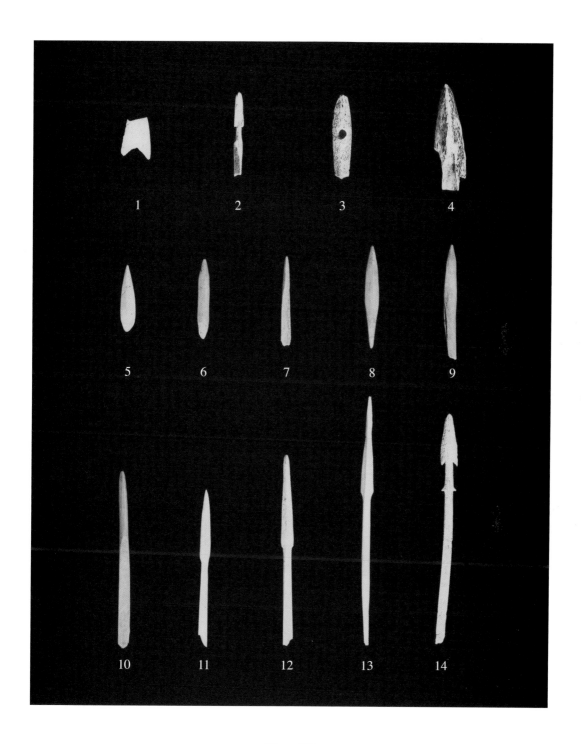

骨 镞

1. D型（120：12） 2、14. CⅣ式（111：27、150：70） 3. BⅣ式（150：41） 4. BⅤ式（107：234） 5～10. CⅤ式（111：10、9、7、5、121：9、111：30） 11～13. CⅢ式（141：2、121：14、107：5）

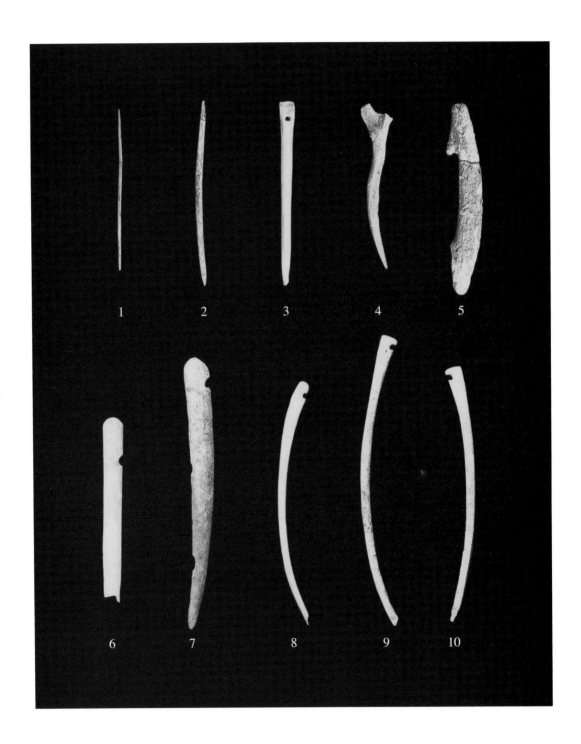

骨　器

1、2. 针（150：36、128：47）　3. 锥（107：261）　4. 剔刮器（141：14）　5. 鱼镖（193：1）　6～8. B型弭
（111：89、104：5、158：9）　9、10. A型弭（101：14、13）

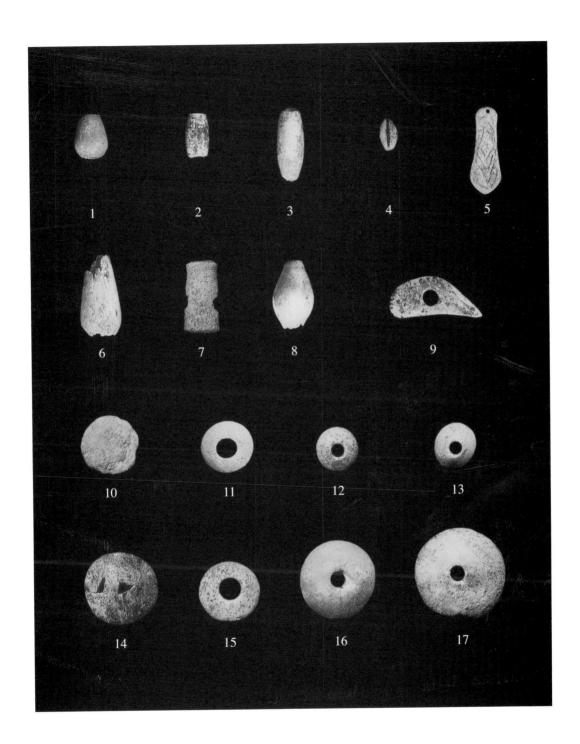

骨　器

1、6. C型鸣镝（150：42、140：8） 2、3. A型鸣镝（153：6、171：9） 4. 贝（107：260） 5. 刻纹骨饰（139：5） 7. 带孔管饰（103：10） 8. B型鸣镝（171：10） 9. 鸟头形饰（137：7） 10、14. 圆形饰（采：114、184：7） 11、15. 环（150：34、39） 12、13、16、17.纺轮（137：6、120：7、128：46、188：5）

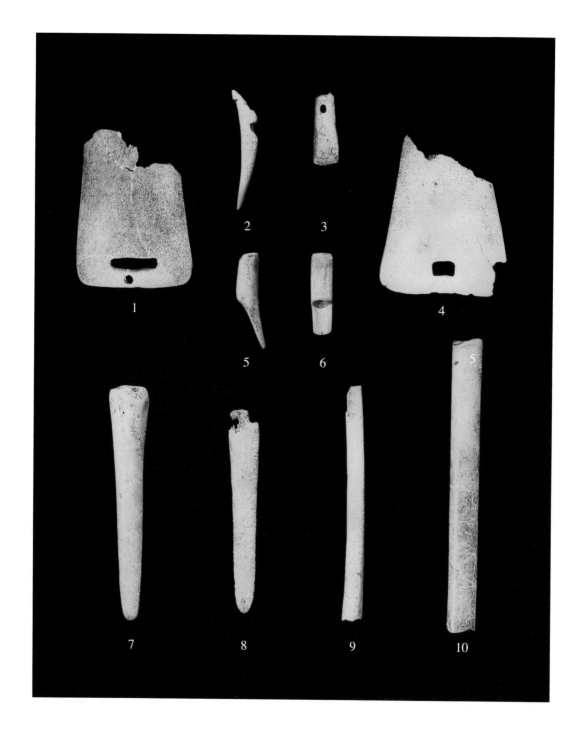

骨　器

1、4. 带孔骨板（121：1、157：3）　　2、5. 觿（103：6、185：1）　　3. 带孔管饰（136：2）　　6. 哨（107：115）

7、8. 匕（128：43、114：1）　　9、10. 管（120：4、128：44）

石　器

1、3. B型石片（166∶2、141∶9）　2. A型石片（113∶7）　4. 石叶（141∶8）　5. 镞（211∶10）　6. B型刮削器
（127∶4）　7～9. A型刮削器（107∶51、154∶2、141∶21）　10. 石核（132∶1）　11. 斧形器（采∶113）　12.
C型刮削器（采∶112）　13. 石块（205∶9）

石质串饰

1. 天河石串饰　2. 钾长石串饰　3. 辉石串饰

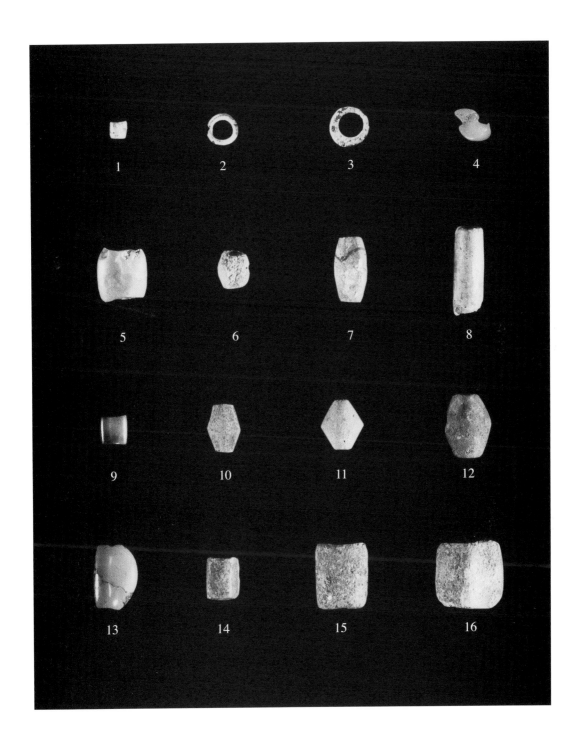

石质装饰品

1、5、9、13. 绿松石饰（111：23、115：5、107：257、136：6） 2、3. C型钾长石饰（125：4、141：4） 4. 鸭
形石器（107：28） 6. A型钾长石饰（107：55） 7、8. B型钾长石饰（141：26、143：17） 10～12. E型钾长
石饰（107：167、174、177） 14～16. D型钾长石饰（107：127、78、137）

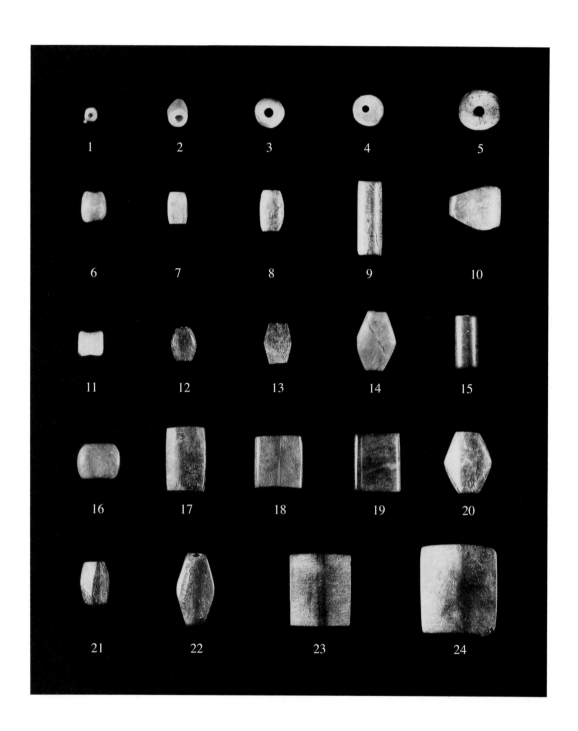

石质装饰品

1～4、6. A型天河石饰（140：398、104：10、136：1、133：17、182：5） 5、10、20. 斜长石饰（101：26、22、107：247） 7～9. B型天河石饰（111：81、103：3、128：36） 11、16～19. C型天河石饰（124：2、188：4、173：3、111：75、77） 12～14. D型天河石饰（107：1、98、116） 21～24. 蛇纹岩饰（采：103、107：267、4、173：2）

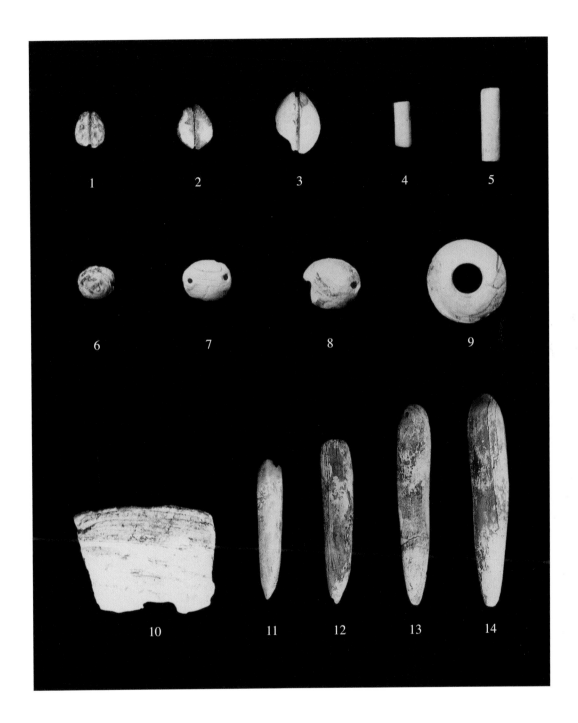

蚌　器

1～3. 贝（107：6、45、111：85）　　4、5. 管饰（107：72、259）　　6～8. 扣（107：105、100、111：69）

9. 环（188：23）　　10. 刀（211：11）　　11、12. A型匕（120：2、151：4）　　13. B型匕（108：9）　　14. C型匕

（170：5）

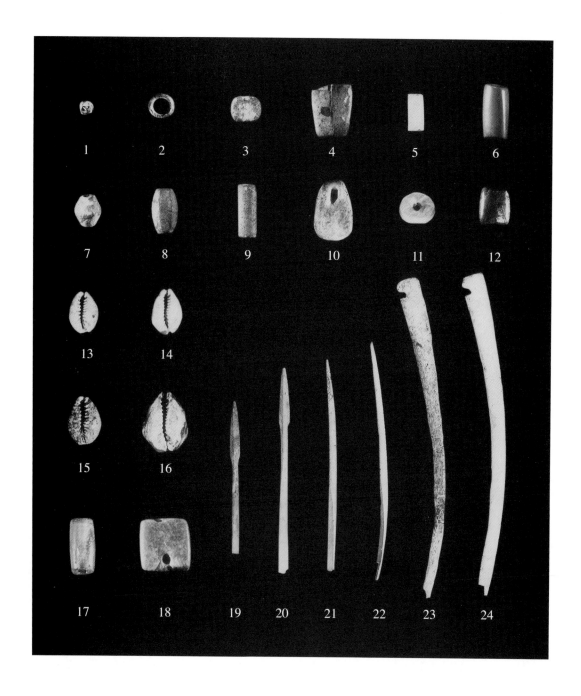

骨器、石器、海贝

1、3、7、8. A型钾长石饰（214：6、217：6、219：9、211：13）　2. D型钾长石饰（204：15）　4. C型钾长石饰（207：4）　5. 辉石饰（207：5）　6. A型绿松石饰（219：24）　9. B型钾长石饰（219：7）　10. 骨饰（207：31）　11. A型天河石饰（211：9）　12. B型绿松石饰（204：24）　13～16. 海贝（204：23、207：30、204：8、219：37）　17. 玛瑙饰（219：5）　18. B型天河石饰（219：4）　19～22. C型骨镞（219：86、211：15、16、17）　23、24. A型骨弭（211：18、19）

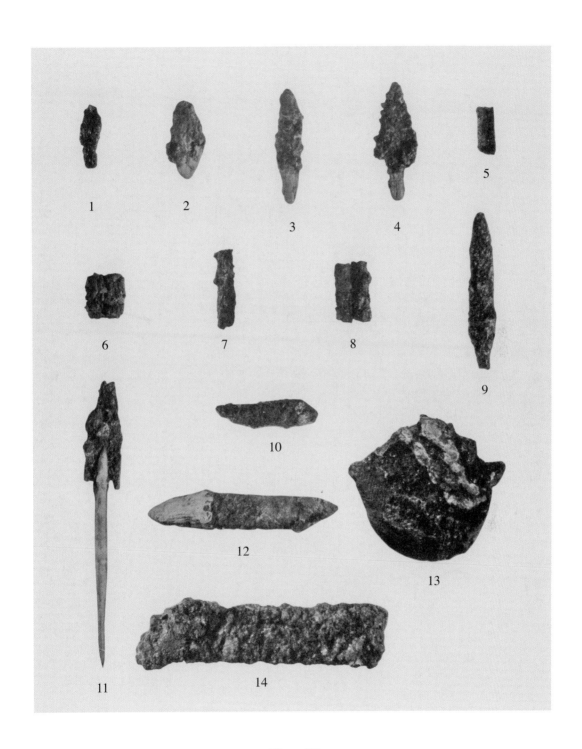

铁　器

1～3. A型镞（107：67、34、231）　　4、11. B型镞（109：2、107：107）　　5、7. A型管饰（141：16、107：48）

6、8. B型管饰（104：12、140：65）　13. 圆形器（110：11）　9. 矛（107：41）　10. B型削（107：30）　12、

14. A型削（107：232、140：40）

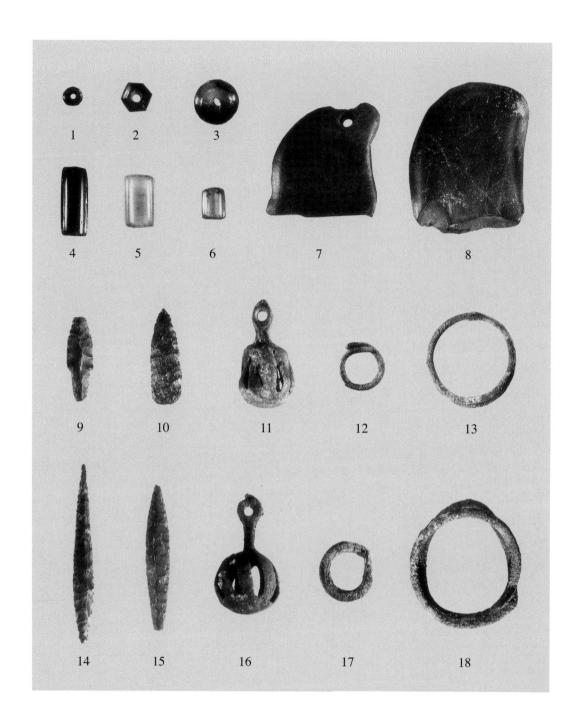

铜、石器

1. A Ⅰ 式玛瑙饰（108：8）　2. C型玛瑙饰（133：20）　3、6. A Ⅱ 式玛瑙饰（185：10、140：34）　4、5. B型玛瑙饰（107：63、133：5）　7. 穿孔石器（211：8）　8. 斧形石器（137：9）　9. B型石镞（107：84）　10. C型石镞（140：25）　11、16. B型铜铃（211：32、219：75）　12、17. B型铜耳环（211：35、203：3）　13、18. A型铜耳环（211：37、207：10）　14、15. A型石镞（107：178、133：4）

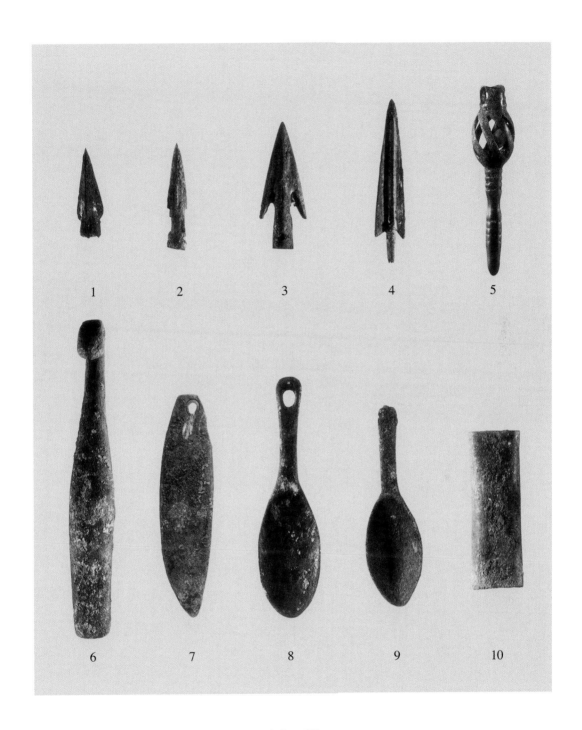

铜　器

1、2. A型三翼镞（219：71、211：27）　3. B型双翼镞（211：26）　4. A型双翼镞（219：36）　5. 饰针（211：52）　6. 带钩（219：21）　7. 叶形饰（219：73）　8. A型匙（204：17）　9. B型匙（211：28）　10. 箍形饰（211：25）

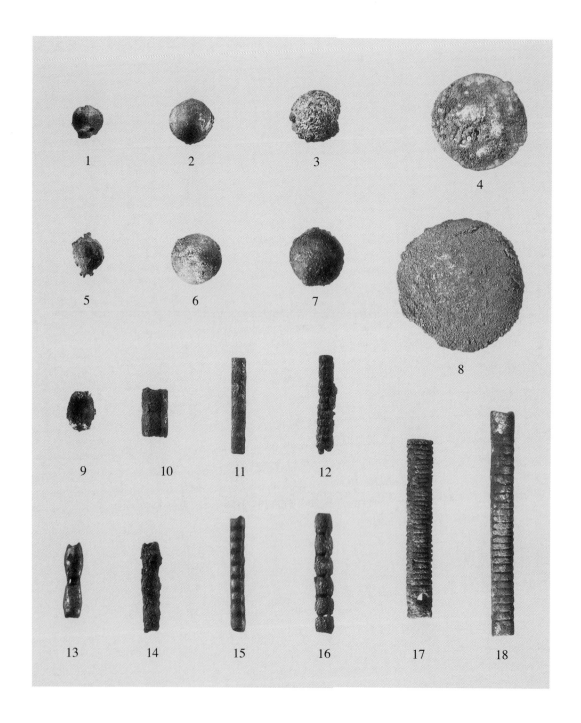

铜　器

1～3. Ⅰ式圆泡（205：14、211：41、207：9）　4、8. Ⅲ式圆泡（211：31、210：1）　5～7. Ⅱ式圆泡（205：13、207：8、204：21）　9. C型管饰（219：69）　10、13. AⅠ式管饰（201：2、204：22）　11. BⅠ式管饰（211：39）　12、14～16. AⅡ式管饰（219：97、83、204：26、219：35）　17、18. BⅡ式管饰（207：12、211：29）

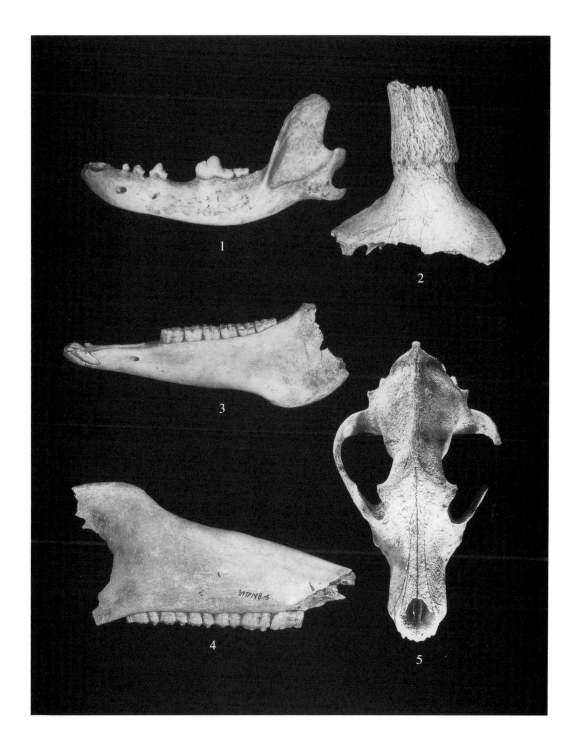

兽 骨

1. 狗下颌骨（M187）　2. 鹿角（M106）　3. 马下颌骨（M115）　4.牛下颌骨（M108）　5. 狗头骨（M132）

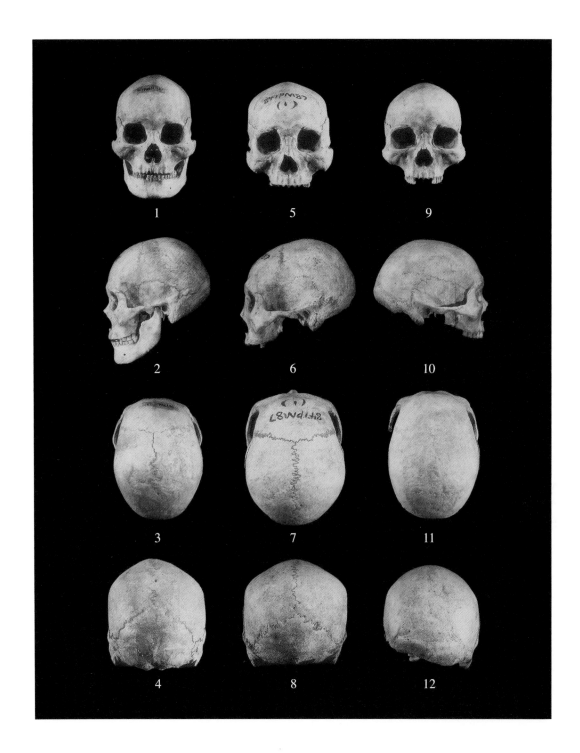

平洋第一分组男性颅骨

1～4. M111（5）正、侧、顶、后面　5～8. M187（1）正、侧、顶、后面　9～12. M104（5）正、侧、顶、后面

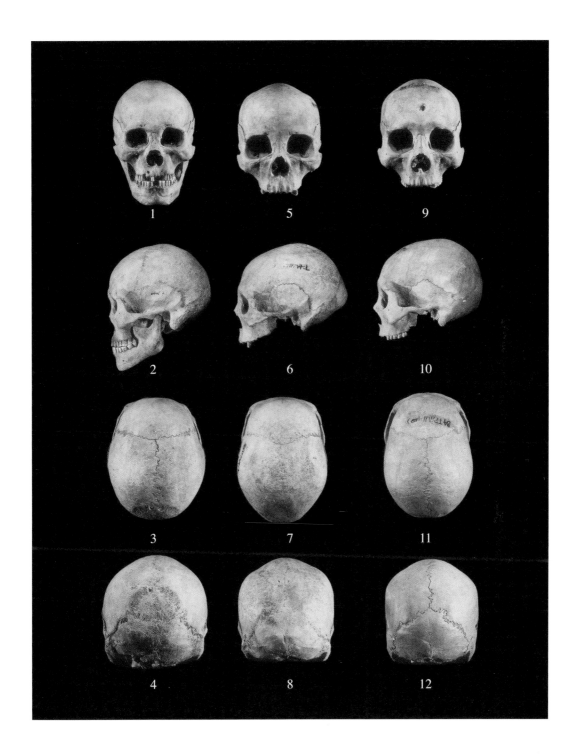

平洋第二分组男性颅骨

1~4. M101（1）正、侧、顶、后面　5~8. M104（12）正、侧、顶、后面　9~12. M111（4）正、侧、顶、后面

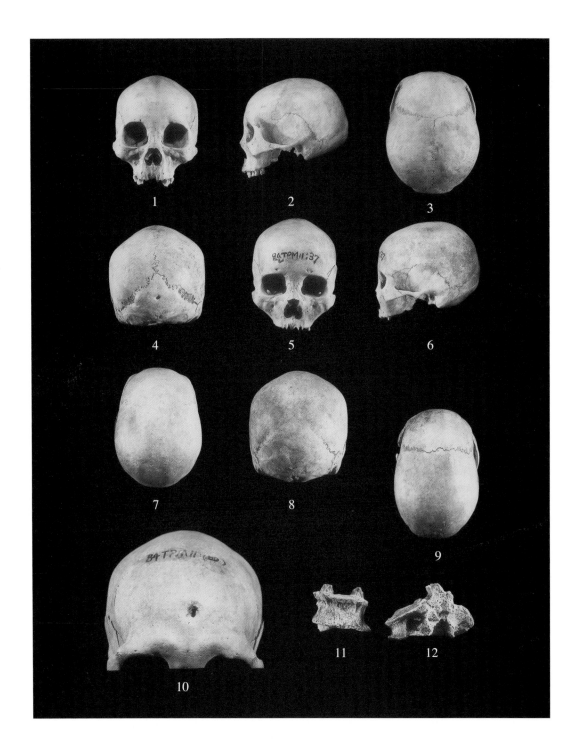

平洋组女性颅骨及病理标本

1~4. M135（1）正、侧、顶、后面　5~8. M111（37）正、侧、顶、后面　9. M111（21）船形颅（顶面）　10. M111（4）额部创伤　11. M134腰椎骨质增生　12. M135楔形胸椎